Iris Galey
Ich weinte nicht, als Vater starb

W0220513

Für meinen Mann John, meine Mutter,
meine Töchter Tony und Isy,
meinen Schwiegersohn Andy
und meine Enkelkinder Donat und Basil.

IRIS GALEY

ICH WEINTE NICHT ALS VATER STARB

ZYTGLOGGE

12. Auflage 1990: 46.–50. Tausend

Alle Rechte vorbehalten
Copyright by Zytglogge Verlag Bern, 1988
Titel der Originalausgabe:
«I couldn't cry, when Daddy died»
1986, Benton Ross Publishers, New Zealand
Aus dem Englischen übertragen
von Pascale Hinder und Gabriele Tiedemann
Lektorat: Caecilia Ebeling
Umschlagbild: Dexter Fry
Satz: Buechler Grafino AG, Wabern-Bern
Druck: Allgäuer Zeitungsverlag GmbH, Kempten

ISBN 3 7296 0287 X

Zytglogge Verlag Bern, Eigerweg 16, CH-3073 Gümligen
Zytglogge Verlag Bonn, Cäsariusstrasse 18, D-5300 Bonn 2
Zytglogge Verlag Wien, Strozzigasse 14-16, A-1080 Wien

Hier in unserer neuen Heimat haben mich viele Freunde unterstützt und mir geholfen. Sie hörten mir zu und ermutigten mich, lasen mein Manuskript und halfen mir, es zu verbessern, schenkten mir Zeit und Aufmerksamkeit.
Ich danke auch allen Freunden in der Schweiz, die stets zu mir gehalten haben.

Mutter

Ich höre Dich schon sagen, es zeuge von schlechtem Geschmack, ein solches Buch zu schreiben. Mutter, ich hatte keine andere Wahl. Dieses Buch schrieb sich von selbst, denn das, was wir sind, sind wir durch unsere Erfahrung geworden. Es war der einzige Weg, meine Identität zu finden, über alles hinwegzukommen und dabei nicht zu zerbrechen. Durch die Resonanz, die es gefunden hat, fühle ich mich anerkannt. Eigentlich ist dieses Buch das grösste Geschenk, das ich Dir, meiner Familie und mir selbst machen konnte – obwohl es sehr schmerzlich war, ehrlich zu sein. Aber jetzt ist der Schmerz vorbei und mit ihm all die Gedanken und Gefühle, die mich so lange nicht losgelassen haben. Ich bin frei, und Du solltest es auch sein! Ich liebe Dich, Mama.

Olivia

1

Frau Dresden, unsere deutsche Haushälterin, bot mir nach dem Begräbnis einen Apfel an.

Ich konnte den Geruch der Cox-Orange nicht aushalten, denn mein Vater hatte sich dort oben auf dem Dachboden, wo die Äpfel für den Winter gelagert waren, erschossen.

Ich war vierzehn, und er hatte es meinetwegen getan.

Ich hasste dieses Haus in Bradford, hatte das Nachhausekommen gehasst, seit wir dort lebten.

Ich blickte mich im Spülraum um, der neben der Küche lag, und sah Frau Dresden verbissen Eiercreme in einer Schüssel schlagen. Ihre fleischigen Arme bebten im Rhythmus ihrer Bewegungen. Wenn es Krisen gab, machte sie immer Pudding.

Als ich die samtige gelbe Creme schlürfte und zu dem neuen Herd aus rotem Backstein hinübersah, vermisste ich die schwarzpolierte Yorkshire-Kaminsole, die herausgerissen worden war. Das einzige Überbleibsel aus alten Zeiten war der Kleiderhalter an einem Flaschenzug, der mit der feuchten, vergessenen Wäsche unter der Decke hing.

Widerwillig betrachtete ich die Unterhosen meines Vaters und jene riesigen unserer Haushälterin. Mich schauderte, und ein eiskalter Schweisstropfen rollte mir den Rücken hinunter.

Er wird diese Unterhosen nicht mehr brauchen, dachte ich. Ich war froh und fühlte kein Bedauern. Ich fragte mich, wo Mama ist. Erinnerungen stiegen hoch...

Jeden Abend, wenn Vater mit seinem Triumph Dolomite die Auffahrt hochfuhr, hatte ich Angst. Ich beobachtete ihn durch das Seitenfenster. Kleinlich untersuchte er sein Auto nach den winzigsten Schmutzflecken auf dem blauen Lack. Dann hinkte er mit seiner arthritischen Hüfte durch die Hintertür. Ich hörte, wie er Frau Dresden anschrie und zurechtwies.

Jeden Abend liess er mich warten, weil er die Schuhe, die ich zu putzen hatte, inspizieren wollte. Manchmal schlug er mit einem Schuh auf meinen Kopf, ein andermal stiess er ihn in meinen Bauch.

«Ich habe ihr beigebracht zu kochen, doch nie macht sie es so, wie ich es ihr gezeigt habe, und du bist auch ein Schwachkopf. Wieso bist du zu blöde, ein paar Schuhe zu putzen, so wie ich es dir gezeigt habe? Was für ein Versager ist mein Kind! Wieso bin ich dazu verdammt, so eine Sammlung von dummen Weibsbildern um mich zu haben?»

Er rief immer vom Gang her: «Du bist ganz alleine für deine Fehler verantwortlich! Darum musst du Disziplin lernen und entsprechend erzogen werden!»

Selbst wenn ich Beulen auf meiner Stirn hatte, wagte es niemand, seine Autorität in Frage zu stellen. Er hatte es weit gebracht. Als Direktor eines bekannten schweizerischen Chemieunternehmens wurde er sehr respektiert und gefürchtet. Er hatte uns alle von unserer Minderwertigkeit überzeugt. Er hätte viel lieber einen Sohn gehabt und liess uns immer spüren, dass man ihn wegen der Geduld, die er für uns aufzubringen hatte, eigentlich hätte bemitleiden müssen.

Und jede Nacht hatte es noch Schlimmeres gegeben, viel Schlimmeres. Ich konnte jetzt kaum noch atmen, wenn ich nur daran dachte.

«Heute Nacht nicht! Keine Nacht mehr!» sagte ich laut, während ich fingerschleckend die Cremeschüssel leerte und meine schmutzigen Schuhe zur Seite stiess.

«Vot's zat?» fragte die Haushälterin.

«Nichts, Frau Dresden!»

Meine Gedanken kehrten zu dem Begräbnis zurück. Ich hatte mich sehr bemüht, zu weinen, doch die Tränen wollten nicht kommen. Wir alle standen vor der Kapelle auf dem Friedhof. Mutter wies mich darauf hin, dass der Gürtel an meinem dunkelblauen Trauerkleid verdreht war. Ich hatte es schon zur Schule angezogen und war das einzige Mädchen ohne Uniform gewesen. Heute war die Schule aus für mich. Ich erinnerte mich, wie sehr ich gehofft hatte, dass meine hinter dem Rücken gefalteten Hände mir das Gefühl und den Anschein von mehr Traurigkeit geben würden, als ich tatsächlich empfand. Ich betrat die Kapelle, froh, den vielen Reihen von Gräbern zu entrinnen. Skelette da unten, verwesendes Fleisch. Grinsende Zähne, die Zahnärzte einst mit Goldfüllungen versehen hatten. All diese Nerven jetzt tot. Ich setzte mich in die vorderste Bankreihe und war mir sicher, Gott könne mich durchschauen: Anstatt mich zu grämen, dachte ich nur Schlechtes.

Ich bemerkte Freunde und Männer aus der Firma meines Vaters. Diejenigen, die ich sah, weinten nicht. Niemand ausser Mama weinte. Der Kranz der Firma war der grösste, ganz in Grün, Weiss und Gold. Blumen, die nach dem Winter auf ihrem Weg ans Licht die harte Erde durchstossen hatten, um schliesslich auf einem Sarg zu landen!

Jetzt, daheim im Spülraum, fragte ich mich, ob ich mich anders hätte verhalten sollen, um den Erwartungen meiner Mutter und der anderen zu entsprechen. Ich konnte es nicht, dachte ich. Ich konnte es nicht, weil alles, was ich empfand, unglaubliche Erleichterung war. Die Erleichterung war jetzt so gross, dass ich zu weinen anfing...

«Danke für den Pudding», rief ich und versetzte der Wandtäfelung Tritte, während ich den dunklen Korridor entlangging.

«Hör auf damit und zieh dir deine Socken hoch!» brüllte Frau Dresden.

Ich lief am Wohnzimmer vorbei und war überrascht, dass kein Feuer im Kamin brannte. Jeden Abend nach der Schuhputzprozedur war Vater mit einem Krug Guiness-Bier am Feuer gesessen. Er stocherte so lange mit dem Schürhaken in der rotglühenden Kohle herum, bis auch dieser durchscheinend rot glühte, worauf er ihn schnell in die dunkle Flüssigkeit tauchte und umrührte. Ich sah, wie der Schaum hochschoss und überlief. Seine Lippen wurden ganz weiss, wenn er den Schaum abschlürfte.

Einmal, als ich mich besonders mutig fühlte, hatte ich ihn gefragt: «Papa (denn ich durfte ihn nicht Vater nennen), warum kannst du mich nicht einfach lieb haben? Weisst du, so wie andere Papas? Nicht mit... dem... einfach liebhaben?» Mit spöttischem Blick sah er auf, der Muskel in seiner Wange zuckte. Er schlug seine Knie zusammen, dann lehnte er sich in seinem Ledersessel zurück, streckte die Beine aus, steckte seine Hand in die Hosentasche, und sagte: «Schau, wie er gross wird. Schau dir dein Spielzeug an. Schau, wie er hüpft! Er gehört dir. Er will, dass du ihn anfasst und hältst. Er kann nicht anders! Schau, wie dein Spielzeug hüpft.»

Ich stand da, diese schreckliche Übelkeit stieg in mir auf, wie immer. Ich wollte fortlaufen, aber ich wagte es nicht. Mit einem schnellen Blick vergewisserte er sich, dass niemand kam, dann stürzte er sich auf mich, packte meine Hand und presste sie dorthin.

Ich hatte den leeren Kamin und den Sessel, in dem er gesessen hatte, angestarrt; jetzt wandte ich mich ab. Mich überkam das gleiche Gefühl wie damals. Dieses schmerzliche Gefühl von Einsamkeit und Wertlosigkeit. Alles in mir sehnte sich nach jemandem, der mich halten und streicheln würde, ohne diesen entsetzlichen Teil – das Sexuelle.

Ich lief weiter, hielt unten an der dunklen Treppe an und schaute hinauf.

Dort oben hatte er es getan.

Langsam stieg ich zum Dachboden hinauf. Der Geruch der Äpfel umgab mich.

Ekelerregend. Ich streckte meine Arme über das Geländer hinaus, bewegte sie auf und ab wie Flügel und sagte: «Ich bin ein Vogel. Ich bin ein Vogel, und ich kann wegfliegen, und es ist gut, ein Vogel und ein Mädchen zu sein und zu fliegen.» Wieso sagte ich dies immer, wenn ich hinaufging? Ich zögerte, als ich oben vor seiner Schlafzimmertür angekommen war, der Tür, durch die ich so oft hatte gehen müssen.

Zaghaft öffnete ich die Tür und starrte an die Decke. «Nun ist alles gut», sagte ich laut. «Er ist für immer fort! Er kann mir nicht mehr wehtun, nie mehr!» Nach einer Weile wagte ich es, den Blick zu senken. Was ich sah, liess mich erschaudern. Ich fühlte mich nicht gut und wollte nicht hierbleiben, und doch musste ich hinsehen.

Auf der blau-weiss gestreiften Matratze war ein grosser, feuchter Fleck. Der ausgewaschene rötliche Fleck, der vom Tod meines Vaters zeugte.

Wie unter Zwang musste ich in dem Raum mit seiner schrägen Decke und dem Dachfenster herumschauen. Dort waren der Schreibtisch, der Hocker, Bett und Nachttisch – alles in Chrom und schwarzem Marmor, ausser der rot-weissen Schweizer Fahne, die mit vier Nägeln an die Wand geschlagen war.

Ich sah den knochigen, glatzköpfigen Mann vor mir, wie er meine Beine auseinanderriss und sich zwischen sie presste. Ich war neun, als es begann. Ich fühlte seine Schläge, wenn ich mich wand. Ich sah ihn, wie er schnell nach seiner goldgeränderten Brille auf dem Nachttisch griff, um mich besser betrachten zu können. Wie die Wolfsgrossmutter in ‹Rotkäppchen›.

Wieso musste ich jetzt ausgrechnet daran denken? Ein Märchen! Hu! Wie er gerieben und gezerrt und mich angestarrt hatte! Wie sein dünner Arm sich verkrampfte bei dem, was er mich zu tun zwang. Weiter und weiter und weiter, hoch und runter, bis er endlich zu keuchen und stöhnen begann. Widerlich – aber für mich das ersehnte Zeichen, dass ich bald schlafengehen durfte.

«Sie haben Erde auf dich geworfen! Du bist nun unter ihr begraben, sicher in deinem Sarg vernagelt! Niemals mehr kannst du mir wehtun oder mich foltern!»

Dann drehte ich mich um und rannte die Treppe hinunter, ein letztes Mal.

Ich stürzte aus dem Haus und rannte über die Strasse. Ich hatte nur einen Freund auf der Welt. Ich klopfte an.

Miss Abbott schlurfte herbei. Wie immer spähte sie durch einen Spalt in ihrer morschen Tür und fragte misstrauisch: «Wer ist da?»

«Ich bin es, Olivia.»

«Olivia, mein Liebes.»

Damit öffnete sie die Tür und betrachtete mich mit einer Bewunderung, die mich verlegen machte. Noch peinlicher war mir der nächste Teil ihres Begrüssungsrituals: Sie schloss mich in ihre Arme, ging langsam auf die Knie und presste ihr Ohr gegen meinen schmalen Körper, glitt an ihm hinunter, bis sie an meinen knochigen Knien zu lauschen schien! Ich hasste diesen Teil und fühlte mich unbehaglich, wurde rot, unterdrückte ein Lachen und fragte mich, warum in aller Welt sie dies immer tat.

Dann, wie auf ein geheimes Zeichen hin, erhob sich Miss Abbott würdevoll und führte mich in ihr Wohnzimmer.

Dankbar sank ich auf das Bärenfell, das das Sofa bedeckte, und legte meine Hand auf den riesigen Kopf mit den gelben Glasaugen. Hier im warmen Schein des Kaminfeuers entspannte ich mich zum erstenmal seit dem Begräbnis. Miss Abbott hatte mir erzählt, dass sie ganz zurückgezogen von der Aussenwelt lebe. Sie litt unter Platzangst. Sie las die Nächte hindurch und schlief viel tagsüber, doch für mich hatte sie immer Zeit. Wir waren uns das erstemal begegnet, als sie gerade die Vögel in ihrem Garten fütterte.

Dank ihr lernte ich eine grosse Auswahl englischer Literatur kennen. Ich liebte es, wenn sie mir vorlas. Lachte in mich hinein, wenn sie aus *Great Expectations* vorlas, weil dort genau das beschrieben zu sein schien, das mir in ihrem altertümlichen Haus ins Auge fiel. Die Vorhänge waren zerrisssen und fadenscheinig, die Tapete in Fetzen und verblichen, Zuckerkrusten klebten an ungewaschenen Teetassen. Dies alles übte eine sonderbare Anziehungskraft auf mich aus, ganz im Gegensatz zu unserer schweizerischen Perfektion, die durch ständiges Herumnörgeln und Abrackern, Rastlosigkeit und Frustration erreicht wurde.

Hier gefiel es mir. Vater hatte mir verboten, hierher zu kommen, doch nun stand es mir frei, Freunde zu haben. Dies begriff ich plötzlich, als ich nach dem Begräbnis bei ihr sass. Jetzt wurde mir bewusst, dass es mit den Schlägen, der Grausamkeit, der entwürdigenden Ungerechtigkeit meines Vaters ein Ende hatte.

Ich blickte in Miss Abbotts gütiges Gesicht, sah die abgetragene, moosgrüne Kittelschürze, die sie jahraus, jahrein trug, sah ihr ergrauendes, in zwei Zöpfe geflochtenes Haar. Alles war wunderschön und gab mir das Gefühl von Sicherheit. Ich begann, mich zu entspannen, und plötzlich wusste ich, dass ich dieses Gefühl von Sicherheit hier, mit diesem neuen Menschen in meinem Leben, in meiner eigenen Familie nie kennengelernt hatte. Ich dachte dabei an Mama, schob aber den Vergleich schnell wieder beiseite.

Ich betrachtete die Bücherstapel, die überall herumlagen, die Ölgemälde in schweren Goldrahmen und die Glaskästen mit den ausgestopften Vögeln, das Straussenei, das ich manchmal in die Hand nehmen durfte.

Gleich würde sie sagen: ‹Ich hole dir eine Tasse Tee und deine Scho-ko-ladenkekse›, und ich würde antworten: ‹Ich mag es, wie du Scho-ko-lade sagst›, und sie würde fortfahren: ‹Und ich mag es, wie du Seal-y-a-hamhund sagst›. Dann müssten wir beide lachen. Ich wegen ihres sehr englischen Akzents und sie wegen meines schweizerischen.

Ich bat sie, mir die *Balkonszene* oder *Sein oder nicht sein* vorzulesen, doch dann sah ich ein, dass es keine Lösung wäre, mich abzulenken, dass ich sprechen musste. Ich musste mich ihr anvertrauen, musste versuchen zu verstehen, was geschehen war.

«Ich würde gern mit Ihnen sprechen, aber ich weiss nicht wie.»

«Ich verstehe. Dein marineblaues Kleid gefällt mir. Es ist viel hübscher als schwarz.»

«Man hat ihn heute begraben. Ich konnte nicht weinen.»

Sie sagte nur «Liebes».

Schweigen. Nach einer Weile sagte ich, während ich jeden Muskel in ihrem Gesicht beobachtete: «Er hat sich erschossen.»

Ihr Gesicht liess keine schlimme Reaktion erkennen. Meine Spannung löste sich noch mehr. Ich musste sprechen, musste es herausbringen.

«Er hat es wegen mir getan.»

Ich fühlte mich kalt wie Stein.

«Du kannst mir alles erzählen, doch nur, wenn du wirklich willst, mein Liebes. Nur wenn du meinst, es hilft dir. Ich weiss seit langem, dass da etwas nicht stimmte. Du schienst immer so bedrückt.»

«Es ist schwer, darüber zu sprechen, und alles ist so...»

«Komm, komm, es ist alles gut. Es wird dir viel besser gehen, wenn du dich einmal richtig ausweinst.»

Ich stammelte: «Es ist, als ob all der Schmerz aus mir herausbrechen möchte.... mit Worten... aber Mama meint, es sei zu schockierend. Ich soll nicht darüber sprechen. Aber ich musste es mit ihm tun, und das war nicht zu schockierend, nicht wahr, dass ich das machen musste? Oh! Ich habe nur zweimal darüber gesprochen, weil ich es nicht mehr aushalten konnte. Einmal mit diesen Leuten, die zu Besuch kamen, und die gingen dann zur Polizei, und danach mit der Polizistin.»

«Schsch..., mein Liebes. Da hast du ein Taschentuch.»

«Wenn ich doch nur verstehen könnte, warum er das alles tat. Sehen Sie, Miss Abbott, er machte diese schrecklichen Dinge mit mir und sagte, dies sei ganz normal, doch man dürfe niemals darüber reden. Ich bin so durcheinander, und ich verstehe es einfach nicht... Und als ich darüber sprach, als ich es einfach nicht mehr aushalten konnte, peng, da stirbt er, erschiesst sich, und es ist alles meine Schuld, und ich kann nicht einmal weinen bei seinem Begräbnis, und ich konnte ihn nicht liebhaben... Mitleid, ja, er tat mir leid, weil er hinkte und immer solche Schmerzen hatte, oh doch, aber dann war er so gemein! Nie ein Papa, nie eine Familie...»

Sie zog mich an sich, legte ihren Arm um meine Schulter, und ich schluchzte wie nie zuvor.

«Es ist die einzige Familie, die ich habe, hatte...» schrie ich auf, «und wahrscheinlich ist das besser, als überhaupt keine Familie zu haben.» Vor lauter Schluchzen konnte ich kaum noch atmen.

«Komm, komm, mein Liebes. Ich hatte keine Ahnung... Es ist einfach zu fürchterlich, was er dir angetan hat. Dass du so gelitten hast, so schrecklich unglücklich warst direkt unter meinen Augen, und keiner hat davon gewusst!»

«Er machte mir solche Angst und drohte, mich umzubringen.»

«Olivia!»

«Wenn Sie alles wüssten, würden Sie mich nicht mehr mögen. Sie würden nicht mehr meine Freundin sein wollen. Das weiss ich. Ich weiss es.»

«Olivia, ich werde dich immer mögen und deine Freundin sein. Es ist nur ein solch unglaublicher Schock! Wenn ich daran denke, dass niemand davon wusste und dir helfen konnte! Was um Himmels willen hat er dir angetan, und wie lange ging das schon?»

«Vier Jahre lang.«

«Ach, mein armes, armes Kind. Oh, was bin ich froh, dass es vorbei ist... Ich meine... Was in aller Welt sagte deine Mutter dazu? Hat sie es denn nicht gewusst? Konnte sie denn nicht...?»

«Das hat auch die Polizistin gefragt. Mama wusste nichts davon. Sie hatte auch solche Angst vor ihm. Wir alle hatten Angst.» Ich trank meinen kaltgewordenen Tee und ass einen Keks. «Es kommt mir wie eine Rache vor, darüber zu reden. Ist das fair?»

«Olivia, wenn Erwachsene, die gut hätten für dich sorgen sollen und die verantwortlich für dein Wohlbefinden waren, etwas getan haben, was dich so sehr in Verwirrung gestürzt und dich so tief verletzt hat, dann ist alles recht, was du tust, um darüber hinwegzukommen – jetzt und in Zukunft. Auch du hast Rechte, das musst du wisssen.»

«Es gibt so vieles, was ich nicht begreife.»

«Ich bin so zornig, Kind. Schau dich an! So klein, dünn und blass. Sahst immer aus wie ein mageres Vögelchen. Wie konnten deine Eltern es wagen, dich so zu behandeln! So hilflos, wie du warst, so sehr in seiner Gewalt.»

Ihr Zorn schien mir Kraft zu geben, und jetzt wollte ich mir alles von der Seele reden. Also fing ich an.

2

«Alles begann vor vier Jahren.

Ich glaube, das Gespräch über Klavierstunden war der Auslöser. Wissen Sie, Miss Abbott, ich wünschte mir mehr als alles andere auf der Welt ein Fahrrad. So ein wunderschönes, dunkelgrünes mit glänzendem Chrom. Reiten wäre mein Herzenswunsch gewesen, doch Papa – ich meine Vater – hätte es mir nie erlaubt. Eines Morgens, es muss um meinen zehnten Geburtstag herum gewesen sein, fragte er mich beim Frühstück, ob ich lieber ein Fahrrad hätte oder Klavierstunden nehmen wolle. Ich war ganz aufgeregt! Ich strahlte und wollte gerade ‹ein Fahrrad› sagen, als mich der Blick meiner Mutter traf. Wissen Sie, dieser Blick, wie ihn nur Mütter haben können. Sie liebte Mozart und hatte Heimweh nach der Schweiz, und sie sagte immer, wie sehr Musik im Haus ihr guttun würde. Ihr trauriger Blick tat mir weh, und da antwortete ich: ‹Klavierstunden›.

Später dachte ich immer, dass es schlecht sei, wenn ich etwas für mich selbst begehrte. Warum war ich nur dann ein liebes Mädchen, wenn ich auswählte, tat, dachte und mich so benahm, wie es die anderen von mir erwarteten? Als ob ich gar nicht zählen würde, zu unbedeutend wäre. Als ob es mich nicht gäbe und ich keine eigene Meinung haben könnte. Irgendwie scheint das alles zusammenzugehören. Ich weiss nur nicht, warum. Ich bin ganz durcheinander.

Jedenfalls, nach diesem Frühstücksgespräch über Fahrräder und Klavierstunden meinte Vater, es sei an der Zeit, mich in die ‹Tatsachen des Lebens› einzuweihen. Zu Mutter sagte er: ‹Überlass es mir, Ida. Sie ist jetzt alt genung›, und er nahm mich mit in sein Arbeitszimmer.

Er schloss die Tür und begann von Blumen und Pollen, von Samen und Bienen zu sprechen. Ich fühlte mich gar nicht wohl in dem schweren dunklen Ledersessel, er fühlte sich feucht und kalt an meinen nackten Beinen an. Vater sagte mir, dass ich Eier in meinem Bauch hätte, Millionen davon, und dass er wie alle Männer Samen hätte: ‹Kleine Dinger, die sich schlängeln›. Dann erklärte er mir, dass bald Blut aus mir herausfliessen und ich übel riechen und schmutzig sein würde. ‹Lass es nie jemanden merken, und achte stets auf deine Sauberkeit›, fuhr er mich an, als ob ich etwas falsch gemacht hätte.

Ich begriff nicht, wovon er sprach, und es machte mir Angst. Das übrige, sagte er, würde er mir später selber zeigen. So, wie er das sagte und mich anblickte, wurde mir ganz mulmig, es bedrückte mich.

Ich durfte dann gehen und das Auto putzen wie jeden Samstag, während andere Kinder mit ihren Fahrrädern auf der Strasse herumfuhren. Vater erlaubte mir nie, mich ihnen anzuschliessen.

Bald nach dem Gespräch kam er eines Abends an mein Bett.

Er muss mich berührt haben... dort unten, denn ich wachte auf und fühlte mich eigenartig, als ob ich Pipi gemacht hätte, machen müsste oder so. Ich war sehr erschrocken. Doch er drückte mich nieder und flüsterte in mein Ohr, dass ich ihm genau zuhören solle, denn das, was er mir zu sagen habe, sei sehr wichtig.

Einen Moment lang klang sein Flüstern, feucht und nah an meinem Ohr, wie wenn ich mit einem Mädchen tuschelte. Wenn es meine Mutter oder eine Freundin gewesen wäre, hätte ich diese Nähe als etwas Schönes empfunden. Aber er sagte mir, wie er mir Dinge beibringen würde, die junge Frauen wissen sollten, damit sie nicht so ‹erbärmliche› Ehefrauen und Geliebte würden. Dass es zwischen uns ein Geheimnis bleiben solle. Ich dürfe es niemandem erzählen, nicht einmal meiner Mutter. Dann erwähnte er seine Pistolen – er liess mich des öftern im Keller Schiessübungen machen – und sagte, dass er mich zum Schweigen bringen müsste, wenn ich spräche... Miss Abbott, es fällt so schwer, weiterzuerzählen.»

Sie legte ihren Arm um meine Schulter. Ich wollte alles loswerden, denn man hatte mich ‹Recht› von ‹Unrecht› zu unterscheiden gelehrt, aber ich war verwirrt, weil die Wirklichkeit so anders aussah.

«Er sagte mir, dass dies immer so sein würde, selbst dann, wenn ich verheiratet sei. Er wusste, dass ich grosse Angst vor der Dunkelheit und den Geistern hatte, die er in unserem Haus wähnte, und so sagte er, mir würde kein Leid zustossen, wenn ich brav sei und alles täte, was er wolle. Ich tat auch alles, um ihn nicht zu verärgern, doch er behauptete, ich sei dumm, und deswegen sei es meine Schuld, wenn er mich bestrafen und mir weh tun müsse. Ich hatte immer Angst vor ihm.»

Miss Abbott schaute in das Feuer und streichelte sanft meinen Rücken.

Jetzt, wo es aus mir heraus war, trank ich meinen Tee.

«Hast du dich denn nie mit anderen Kindern vergnügen können oder Zeit zum Spielen gehabt?»

«Vater hielt mich von den anderen fern. Deswegen durfte ich auch nicht hierher. Wenn er weg war, nahm mich Mama mit ins Kino oder zu Geburtstagsfesten und lud ihre Freunde vom Kunstverein ein. Wenn sie auch weg war, kümmerte sich Frau Dresden um mich. Am Abend erledigte ich meine Hausaufgaben, übte Klavier und wusch das Geschirr. Wenn er zu Hause war, gab es den Spaziergang!»

«Was ist so schlimm an einem Spaziergang?»

«Wenn mein Vater dabei war, war alles verdorben.»

Widerstrebend erzählte ich ihr von den nächtlichen Spaziergängen mit ihm zu den nahegelegenen Yorkshire Mooren. Gewöhnlich liebte ich diesen Platz dort oben, liebte es, bei Sonnenschein und Wind mit Glen, meinem schottischen Zwergterrier, herumzutollen; so frei und glücklich fühlte ich mich bei dem Blick über die kilometerlangen Muster, die die trockenen Steinmauern in die Tal- und Moorlandschaft zeichneten. Glenny bellte und stöberte Hasenverstecke auf, während ich im Gras lag, den frischen, warmen Duft einatmete und den Feldlerchen beim Fliegen zuschaute.

«Doch jeden Abend beugte er sich zuerst über mich und meine Schulaufgaben. Er zischte dieses ‹tst, tst›, durch die Zähne, während er mit drei Fingern auf den Tisch trommelte wie ein galoppierendes Pferd und auf meine Antworten zu seinen Fragen wartete. Die Fragen kamen wie aus der Pistole geschossen, Mathematik oder Französisch. Es war tst, tst, Klopfen, Frage, Ohrfeige, Frage, Ohrfeige, Klopfen, tst, tst. Er flösste mir solche Angst ein, dass ich nicht mehr denken konnte; ich hätte schreien können, und jedesmal war mir übel. Vor allem, wenn er plötzlich sagte: ‹Spaziergang!›

Er hinkte den Hügel hoch, Miss Abbott, und ich musste meine Hand in die Tasche seines Regenmantels stecken, die eigentlich gar keine Tasche war, sondern nur ein Schlitz und sein ... sein ... Sie wissen schon, anfassen.»

Ich blickte auf das Bärenfell.

«Ich hätte mich jedesmal erbrechen können. Ich schaute zu den Sternen hoch und fragte mich, ob es wirklich Gottes Wille sei, dass ich all diese Dinge tun musste, die ich so sehr hasste, und wie lange würde dies noch weitergehen? In der Schule und sonntags lehrte man uns, unsere Eltern zu ehren, zu respektieren und zu lieben.»

«Meine Güte, du armes Kind!»

«Oh, Miss Abbott, es wurde noch viel schlimmer. An manchen Abenden musste ich dort oben hinter einer Steinmauer niederknien und es in meinen Mund nehmen. Er wurde grob. Es erstickte mich fast, und er hielt mich bei den Haaren oder an den Ohren fest und schob mich vor und zurück wie ein Schaf, das geschoren wird. Ich schluchzte leise. Er sog die Luft durch seine Zähne ein, es tönte wie ein F, und wenn die Fs kürzer und leiser wurden, wusste ich, dass es bald vorüber war.»

Miss Abbott weinte.

«Er wurde sehr böse, wenn ich das ... das weisse Zeug nicht schlucken wollte.»

«Olivia! Oh, Olivia, er war ein kranker Mann! Dein Vater war ein sehr kranker Mann!»

«Das hat auch die Polizistin gesagt.»

«Hör auf zu weinen, Liebes. Wisch dir deine Tränen weg. Nicht mit deinem Ärmel! Da ist ein Taschentuch.»

Ich putzte mir die Nase und fuhr fort:

«Sie... sie war diejenige, der ich als nächstes alles erzählen musste, nach Mama und den Männern, die zum Nachtessen eingeladen waren und die dann auch zur Polizei gingen. Sie liess mich meine Geschichte mehrmals wiederholen, vom Anfang an, immer wieder, als ob sie mir nicht glauben würde.»

«Das musste sie, Liebes, denn es gibt Menschen, die solche Geschichten erfinden, und sie wollte nur herausfinden, ob du ihr die Wahrheit sagst. Es muss eine Qual für dich gewesen sein. War sie nett? War sie freundlich zu dir?»

«Oh ja. Ein bisschen beeindruckend in ihrer Uniform, aber sehr freundlich.»

«Wie kam denn dies alles plötzlich ans Licht?»

Ich erzählte ihr, wie froh ich gewesen sei, als Vater wegen seiner Arthritis eine dreimonatige Kur auf der Insel Ischia machen musste. Was für eine Erleichterung, dass er mich nicht mehr quälen konnte. Keine Schläge, kein Tadel und keine Strafen mehr. Ich konnte die ganze Nacht hindurch friedlich schlafen. Es war ein neues Leben, freier und glücklicher, nur hatte ich manchmal Alpträume.

«Eines Abends lud Mama zwei Schweizer aus der Firma meines Vaters zum Abendessen ein. Während des Essens sagte sie plötzlich: ‹Olivia, ich habe einen Brief von deinem Vater bekommen. Morgen kommt er nach Hause!›

Ich war wie gelähmt vor Entsetzen. Ich wusste, alles würde wieder von vorne anfangen. Die Gewalt, diese Nächte, die schrecklichen Morgen im Badezimmer, die Schmerzen, das Elend und die Angst, die Samstage..., und ich hörte mich schreien: ‹Nein! Nie wieder! Von mir aus soll er mich umbringen. Ich will ihn nie wieder sehen!›

Alle starrten mich an, mit offenen Mündern. Ich erzählte ihnen alles, erzählte ihnen, was er mir in all den Jahren angetan hatte.

Mama wurde ganz blass. Sie blickte mich nur ungläubig an. Sie stand auf und sagte mit einer eigenartigen, zitternden Stimme: ‹Es kann nicht wahr sein! Das wusste ich nicht. Ich habe von allem nichts gewusst. Es kann nicht wahr sein!› Immer wieder sagte sie das.

Einer der Männer stand abrupt auf, und der andere lief ihm nach. Sie kehrten bald zurück, in Begleitung von Miss Killarney, der Polizistin.»

«Wie kommt es, dass deine Mutter von nichts wusste?»

«Das wollten alle wissen. Aber sehen Sie, Mama geht es nicht besonders gut. Nächte hindurch ist sie im Keller und malt, trinkt Whisky, raucht und versucht, ihr Heimweh zu vergessen. Tagsüber schläft sie. Frau Dresden kümmert sich dann um alles... Ich fühle mich schrecklich.»

Miss Abbott strich über mein Haar.

«Es war gut, hierherzukommen, es hat mir geholfen. Ich fragte mich, was jetzt aus mir werden soll. Wissen Sie, Vater tat mir immer leid wegen seiner Hüftschmerzen und seines Hinkens, aber wenn er seine Arthritis nicht gehabt hätte, wäre er vermutlich noch hier und...»

«Scht, Liebes, scht! Es ist alles vorbei. Meinst du, dass du in England bleiben wirst?»

«Ich würde es gerne. Besonders jetzt. Ich liebe Yorkshire und dürfte endlich auch ‹Fish and Chips› essen. Er liess mich ja nie wie die anderen Kinder sein.»

«*Fish and Chips?* Das ist aber keine besonders begehrenswerte Delikatesse, nach der du dich sehnst», lachte Miss Abbott.

«Für mich schon, denn ich würde mich endlich so wie die andern fühlen, eines unter vielen.»

«Ich glaube ich verstehe, was du meinst.»

«Ich hoffe, dass zwischen uns alles noch wie vorher ist, nachdem ich Ihnen das erzählt habe!»

«Natürlich ist noch alles wie vorher, und es wird zwischen uns auch immer so bleiben, Olivia. Du kannst immer zu mir kommen, wenn du magst. Fühlst du dich schon etwas besser?»

«Ja, doch ich fühle mich noch etwas merkwürdig. Da ist ein Schmerz, wie man ihn zum Beispiel spürt, wenn man sich den Knöchel verstaucht, als ob ich mein Herz oder meine Seele verstaucht hätte, oder was da in mir drin ist.»

«Ich kenne das Gefühl. Doch die Zeit heilt alles. Du wirst erwachsen werden und vergessen.»

«Miss Abbott, bin ich ein schlechter Mensch, weil ich am Begräbnis nicht traurig sein konnte?»

«Nein. Was du fühlst, ist nur natürlich. Warum solltest du Trauer empfinden, wenn dein Vater dir keine Erinnerungen hinterlassen hat, die dich ihn vermissen und Sehnsucht nach ihm verspüren lassen?»

«Das klingt fast so, als wäre es viel schöner, schlechte Eltern zu haben, denn dann vermisst man sie nicht so sehr wie Eltern, die einen geliebt haben.»

«Nein, Kind, nein! Es ist nicht schön, wenn man nicht vermisst oder nicht geliebt wird oder nicht wert ist, erinnert zu werden.»

Mit diesem Satz zog sie mich an sich und hielt mich fest.

Trotz meinen Tränen brachte ich ein Lächeln hervor: «Ist es nicht wunderschön? Jetzt brauche ich mich nicht mehr heimlich zu Ihnen zu schleichen.»

«Wunderschön! Also mein Kind, mach dich jetzt auf den Weg nach Hause.» Wir gingen zur Tür und traten hinaus. «Und denke immer daran, du bist ein wundervoller Mensch. Du wirst deinen Weg machen.»

Als ich auf das Gartentor zuging, blickte ich über die Strasse hinüber zu unserem Haus aus schwarzem Stein. Ich blieb stehen und schaute zurück zu meiner Freundin, die immer noch im Gang stand. Einem Impuls folgend, musste ich mich umdrehen und zu ihr zurücklaufen.

Ich klammerte mich an sie, und wir begannen, laut zu schluchzen.

3

Ich drehte mich um und lief über die Strasse, an den Rosen vorbei, die Steintreppe hinauf, und betrat das Haus.

Das Zischen des Bügeleisens und der feuchte, dampfende Geruch von frisch gewaschener Wäsche liessen mich immer an die Behaglichkeit des Heims anderer Menschen denken.

«Ist Mutter da?» fragte ich Frau Dresden.

«Ist Mutter da! Ist Mutter da! Immer die gleiche Frage.» Sie wehrte mich ab, als ich sie umarmen wollte.

Schweigend assen wir zusammen zu Abend, und ich begab mich bald zu Bett. Ich versuchte, mich auf die Lektüre von *Just William* zu konzentrieren, denn normalerweise heiterte sie mich auf, doch dann löschte ich das Licht. Ich war enttäuscht, wie der Abend zu Hause verlaufen war, obwohl Vater nicht mehr da war und ich keine Angst mehr vor ihm haben musste.

Mit dem Ticken meines winzigen Schweizer Weckers in den Ohren durchlebte ich noch einmal jede Sekunde dieser letzten paar unbegreiflichen Tage.

Ich verspürte eine gewisse Erleichterung darüber, dass ich Miss Abbott alles erzählt und wie sie darauf reagiert und mit mir gesprochen hatte. Aber ich war nicht fähig gewesen, mit ihr über das Schlimmste zu reden, über die entsetzlichen Umstände seines Selbstmordes.

Ich wälzte mich im Dunkeln hin und her. Mir war heiss. Ich wehrte mich gegen die Erinnerungen. Die Furcht verursachte mir immer noch eine Gänsehaut, und ich wollte vergessen, doch die Bilder kamen immer wieder zurück.

Zu Anfang schien Miss Killarney mir nicht zu glauben. Ich beantwortete viele zweifelnde Fragen damit, dass er, wenn ich ihm nicht gehorchte, mich immer an den Ohren zog, bis ich dort, wo die Ohrläppchen angewachsen sind, zu bluten anfing. (Sie hatte es sich angeschaut und festgestellt, dass die Haut dort ganz trocken und schuppig war.) Ich erzählte ihr auch, dass ich nie genügend Schlaf bekommen hatte und deswegen oft während Veranstaltungen und Gebeten in der Schulaula ohnmächtig geworden war. Man stellte fest, dass ich einen zu niedrigen

Blutdruck hatte, Migränen, bei denen mir übel wurde, wunde, offene Hände und Frostbeulen, Geschwüre und eine Gürtelrose und dass ich unter starkem Ausfluss litt. Morgens hatte ich mich auf den Korbstuhl im Badezimmer setzen müssen. Er streckte meine Beine rechts und links unter den Armlehnen aus und sass dann vor mir auf dem Boden, starrte mich an und betastete mich. Er zwang mich mit Schlägen in diese Stellung, bis ich Schrammen an den Beinen hatte und so dasass, wie er es wollte.

Miss Killarney sagte mir immer wieder, dass er ein kranker Mann gewesen sei und wie sehr es sie schmerzen würde, was mir zugestossen sei. Das brachte mich zum Weinen.

Sie trug Mutter und mir auf, am nächsten Abend zum Bahnhof zu gehen und ihn vom Zug abzuholen, als sei nichts geschehen. Wir sollten ihm sagen, dass ich schlimme Alpträume hätte und dass Mutter deswegen bei mir im Zimmer schlafen würde. Sie sagte, die Polizei würde mit ihm sprechen und ihn in ein Krankenhaus bringen, wo er behandelt und geheilt würde.

Als ich ihn in der darauffolgenden Nacht auf dem Bahnhof sah, kam mir in Erinnerung, wie ich ihn vor fünf Jahren, am Ende des Zweiten Weltkriegs, in Basel getroffen hatte. Ich durchlebte dieses erste Treffen noch einmal, als wir jetzt dort standen und auf ihn warteten.

Ich sah ihn als erste.

Jenen Mann in der Menge, der hinkte. Er zog immer noch sein Bein nach, schwankte dabei jedes Mal leicht nach links.

Die kreisförmige kahle Stelle unter seiner Baskenmütze war grösser geworden. Die goldgeränderte Brille hob die fleckige, trockene Haut hervor, die sich nach einem Sonnenbrand schälte. Sein Hinken weckte immer noch Mitleid in mir, so mechanisch, wie sich ein Streichholz an der Reibefläche der Schachtel entzündet.

Zu beflissen erwiderte ich seinen höhnischen Blick mit einem Lächeln. Ich wurde puterrot.

Er küsste uns alle pflichtgemäss.

Sobald Mutter sich nach einem Taxi umgesehen und Frau Dresden dem Gepäckträger geholfen hatte, wandte er sich mir zu.

«Wem hast du es erzählt?»

«Niemandem, niemandem», log ich. Dann platzte ich unter seinem wartenden Blick heraus: «Mutter schläft bei mir, weil ich immer noch Alpträume habe.»

Sofort wusste ich, dass ich in die erste Falle gegangen war.

In gespanntem Schweigen fuhren wir nach Hause. Da es spät war, entschuldigte ich mich und ging sofort zu Bett. In panischer Angst wartete ich auf Mutter, bis sie in mein Zimmer kam und unter die Decke schlüpfte.

Am Morgen bat ich Mutter starr vor Angst, mit mir ins Bad zu kommen. Beim Frühstück sagte er, dass er mich zum Schulbus fahren würde. Mir blieb der Bissen im Hals stecken. Er sah, wie ich Mutter anblickte. Würde uns denn niemand begleiten?

Ich konnte es nicht fassen, als ich mit ihm ins Auto steigen musste. Mutter winkte; noch nie war sie zu dieser Stunde aufgewesen, ihre blassblauen Augen waren weit geöffnet, ihr kurzes schwarzes Haar das erste Mal ungekämmt.

Er raste los, nahm aber nicht den üblichen Weg.

Warum hatten Mutter und Miss Killarney mich im Stich gelassen? Warum nur? Was würde er zu mir sagen, was mit mir tun? Kam mir denn niemand zu Hilfe?

Ich würde zu spät zur Schule kommen. Wohin brachte er mich?

Als ich ihn von der Seite ansah, fand ich, dass seine dunkle Bräune ihn noch bedrohlicher aussehen liess. Ich wagte nicht, ihn noch länger anzuschauen. So starrte ich vor mich hin, zu Tode erschrocken, mein Herz schlug rasend schnell.

«Mit wem hast du gesprochen, und was hast du erzählt?»

«Ich weiss nicht, wovon du sprichst.» Ich kicherte nervös und verstummte sofort wieder.

Schweigend fuhr er mit steigender Geschwindigkeit weiter. Und plötzlich wusste ich es. Ich wurde leichenblass und spürte, wie alle Wärme aus meinem Körper wich. Er fuhr zum ‹Selbstmordhang›. Über diesen Ort hatte er so oft gesprochen. Es war ein steiler Abhang, hoch oben in den Mooren von Malham.

Ich hatte recht.

Es gab nichts, was ich hätte sagen oder tun können. Aus bitterer Erfahrung mit ihm wusste ich, dass ich keinerlei Macht oder Möglichkeit hatte zu verhindern, dass etwas Schreckliches passierte. Ich wusste, dass es dieses Mal das Ende wäre und fragte mich, warum andere Kinder so nette Väter haben.

Mit hoher Geschwindigkeit bog er von der Hauptstrasse ab in Richtung der Moore, hinaus zu der Stelle. Ich überlegte mir, ob ich aus dem Auto springen könnte, doch meine Sinne und meine Glieder waren wie betäubt. Ausserdem war die Geschwindigkeit dafür viel zu hoch. Selbst wenn es mir gelingen würde, ohne mich dabei zu Tode zu stürzen, würde er mich wieder einfangen. Ich konnte nirgendwo hinlaufen oder mich verstecken.

Er raste weiter. Sein Blick war starr.

Es wird schnell gehen. Es wird schnell vorbei sein. Es wird nicht weh tun.

Ich schloss die Augen.

Er bog ab.

Wortlos und ohne mich anzublicken wendete er den Wagen und fuhr zurück. Doch noch war ich weder erleichtert noch entspannt, denn ich war mir sicher, er habe noch etwas Schlimmeres im Sinn. Aber er fuhr mich direkt zur Bushaltestelle. Ich würde zu spät zur Schule kommen und dafür bestraft werden. Was sollte ich sagen?

Kaum dass der Wagen hielt, sprang ich hinaus.

Er fuhr nicht gleich wieder los. Er sass nur da und starrte mich an, während ich zitternd auf den Bus wartete und versuchte, seinem Blick auszuweichen. Ich versuchte sogar zu lächeln. Dann kam zum Glück der Doppeldeckerbus, und ich stieg ein.

In der Schule wurde ich zum Direktor gerufen. Ich war immer noch zu aufgewühlt, um klar denken zu können. Er fragte mich nicht, weshalb ich zu spät gekommen sei. Er sei angerufen worden, um mir auszurichten, dass ich nach der Schule gleich zu den Rosenbergs gehen solle. Ich seufzte vor Erleichterung, in der Hoffnung, dass mir eine weitere Begegnung mit meinem Vater erspart bliebe. Ich war so dankbar, weil der Schrecken und die Spannung von diesem Morgen vorbei waren, dass ich nicht weiter daran denken wollte, wie alles ausginge. Ich wagte nicht einmal, über die Warums nachzugrübeln!

Herr und Frau Rosenberg, Freunde der Familie, teilten mir mit, dass meine Eltern zum Abendessen kämen und dass ich über Nacht bei ihnen bliebe. Eine Erklärung dafür gaben sie nicht. Ich war verwirrt, denn so etwas war noch nie geschehen.

Unruhig sassen wir im Wohnzimmer, bis meine Eltern eintrafen.

Nachdem die Getränke serviert worden waren, ergriff Mutter das Wort.

«Olivia hat das *Ave Maria* eingeübt, während ihr Vater weg war. Wäre es nicht schön, wenn sie es uns vorspielte? Du hast es daheim so gut gespielt. Jetzt wäre doch die Gelegenheit, uns eine erste kleine Kostprobe zu geben. Ich bin sicher, es würde alle freuen.» Nie zuvor hatte sie so etwas gemacht. Ich hatte nicht gedacht, dass sie meine Fortschritte bemerkt hätte. Nervös stand ich auf.

«Ich habe noch nie vor Leuten gespielt», sagte ich.

Frau Rosenberg, die dickste und gemütlichste Person, die ich kannte, lächelte mir aufmunternd zu und sagte: «Jetzt ist die beste Zeit, damit zu beginnen. Los, gib dir einen Stoss. Du kannst nur dein Bestes versuchen, und es ist überhaupt nicht schlimm, wenn du Fehler machst. Versuch es einfach.»

Also setzte ich mich ans Klavier und begann.

Ich spielte das Stück ohne einen einzigen Fehler zu Ende.

«Hervorragend! Ein sehr musikalisches Spiel. Du bist sehr begabt», sagte Frau Rosenberg, als sie aufstand und hinausging, um sich um das Essen zu kümmern.

Als ich mich auf dem Klavierhocker umdrehte, sah ich, wie Vater Tränen die Wangen hinunterliefen.

In grösster Verwunderung starrte ich ihn an.

Ich warf Mutter schnell einen Blick zu.

Auch sie weinte leise vor sich hin.

Herr Rosenberg war gerade dabei nachzuschenken und bemerkte es nicht. Beide wischten sich jetzt verstohlen mit dem Handrücken die Tränen ab. Dann begannen alle, über alltägliche Dinge zu sprechen.

Ich wälzte mich immer noch in meinem Bett hin und her; das Herz tat mir weh. Mir wurde plötzlich bewusst, dass dies die letzte Erinnerung an meinen Vater war. Vater hatte geweint!

Am nächsten Tag war ich wieder zum Direktor gerufen worden.

«Du bist anscheinend ein vielbeschäftigtes Mädchen! Heute kam ein weiterer Telefonanruf für dich. Ich soll dir sagen, dass du nach der Schule mit zu Val Arnolds gehen sollst.»

Er sah mich an, als ob er auf eine Erklärung wartete, doch ich hatte selber keine.

Mrs. Arnolds war ebenso überrascht wie wir. Trotzdem hiess sie mich willkommen und verwöhnte uns mit einem köstlichen Gericht, einer Spezialität aus Yorkshire.

Für mich war Val das glücklichste Mädchen auf der Welt. Sie hatte eine wundervolle Familie und ein eigenes Pferd. Sie lieh mir ein Paar Reithosen, und vergnügt lief ich mit ihr quer durch die Felder zu ihrem Pony. Ein schriller Pfiff liess uns innehalten.

«Verdammt! Das ist Mutters Signal, dass wir nach Hause kommen sollen», rief Val.

Als wir zurückliefen, sahen wir unsere Mütter und Miss Killarney vor dem Haus stehen. Noch bevor ich die Gruppe erreicht hatte, kam die Polizistin auf mich zu. Ich sah, dass Mutter weinte.

Miss Killarney legte den Arm um meine Schultern und führte mich zur Seite, den Kiesweg hinunter. «Du musst nun sehr tapfer sein, Olivia», fing sie an. Und sofort wusste ich Bescheid. Wusste, dass mein Vater tot war. Jeder würde nun von mir erwarten, dass ich traurig wäre und weinte, wie das Leute eben tun, wenn jemand gestorben ist.

Sie sagte: «Dein Vater ist tot. Er hat sich erschossen.»

Ich fragte mich, ob es schicklich ist, mich so erleichtert zu fühlen. Ich konnte nicht in Tränen ausbrechen. Ich fühlte mich unglaublich frei. Ich sah hoch zu Miss Killarney, blickte dann auf den Boden, denn ich musste beinahe lachen, sah wieder hoch und sagte: «Wie schrecklich.»

Ich ging zu Mutter zurück und legte meine Arme um sie.

Ich kann mich nicht zum Weinen zwingen, dachte ich.

Ich fühlte mich sonderbar. Sollte Mutter mich jetzt nicht umarmen? Ich habe keine Schuldgefühle, weil ich geredet habe... Ich bin nur sehr traurig, weil ich absolut nichts für ihn empfinde.

Ich sah die kleine Gruppe herumstehen. Irgendwo trieb jemand seine Hühner zusammen. Ihr lautes Gackern dröhnte in meinem Kopf.

Mutter sah mich mit ihren tränenblinden, blassblauen Augen an – wie die von toten Fischen, dachte ich. Ich schloss die meinen und wünschte nur, in Ruhe gelassen zu werden. Ich war so schrecklich müde. Ströme von Speichel schienen sich aus dem Nichts in meinen Mund zu ergiessen.

Mutter sagte: «Gib Val deine Uhr!»

Während ich gegen all den Speichel in meinem Mund ankämpfte, fragte ich: «Warum?»

«Als Abschiedsgeschenk», sagte sie.

Ich war stolz auf meine Uhr und wollte sie nicht hergeben. Ich öffnete meine Augen gerade so lange, dass ich einen Blick auf meine Uhr mit dem roten, vorwärtshüpfenden Sekundenzeiger werfen konnte. Plötzlich sprang er aus den Zahlen hervor, kam auf mich zu, durchbohrte meine Augen, und ich rang nach Luft, schluckte wild, würgte...

Ich versuchte, mich zusammenzureissen... darf mir nicht anmerken lassen, wie mir zumute ist... darf nicht schreien... muss ein braves Mädchen sein... arme Mama... muss zu ihr gehen und sie halten und trösten und ihr sagen, wie leid es mir tut... wenn ich doch nur nicht so todmüde wäre.

«Olivia! Olivia! Olivia!» Alle riefen sie meinen Namen, als ich erwachte. Von irgendwoher schwebte eine freundliche Yorkshire Stimme zu mir.

«Ei, Gott sei dank geht es dir besser, Liebes.» Mrs. Arnolds tätschelte mein Kinn. «Bist du früher schon einmal ohnmächtig geworden? Ei, ei! Du hast uns einen ordentlichen Schrecken eingejagt, Kindchen.»

Mutter bemerkte hastig: «Sie hat einen niedrigen Blutdruck und kann nicht lange stehen.»

Mrs. Arnolds half mir, mich aufzusetzen, und flösste mir starken, süssen Tee ein. Als ich das erste Mal hiergewesen war, hatte sie so gelächelt wie jetzt und gesagt: «Wenn immer jemand in dieses Haus kommt, kommt der Kessel auf den Herd.» Sie wusste von Val, dass ich Tee sehr mochte.

Als ich die Augen senkte, bemerkte ich, dass meine Armbanduhr fort war. Val hielt sie in ihrer Hand und besah sie sich.

«Darf ich sie wirklich haben?» fragte sie unsicher.

«Ja natürlich», sagte meine Mutter. «Wir haben euch so viele Umstände gemacht.»

Bald danach brachen wir auf.

Miss Killarney fuhr uns heim. Ich war erstaunt, dass Duckworth Lane immer noch gleich aussah, erstaunt, dass die Leute sich benahmen, als sei nichts Besonderes geschehen.

Ein kleiner Junge war gerade dabei, vom Trottoir aus in den Rinnstein zu pinkeln. Bei diesem Anblick wurde mir sterbensübel. Miss Killarney hielt an, ich öffnete die Tür, und das Würgen wollte kein Ende nehmen.

Mutter entschuldigte sich für mich.

Als ich später am Abend nachschauen wollte, wieviel Uhr es war, stellte ich fest, dass der Verlust meiner Armbanduhr mir viel mehr zu schaffen machte als der Verlust meines Vaters.

Mutter und ich haben niemals über das gesprochen, was passiert war. Nie darüber, was Papa mir zugefügt hatte. Nie über seinen Selbstmord. Er war eines Tages aufgetaucht und am nächsten wieder verschwunden. Einfach so. Als ob er und unser ‹Familienleben› in England nie existiert hätten.

4

Zum letzten Mal stapfte die massige Gestalt auf ihren kurzen, plumpen Beinen die Treppe hinunter. Frau Dresden verliess uns und nahm Chappy, den englischen Schäferhund, mit sich. Wider Erwarten hinterliess ihr Weggehen eine schmerzliche Leere.

In unserem Haus nahmen wir von da an keine Mahlzeiten mehr ein.

Wirtshäuser, Teehäuser, Cafés und Gaststätten schienen Mutter ein zweites Zuhause zu bieten. In ihnen verbrachten wir viele Stunden. Sie bat mich, sie nicht zu stören, wenn sie Briefe schrieb und dabei rauchte und trank. Ich sass da und wartete. Von Zeit zu Zeit sah sie auf, lächelte mir zu und seufzte ein leises «Ach Gott! Ach Gottchen!»

Wir wurden oft von Bekannten zum Essen eingeladen.

Der einzige Ort, an dem ich mich zu Hause fühlte, war bei den Clarks. Dem Nebel verdankte ich ihre Bekanntschaft. Immer wenn er zu dicht war und ich nicht mit dem Bus von Bradford nach Ilkey fahren konnte, durfte ich bei ihnen in ihrem kleinen Bungalow aus rotem Backstein mit seinen Erkerfenstern verweilen. Deswegen liebte ich Dunst und Nebel, selbst wenn sie so dicht waren, dass Männer mit Laternen und Hupen den Weg für die Autos und Busse weisen mussten. Bei den Clarks herrschte eine warme und herzliche Atmosphäre. Gladys Clark sprach einen breiten Lancashire Dialekt und besass einen herrlichen Sinn für Humor. Für sie war ich ‹lur›, ‹ducky› und ‹me darlin›.

Dann erschien Elly Zimmermann. Wie Frau Dresden in Krisenzeiten Süssspeisen gemacht hatte, lud meine Mutter in Krisenzeiten immer eine Tante oder einen Onkel ein. Sie tauchten auf wie Hasen aus einem Zylinder. Sie kamen bereitwillig und waren Mutter genehm, solange sie sie brauchte, nur um dann wieder für Jahre zu verschwinden, bis sie sie wieder hervorzauberte. Bei diesen Bekannten fand sie immer irgend jemanden oder irgendeine neue Bleibe für mich. Ich hasste das. Das Auftauchen meiner Tante gab mir das Gefühl, dass eine erneute Trennung von meiner Mutter in der Luft lag. Ihr Anblick machte mir zwei Dinge klar: Erstens, Frau Dresden war unglaublich dick gewesen, und zweitens, meine Mutter war aussergewöhnlich schön...

Bis zu diesem Zeitpunkt schien ich nur vor mich hinvegetiert und gewartet zu haben. Die plötzliche Abwesenheit meines Vaters und sein entsetzliches Ende waren allzu jäh über mich hereingebrochen. Betäubt und gelähmt sass ich herum, viel zu bestürzt und verunsichert, um mich erleichtert zu fühlen. Es erschien mir sogar eigenartig, seinen Wagen nicht mehr zu hören. Eigenartig, keine Angst mehr haben zu müssen, keine Schläge mehr auf den Kopf zu bekommen. Manchmal ertappte ich mich, wie ich zur gleichen Stunde wie damals in der Spülküche auf ihn wartete.

Auch wachte ich nachts regelmässig nach Alpträumen auf und schwitzte vor Angst. Ich machte das Licht an und wartete auf die Morgendämmerung.

Die Tage wurden zur Last, denn es gab nichts zu tun, obwohl ich mich hilfsbereit zeigte, um der Nörgelei meiner Mutter zu entgehen.

Ich hasste jeden Winkel des Hauses: die Fassade aus schwarzem Stein, den grünen Anstrich, die Hecke an der Einfahrt, die ich stutzen helfen musste, und den taschentuchgrossen Rasen vor dem Haus. Eine Hauswand grenzte direkt an das Haus unserer Nachbarn, die wir kaum kannten. Ein einziges Mal sprachen wir mit Mr. und Mrs. Brown, als man uns die Kisten mit Äpfeln für den Winter brachte, jeder Apfel in Seidenpapier eingewickelt, damit die andern nicht befallen würden, wenn ein Apfel faul war.

Einmal, als Vater mich auf dem Bett schlug und meinen Kopf gegen die Wand zu hämmern begann, schrie ich so laut, dass Mr. Brown zu uns herüberkam und an der Vordertür klopfte. Ich hörte nicht, was Papa zu ihm sagte. Dennoch schämte ich mich nachher über diesen Vorfall. Ich hasste es, allein mit Papa zu Hause zu sein, fürchtete mich jedoch noch mehr, wenn ich ganz allein war.

Nur ein Wort fiel mir ein, als ich Tante Elly betrachtete. Kopf, Gesicht, Nase, der von einem Netz zusammengehaltene schwarze Knoten, Brust, Hintern, Bauch und Füsse – alles war flach.

Von dem Augenblick ihres Eintreffens an sprachen, arbeiteten, sassen und lachten Tante Elly und Mutter zusammen und gingen miteinander aus. Vor allem tranken sie, wenn sic mit ihren Freunden beisammen waren. Sie sagten, es helfe ihnen. Ich fühlte mich übergangen. Fühlte mich von einem Ort zum anderen geschoben wie ein unerwünschtes Möbelstück. Dieses Gefühl löste in mir immer das Bedürfnis aus zu weinen, wenn es mir gelang, in der Nähe meiner Mutter zu sein. Tat ich es, wurde sie böse, oder sie weinte auch.

Wenn sie nicht gerade beschäftigt war, stattete sie ihren Anwälten einen Besuch ab und trug dabei einen dunkelblauen, radförmigen Hut, dessen Rand sich über ihre Augen senkte. Er hob ihre hohen Wangenknochen hervor und liess einen weichen Schatten auf ihr Gesicht fallen, ebenso wie ihre langen Wimpern, die ihre hellblauen Augen umrahmten. Ihre dunklen Haare waren kurz geschnitten wie die eines Knaben.

Immer wenn sich unsere Blicke trafen, bekam mein Gesicht einen flehenden Ausdruck. Wir starrten einander an, und ich wagte nicht, mit den Augen zu zwinkern, da ich sonst in Tränen ausgebrochen wäre. Mutter schürzte die Lippen, und nach einer Weile sagte sie halb lächelnd, halb stirnrunzelnd: «Oh, oh! Olly, Olly! Nur keine Tränen. Nur keine Tränen! Sei mein braves Mädchen und lächle!»

Vom Tag des Begräbnisses an bis zu meiner nahenden Abreise verhielt sich mein Magen wie ein lebendiges, wildes Ding, das mir keinen Augenblick der Ruhe gönnte. Nachts zog ich vor Krämpfen meine Knie bis hoch an mein Kinn, ein eisernes Band schien meine Brust zusammenzudrücken und ein Bleigewicht auf meinem Körper zu lasten. Im Bett musste ich mich aufsetzen und nach Luft schnappen wie jemand, der zu gähnen versucht. Je länger ich um Atem rang, desto grösser wurde meine Angst zu ersticken. Mutter nannte mich nun auch noch hysterisch. Ich war wütend auf mich selbst, weil ich mir diese Manie nicht abgewöhnen konnte. Seit ich zurückdenken konnte, hatte ich dagegen angekämpft. Wenn ich endlich einschlief, wurde ich von Alpträumen verfolgt.

Tante Elly weilte seit einem Monat bei uns, und der Zeitpunkt war gekommen, wo ich mit ihr nach Basel reisen sollte.

Ich erinnere mich nicht mehr, wie ich den Tag hinter mich brachte, doch als wir am Flughafen ankamen, war ich nur noch ein Nervenbündel. Mama musste in England bleiben, um unser Haus zu verkaufen. Ich hatte gehofft, bei ihr bleiben und ihr helfen zu können, aber sie war dagegengewesen.

Dieses Gefühl, im Himmel zu schweben, weit und breit nur

dünne Luft, und jeden Augenblick in die Tiefe stürzen zu können, verursachte mir Schwindel und Übelkeit. Ich schämte mich vor den eleganten Stewardessen und Tante Elly. Ich schaute andauernd auf die Tragflächen und wunderte mich, wieso solch lange, schwere Dinger nicht einfach abbrachen. Vielleicht hörte mein Herz zu schlagen auf, und ich würde sterben, ohne Mama vorher wiedergesehen zu haben. Bis zur Landung war ich mit jeder Faser meines Körpers angespannt.

Als erstes fiel mir in der Schweiz auf, dass die Menschen einem nicht zulächelten. Alle hatten es eilig. Sie standen vor den Schaltern nicht Schlange, sondern drängelten sich grob vor. Die Zöllner waren mürrisch, doch zu meinem Erstaunen schien Tante Elly ihr Verhalten weder ungewöhnlich noch beunruhigend zu finden. Sie nahm den gleichen schnippischen Ton an und setzte eine strenge Miene auf. In England mochte ich sie viel lieber, denn in Gesellschaft unserer Freunde aus Yorkshire hatte sie viel gelacht und hübscher ausgesehen.

Sie rief ein Taxi. Beim Anblick des Rheins dachte ich sehnsüchtig an meine Mutter und sah in Gedanken, wie sie mir mit Tränen in den Augen *Basel a mym Rhyn* vorsang und mir vom Münster erzählte, der Kathedrale, die ich jetzt in ihrer ganzen Schönheit in der Abenddämmerung erblickte. Sie stand noch da, mit Türmen aus rotem Stein und den riesigen rautenförmigen Mustern auf dem Dach, einladend und unangreifbar.

Als wir über die Brücke von Klein-Basel nach Gross-Basel fuhren, erhaschte ich einen Blick auf die Königsskulptur am Eckhaus. Mit einer goldenen Krone auf dem Kopf streckte sie den Klein-Baslern ihre rote Zunge heraus. Die Fähre pendelte von einem Ufer ans andere an einem über den Fluss gespannten Metallkabel entlang. Während all den Jahren, dachte ich, die ich in England verbracht habe, um mit meinen Eltern eine ‹richtige Familie› zu bilden, ist diese Fähre mit ihren Passagieren hin und her geglitten.

Tante Elly bezahlte den Taxifahrer, und wir betraten ein hohes Mietshaus. Ich rutschte fast auf dem spiegelblank polierten Boden aus, als wir zum Fahrstuhl gingen, um in den vierten Stock zu fahren.

Alles war makellos sauber.

Onkel Hans sass an einem Tisch und las die Zeitung. Ich fand es eigenartig, dass er sitzen blieb. Tante Elly beeilte sich, ihn zu begrüssen, und drückte ihm flüchtig einen Kuss auf seinen Scheitel.

Ich ging zu ihm hin und gab ihm die Hand. Das Zimmer sah aus wie eine Schaufensterauslage, aufgeräumt, uninteressant und unpersönlich. Onkel Hans fuhr mit dem Lesen seiner Zeitung fort. Ich kam zu der Überzeugung, dass von ihm keine Gefahr ausging.

Er rief seiner Frau, die bereits in der Küche beschäftigt war, zu: «Ich nahm meine Mahlzeiten fast täglich bei meiner Mutter ein. Dreimal in der Woche kam sie staubsaugen, aufräumen und abstauben. Sie lüftete alle Betten. Es ist schön, dass du wieder heimgekommen bist und ich endlich wieder zu Hause vorbereitete Mahlzeiten vorgesetzt bekomme. Mutter hat Brot, Milch, Fleisch, Kartoffeln, Zwiebeln und Salat eingekauft, weil ich ihr gesagt habe, dass ich Lust auf Milchkaffee und Rösti habe.» Bevor er weiterlas, zwinkerte er mir zu und sagte lächelnd: «Geh und hilf in der Küche, Kind.»

Nach einem schweigsamen Abendessen meinte Tante Elly: «Du bist sicher müde. Ich werde dir dein Zimmer zeigen.»

Sie führte mich in ein Zimmer, in dem zwei Betten standen. «Manchmal wirst du alleine in diesem Zimmer schlafen, doch wenn Onkel Hans schnarcht, werde ich auch hier schlafen. Beeil dich jetzt. Ich zeige dir, wo sich alles befindet. Komm mit mir ins Badezimmer.»

Als sie die Tür hinter sich schloss und ich mich allein in dem Zimmer befand, fühlte ich mich erleichtert und verzweifelt zugleich. Das gezwungene Lächeln wich aus meinem Gesicht, und ich konnte aufhören, so zu tun, als sei alles in Ordnung. Doch mein Magen blieb verkrampft, und ich ahnte, dass ich mich wieder die ganze Nacht vor Schmerzen krümmen würde.

Eine Weile lang fand ich Linderung, indem ich wie ein zusammengerolltes Päckchen auf dem Bett lag. Ich fühlte mich weniger einsam, wenn ich meine Knie mit den Armen umschlingen konnte. Nach einer Stunde Strecken und Entspannen wagte ich es, von einer Seite auf die andere zu schaukeln, eine alte Gewohnheit von mir. Manchmal erschöpfte es mich so sehr, dass ich nicht mehr nachdenken konnte und nichts mehr empfand. Meine Mutter nannte es ‹Wum-Wum› machen.

Als ich zu schaukeln begann, quietschten die Sprungfedern. Ich fragte mich, wo meine Mutter jetzt sei. Tränen durchnässten meine Haare und das Kissen, als ich meine Mutter sagen hörte: «Oh, oh! Olly, Olly! Keine Tränen. Keine Tränen! Sei ein braves Mädchen und lächle.»

Bevor ich in das Flugzeug gestiegen war, hatte ich mich fest an sie geklammert, und sie hatte gesagt: «Mach die Mama nicht traurig. Es ist schon schwer genug für die Mama. Denk immer daran, dass wenn du unglücklich bist, ich es wissen und spüren werde, und wenn du weinst, weine ich mit dir. Du willst mich doch nicht traurig machen, oder? Du musst froh sein und dankbar dafür, dass alles nicht viel schlimmer ist. Ja, wir müssen für vieles dankbar sein.»

Ich stand auf und setzte mich auf den breiten Fenstersims. Als ich aus dem Fenster schaute, entdeckte ich, dass die meisten Menschen nicht wie in England im eigenen Häuschen, sondern in Wohnungen lebten. Sie sassen im Licht einer Lampe an Tischen, sprachen und lachten miteinander und nahmen aneinander Anteil. Sie hatten alle jemanden, der sich um sie sorgte.

Wie ich sie beobachtete, wurde ich von einer Wärme überflutet, die meine Niedergeschlagenheit nach und nach verdrängte. Die vielen beleuchteten Fenster. Ich wusste auf einmal, dass es andere einsame Menschen ausser mir geben musste; die Gewissheit zu haben, dass überall in der Stadt, wo Lichter brannten, auch viele Menschen waren, tröstete mich.

Ich fühlte mich erleichtert, denn ich hatte meine Unterwäsche gewaschen, und man hatte mich nicht gezwungen, mehr zu essen als das, was ich runterbekommen konnte. Hier war ich also, zurück in der Stadt, in der ich vor vierzehn Jahren, 1936, geboren worden war. Da ich nicht einschlafen konnte, holte ich meine Tasche und kramte mein Tagebuch hervor. Ich hatte in ihm meine Sorgen und meine schönsten Erinnerungen festgehalten und las.

BRADFORD, 1949

Ich beneide Mama um ihr Talent im Zeichnen und Malen. Sie sieht immer sehr beschäftigt, zufrieden und bedeutend aus, wenn sie an einem Bild arbeitet. Wenn ich ihr zuschaue, wird mir warm ums Herz, aber ich komme mir ganz nutzlos vor. Ich bin zu nichts imstande. Heute abend sind sie alle ausgegangen. Mama sagte, Papa gehe zu einer Zusammenkunft der Freimaurer, doch davon dürften wir eigentlich gar nichts wissen. Frau Dresden besucht einen Freund, der auch einen Schäferhund hält, und Mama ist im Kunstverein. Sie werden nicht lange fort sein, aber im Haus ist es ganz öde geworden, das Feuer ist am Erlöschen, doch ich werde es nicht mehr entfachen, ich gehe sowieso bald ins Bett. Wenn im oberen Stockwerk, in den Kaminen, kein Feuer brennt, wirkt das Haus ganz leer. Um mich sicherer zu fühlen und um näher bei meiner Mutter zu sein, schleiche ich gewöhnlich in ihr Zimmer.

Ich bin jetzt im Bett. Ich war unartig, und mein Herz pocht noch wie wild. Ich glaube, ich wollte mehr über sie erfahren, deswegen stöberte ich in ihrem Zimmer herum. Ich fand ein altes Notizbuch in der untersten Schublade ihrer Truhe aus Nussbaumholz. Ich habe darin gelesen. Auf jeder Seite stiess ich mehrmals auf das Wort ‹schmutzig›. Sie findet unser Haus hässlich, Bradford schmutzig, der Russ in der Luft färbe ihre weissen Blusen grau und mache ihre Hände schmutzig. Das Feuer im Kamin mache die Decken und Wände schmutzig. Die Hände der Haushälterin seien nie sauber.

Mama tut mir leid, denn ich weiss, wie unglücklich sie hier ist; aber im Russ und Dreck verbirgt sich viel Schönes und Gemütliches, sie hält es ja auf ihren Bildern fest. Ich glaube, sie möchte alles um sich herum vergessen, wenn sie malt. So wie ich, wenn ich Geschichten oder Aufsätze in mein Tagebuch schreibe, um zu vergessen. Ich wünschte mir, ich wäre begabt genug, Schriftstellerin zu werden. Ich wäre auch gerne Tänzerin oder Schauspielerin; was ich jetzt am liebsten in der Schule mache, sind Aufsätze schreiben und Turnen. Ich versuche, das Wort ‹schön› nicht dauernd zu wiederholen, meinen Wortschatz zu vergrössern und schlage Synonyme im Wörterbuch nach. Es macht mir Spass. Ich werde die reizende Geschichte, die meine Mama in ihr eigenes Tagebuch eingetragen hat, abschreiben. Es ist das einzige, das mir aus ihrem Leben, bevor ich geboren war, bekannt ist, und ich liebe es. Ich hoffe, Mama wird nie erfahren, dass ich in ihrem Tagebuch gelesen habe. Ich werde mich mit dem Abschreiben beeilen und das Notizbuch in ihr Zimmer zurückschmuggeln, wenn ich sie kommen höre. Sie kommt fast immer in einem Taxi nach Hause.

Die Kindheitserinnerungen meiner Mutter

Wir lebten auf dem Land in einem alten Berner Bauernhaus. Das Dach aus Holzschindeln senkte sich auf allen Seiten beinahe bis zum Boden. Nur auf der vorderen Seite des Hauses war das Dach kürzer, so wie Fransen auf einer Stirn, und durch diese Öffnung sah das Haus einladend aus. Wenn man im Haus war, fühlte man sich wie von einer riesigen Mutterhenne beschützt.

Die vielen puppenhausähnlichen Fenster, in winzige Karos unterteilt, waren mit roten, rosaroten und weissen Geranien in Blumenkästen geschmückt. Ich liebte es, den Kitt in den Fensterecken wegzukratzen, wenn wir Kinder in den Nischen mit den breiten Fensterbänken sassen. Wir stiessen eines der viereckigen Schiebefenster nach oben, damit wir mit den Armen hinausreichen und Blumen und Blätter pflücken konnten, die wir dann pressten oder nachzeichneten.

Ich werde den Duft der Sonne, den das dunkle, alte Holz in dem vor Hitze knarrenden Haus verströmte, das ‹Mutterhenne-Gefühl› und das melodiöse ‹Bim-bam› der Kuhglocken, das mich glücklich und geborgen fühlen liess und mich in den Schlaf hineinwiegte, niemals vergessen.

Ausser in Nächten, in denen ein Gewitter wütete! Es war Flachland, und man schärfte uns ein, die Kleider und Schuhe immer bereitzuhalten, falls der Blitz einschlagen und Feuer ausbrechen würde.

An solchen gewittrigen Abenden drängte sich das Berner Landvolk um die Bibel, die auf dem Esstisch lag, sang Lobgesänge und betete im trüben Schein der Kerzen. Die Mägde sangen bei allen Gelegenheiten ihre Küchenlieder; ich liebe diese Melodien noch heute.

Es ist traurig, dass meine Mutter mein kleines Töchterchen, meine Olly, ihr einziges Enkelkind, nie kennenlernte. Wenn man bedenkt, dass sie ausser mir elf Kinder grossgezogen hat! Ich kann mich, abgesehen von meinem Bruder Klaus, kaum noch an meine Geschwister erinnern.

Doch an meinen Vater kann ich mich sehr gut erinnern. Er kam aus dem Appenzell. Ständig lachte und scherzte er oder sass grübelnd in einer Ecke auf der warmen Ofenbank und rauchte dabei seine drollige Appenzellerpfeife mit dem Pfeifenkopf nach unten, wie es bis zum heutigen Tag Sitte geblieben ist. Der Tabak wird mit einem silbernen Deckel, der durch ein winziges Kettchen befestigt ist, im Pfeifenkopf gehalten. Ich liebte diese Pfeife. Mit ihrer Hilfe gewann ich Papas Aufmerksamkeit und Nähe. Wenn ich spürte, dass er in Stimmung war zu rauchen – das konnte ich gut –, brachte ich ihm den Lederbeutel mit der Pfeife und die Zündholzschachtel. (Das war zu der Zeit, als wir noch ein Zuhause hatten.) Er trug einen Gürtel aus glänzendem schwarzem Leder, auf dem kleine, in Messing geprägte Kühe, Hunde und Appenzeller Bauern mit winzigen Nägeln befestigt waren.

Die gleichen Ornamente zierten das Hundehalsband und die Hosenträger meines Vaters.

Alles war verziert! Alle Türen und Balken, die Holzverschalung, die Schränke, die Tellergestelle und die Holzdecken waren geschnitzt oder mit gemalten Mustern verschönert, und an den Wänden hingen Holzschnitte. In prächtigen Buchstaben stand auf der Fassade des Hauses geschrieben: ‹Gott segne den guten Mann›.

Unsere Butter war weiss und süss und wurde in Hohlformen mit Blumenmustern gepresst. Abwechselnd schmierten wir morgens Edelweiss oder Alpenrosen auf das Schwarzbrot.

Manchmal spielte Vater auf dem Piccolo oder der Ocarina, gelegentlich schlug er auch mit Hämmerchen auf einem zitherähnlichen Instrument; die fröhlichen Melodien verleiteten alle Anwesenden dazu, das Tanzbein zu schwingen. An diesen Abenden durften wir unsere Trachten anziehen. Die Knechte jodelten. Ich kenne keine schöneren Nächte auf der ganzen Welt. Und sie waren so schlicht.

Als ich zur Welt kam, soll Vater durch das ganze Dorf gerannt sein und allen erzählt haben, ‹seine Tulipa› sei geboren. Tulpen waren seine Lieblingsblumen. Sie wuchsen überall und waren kilometerweit zu sehen. Mutter stellte jeden Tag frische Blumen in die Eingangshalle, eine Fülle pastellfarbener Blüten in einem handbemalten Milchkrug. Die auf beiden Seiten aufgestellten Kerzen in polierten Messingständern warfen nachts die Schatten der Tulpen an die Wand; wenn wir die Treppe hinaufeilten, um ins Bett zu gehen, sahen sie wie die Umrisse von Tänzern aus.

«Ei, du schöne Tulipa», sang Vater und schlug die Zither. Es war unsere Blume, eine Sprache, die nur uns gehörte. Es war mein Lied.

Eines Tages, ganz plötzlich, war er verschwunden.

Ich vermisste ihn und war voll Kummer, vermisste ihn zuerst jede Sekunde, als wäre ein Teil meines Selbst verlorengegangen. Später lebte er nur noch in meiner Erinnerung. An ihn zu denken war, als ob man eine alte Wunde aufreisst. Dann liess der Schmerz nach, und zurück blieb nur eine nachhaltende aber schwache Erinnerung der ertragenen Schmerzen. Das Gerede, das im Dorf zirkulierte, kam mir zu Ohren, man munkelte von ‹Gefängnis›, ‹Schulden›, ‹Geldverschwendung› und ‹Verant-

wortungslosigkeit›, doch vor allem war von ‹Alkohol› die Rede.

Ich erschrak noch mehr, als die Leute mir Seitenblicke zuwarfen und von ‹Tuberkulose› flüsterten.

Eines Tages kehrte Mutter von irgendwoher zurück, so, wie sie es oft getan hatte, wenn eines ihrer Kinder verschwunden war. «In den Himmel gegangen», sagte sie dann. Alle gingen sie, eines nach dem anderen, so schnell, dass sich keine Beziehung zwischen uns herstellen liess.

Tuberkulose! An jenem schrecklichen Tag trug Mutter ein schwarzes Kleid und verbarg ihr Gesicht hinter einem Schleier. Es war das Gesicht einer mir Unbekannten, weiss. Nicht das meiner Mutter. Sie war ins Haus gekommen und hatte Klaus und mich in die Arme genommen. Er war damals acht und ich fünf Jahre alt. Sie schrie: «Vater lebt nicht mehr! Dieses Haus gehört uns nicht mehr! Wir müssen uns ein neues Heim suchen.»

Wir gingen nach Basel. Wir begleiteten sie den ganzen Tag durch die Strassen, während sie nach Arbeit suchte. Wir waren erschöpft und hungrig. Endlich betrat Mutter eine Bäckerei. Sie kam wieder heraus mit einer weissen Papiertüte. Wir starrten gebannt auf die Tüte, als sie voranschritt und uns über einen steilen Hügel zum Spalentor, dem ehemaligen Eingangstor in der alten Stadtmauer von Basel, führte. Sie hielt vor einer Metzgerei an. Ich werde den Moment niemals vergessen.

Jedem von uns gab Mutter ein Brötchen und sagte: «Kinder, ich möchte, dass ihr euch die Wurst, Salami und Schinkenscheiben in der Auslage anschaut. Behaltet sie im Auge, wenn ihr in das Brot hineinbeisst, und ihr werdet schmecken können, was ihr seht. Stellt euch einfach vor, all dieses Fleisch zu essen.»

Unsere Mutter biss genussvoll in das Brot. Mit gespielter Fröhlichkeit lachte sie und beschrieb den Geschmack einer Knoblauchwurst so, dass mir heute noch ihr Aroma in Erinnerung ist.

Sie fand Arbeit in einer kleinen Pension. Ich erinnere mich, wie schnell sie alt und zerbrechlich aussah. Ich werde ihre Hände niemals vergessen. Sie malte in ihrer Freizeit. Zwar waren ihre Hände durch die Gicht verkrüppelt, doch konnte nichts sie davon abhalten, nach der Arbeit den Pinsel zu nehmen und zu malen. Wenn sie mit ihren verunstalteten Fingern malte, lag immer ein beängstigendes Lächeln auf ihrem Gesicht, das Lächeln einer Frau, die nicht bereit ist, ihre Niederlage anzuerkennen. Ihre Blumen- und Efeubilder waren wunderschön. Sie setzte sich Ziele und bewältigte alle Schwierigkeiten durch tägliches, beharrliches und diszipliniertes Üben.

Um diese Zeit herum kam ich ins Waisenhaus. Ich mag von diesem Abschnitt meines Lebens weder sprechen, noch will ich daran denken. Es gibt nur eine Episode aus dieser Zeit, an die die Erinnerung erträglich ist: Ich kam mir vor wie eine ausgebeutete Magd, und eines Tages pinkelte ich im dunklen Flur auf die Makkaroni, die ich servieren sollte, um mich für all das, was mir angetan wurde, zu rächen.

Meine Mutter wurde immer kränklicher. Ich arbeitete als Zahnarztgehilfin, um die Spitalkosten bezahlen zu können. Dann begegnete ich Marc. Das Geld rann mir durch die Finger. Die Auslagen wurden erdrückend. Schon wollte man meine Mutter in ein Armenhaus einweisen, aber Marc war so anständig, dies zu verhindern und mir finanziell auszuhelfen.

Bald darauf lag sie im Sterben.

Ich hatte es schon lange geahnt, es jedoch nicht wahrhaben wollen. Als ich jung war, hatte ich das verzweifelte Bedürfnis, mich lebendig zu fühlen, und das besonders jetzt, wo der Tod an meine Mutter herantrat. Der Tod! Dieses Irgendetwas, dessen Existenz ich ignorierte, seit Vater das Zeitliche gesegnet hatte, offenbarte sich im Dahinsiechen meiner Mutter. Er war unentrinnbar.

Während ich auf einem Fasnachtsball für mein gewagtes, verrücktes Kostüm den ersten Preis erhielt, verliess mich meine Mutter für immer. Sie war allein gestorben. Oh, wie sehr ich mich verachtete!

Kummer und Schuldgefühle stürzten mich in eine tiefe Depression. Ich zankte mich nur noch mit Marc. Ich kämpfte gegen meine Gemütsverfassung an. Versuchte, sie im Alkohol zu ersäufen. Ich jagte dem Leben nach, doch meine Erwartungen schwanden. Meine Hoffnung, die Kunst zu meinem Lebensberuf zu machen, verflüchtigte sich; ich würde es nie schaffen. Ich musste die Bildhauer- und Malstunden aufgeben. Ich gab all meine Träume auf.

Ich erinnere mich, wie in Trance gearbeitet zu haben. Eines Tages stand ich, in Gedanken versunken, neben dem Zahnarzt und händigte ihm die Instrumente aus, die er verlangte. Plötzlich roch es pestilenzialisch. Ruckartig kam ich wieder zu mir, blickte auf den weitgeöffneten Mund des Patienten und zum Zahnarzt hoch. Eine alte Frau sass im Stuhl. Damit ihre uralten falschen Zähne hielten und nicht mit dem wunden Zahnfleisch in Berührung kamen, hatte sie kleine Fetzen Zeitungspapier daruntergestopft. Immer ein Stückchen mehr, bis alles verfault war, eine Infektion sich ausgebreitet hatte und alles entsetzlich zu stinken begann.

ENDE

Ich war müde. Durch das Fenster sah ich, dass die meisten Lichter in der Stadt ausgegangen waren.

Ich schob das Tagebuch unter das Kopfkissen und fühlte mich albern, weil ich die letzte Seite geküsst hatte. Ich schaukelte vorsichtig auf dem Bett hin und her und achtete darauf, dass die Sprungfedern nicht quietschten. Dabei muss ich eingeschlafen sein.

Ich träumte... Ich fühle mich geborgen in der Sandgrube, die hinter unserem Haus in England liegt. Der Sand riecht feucht und sauber. Ich fühle mich sicher, weil ich keine zornigen Stimmen vernehmen kann. Ich schütte Sand zu einem Haufen zusammen, klopfe ihn fest, dann zeichne ich mit meinen Fingern Muster hinein und frage mich, ob ich ein Loch in die Erde wühlen könne, das mich von hier nach Basel, wo die Mama ist, führen würde. Sie fehlt mir. Ich bin froh, allein zu sein, denn immer, wenn ich es nicht bin, geschieht etwas Schlimmes.

Ich stehe auf und lasse mich, plumps, in den Sand fallen. Grabsch! Klatsch! Klatsch! Ich werfe den Sand von einer Hand in die andere. Überall fliegt Sand herum. Es duftet gut! Die Vögel zwitschern und singen, denn es gibt niemanden, der sie plagt. Niemand reisst ihnen die Flügel und Federn auseinander und sagt ihnen, dass sie scheussliche, stinkende, hässliche, pfui, Mädchen-Vögel seien. Wieso ist es so schlecht von mir, ich selbst zu sein? Meine Mama fehlt mir. Ich habe Sand im Mund, spucke ihn aus. Wenn man jemandem etwas schenkt, ist es vielleicht ein Zeichen, dass man ihn mag. Ich drücke das Sandeimerchen und den dazugehörigen Spaten an mich. Mama hat sie mir geschenkt. Ich mag das Geräusch, wenn ich mit meinem Spaten die Sandhügel aus meinem umgestürzten Eimer festklopfe. Die Tunnel darunter fallen in sich zusammen. Der Sand bröckelt an den Seiten ab, als sei er etwas Lebendiges. Ich springe auf und trete alles nieder, dann untersuche ich meine Fussabdrücke im Sand.

Befindet sich meine Mama wohl in Sicherheit? Ein Tram oder ein Auto könnten sie überfahren. Ich kauere mich hin, um einen Graben auszubuddeln, und dann sind sie wieder da. Diese schrecklichen Gefühle, die mich niemals lange in Ruhe lassen, kriechen meinen Rücken, meinen Hals hoch, nisten sich in meiner Brust und meinem Bauch ein. Jedes Mal, wenn sie kommen, ersticke ich fast. Das Atmen wird zum Schrecken. Die Luft verwandelt sich in eine Steinmauer, ich vermag sie nicht mehr einzuatmen. Ich keuche, würge, liege flach auf dem Rücken und hebe mein Gesäss hoch, setze mich wieder auf, versuche, die Luft einzuatmen, ziehe sie ein und ein und ein, bis ich das Gefühl habe, als müsste ich gähnen und könnte nicht.

Da ist auch dieser schreckliche Geruch! Dieser Geruch, für den er mich immer bestraft. Es ist nicht der Geruch von Sand. Ich kniee mich hin und schnuppere wie ein Hündchen. Nein! Ich bin es! Er und das Kindermädchen sagen: «Kleine Jungen riechen nicht. Mädchen stinken!» Wieso? Wenn er dem Kindermädchen gestatten würde, mich zu waschen, würde ich nach Seife und Puder duften und hätte keine wunden Stellen. Aber er hat es verboten.

Ich liebe meine leuchtendroten Hosenanzüge, in denen ich mich so wohl wie ein Junge fühle. Ich bin im Bett. Papa geht zum Stuhl, der neben dem Bett steht, und hebt den Hosenanzug hoch. Er zieht die Hosenbeine mit zwei Fingern auseinander, riecht an der Stelle in der Mitte und verzieht vor Ekel das Gesicht. Er wirft den Anzug zu Boden, nimmt meine Sandale und beginnt, mich zu schlagen. Ich verstecke mich unter dem Laken. Ich fühle mich schrecklich.

Er schreit: «Du bist ein widerwärtiges, bäh, pfui, Iggit-Mädchen!» und schlägt die Tür hinter sich zu.

Ich schlüpfe aus dem Bett und stelle mich vor den langen Spiegel mit dem Goldrahmen. Ich muss zugeben, ich bin sehr, sehr klein und dünn, und mein Gesicht wirkt, abgesehen von den dunkelblauen Augen und den gelben Haarsträhnen, farblos.

Ich frage das Mädchen im Spiegel: «Wieso bist du so widerlich?» Ich stehe da, starre in den Spiegel und versuche zu lächeln. Einen Augenblick lang fühle ich mich besser. Ich sehe gar nicht so scheusslich aus, wie ich gedacht habe. Aber ich weiss, dass das nur dem dicken, weissen Flanellnachthemd zu verdanken ist. Darunter steckt etwas Grauenhaftes. Etwas ganz Falsches. Es ist das Ding zwischen meinen Beinen, das alles verdirbt. Es verdirbt mich, sagt er. Wegen diesem Ding hassen mich alle. Vielleicht ist es der Grund dafür, dass Mama mich immer wieder verlässt oder mich fortschickt... Ich muss geben, geben und versuchen, gut zu sein, damit sie vergessen, dass ich so ein Ding habe.

Ich bin wieder in der Sandgrube, drücke erneut das Sandeimerchen an mich, erinnere mich daran, wie ich das letzte Mal, als sie gekommen war, voller Aufregung auf ihre Ankunft gewartet und mich dann müde und schwer gefühlt hatte, als sie endlich aus dem Taxi ausstieg. Es gibt auf der ganzen weiten Welt nichts Unvergleichlicheres, als mit meiner Mama zusammensein zu können. Als ob ich mit ihr verschmelzen, eins mit ihr würde. Ich liebe ihr Lächeln und den Klang ihrer Stimme, die Berührung ihrer Hände und den Ausdruck in ihren Augen. Sie hatte mir damals das Sandeimerchen und den Spaten geschenkt. Ich erglühte innerlich, und mir wurde ganz warm. Nichts konnte mir etwas anhaben, wenn sie in meiner Nähe war. Warum ging sie fort, obwohl es mir immer wieder Schmerz bereitete? Der Kummer zerreisst etwas in mir, er ist noch viel schlimmer als der Schmerz, den Papa mir zufügt, wenn er mich schlägt. Er trifft mich direkt ins Herz. Ich habe Angst, dass es brechen und ich sterben könnte, aber ich darf nicht sterben, weil ich für Mama dasein muss. Ich muss ein braves Mädchen sein, denn Mama sagte, wenn ich einmal nicht brav wäre und sie plötzlich ums Leben käme, würde ich es immer bereuen, bei unserem letzten Beisammensein nicht lieb zu ihr gewesen zu sein. Sie weint viel, wenn sie sich von mir verabschiedet. Voriges Mal, als sie im Taxi davonfuhr, spürte ich, wie dieses Etwas in mir wieder ein Stückchen mehr zerriss; eines Tages wird es wohl ganz durchreissen. Ich scharre Furchen und fülle meine Sandalen mit Sand. Ich darf keinen feuchten Hintern bekommen! Aber ich vermisse meine Mama und werde noch eine Weile hier sitzen bleiben.

Plötzlich zerrt mich das Kindermädchen am Arm hoch. Ich habe ihr Kommen nicht bemerkt. Sie klopft den Sand von mir ab.

«So! Geh hinein! Es ist Essenszeit! Wieso musst du immer im Feuchten sitzen und deine Sandalen mit Sand füllen? Ich kann deine Hosen und Socken kaum noch sauberbekommen. Wie oft habe ich dir das schon gesagt?»

Ich mag sie gern, aber es graut mir vor der Essensprozedur. Jedesmal, wenn Mama weggeht, stösst mein Magen das Essen, mit dem ich von dem Kindermädchen gemästet worden bin, wieder die Kehle hoch. Jede Mahlzeit ist ein Kampf. Ich hasse es, dreimal täglich essen zu müssen, und dies auch noch jeden Tag. Ebenso hasse ich, was danach kommt. Sobald das Kindermädchen das Essen in mich hineingestopft hat, ist sie bestrebt, es sofort wieder herauszubekommen.

«Du wirst auf dem Töpfchen sitzen bleiben, bis du mir Ka-ka gemacht hast!» Der kalte Rand schneidet in mein Fleisch. Ich schäme mich, sehne mich nach Mama. Und dann sehe ich, wie sein Blick die Treppe hochwandert. Ich kreuze meine Arme und versuche, meine Beine anzuziehen, aber der Topf ist im Weg, deswegen lehne ich mich nach vorne, damit meine Stellung etwas schöner aussieht. Ich hasse den Geruch.

Ich werde wie eine Feder von dem Kindermädchen emporgehoben. Sie legt mich auf den Tisch, als sei ich ein Baby, und wischt mir den Popo ab. Ich bin doch zu gross dafür! Sie cremt meinen Hintern und mein Gesicht ein, an ihren Händen haftet ein scheusslicher Geruch und der Duft von Nivea. Er steht immer daneben. Er starrt mich an und macht etwas. Er sagt: «Jungen sind viel netter. Du kannst ja nicht einmal im Stehen pinkeln!» Er macht etwas Schreckliches, es verursacht mir Magenkrämpfe, und ich glaube, mir wird auch noch übel. Seine Augen werden ganz komisch, und sein Gesicht verfärbt sich rot, noch röter. Ich will meine schmerzenden Beine schliessen, aber er schiebt sie wieder auseinander. Er blickt mir nie ins Gesicht. Ich sehe das unaufhörliche Zucken seiner Wange. Ich möchte davonlaufen und mich verstecken, aber meine Angst ist zu gross. Er tut mir weh. Sein Speichel rinnt ihm über das von schwarzen Stoppeln übersäte Kinn. Ich wage nicht, mich zu bewegen. Plötzlich gibt er eigenartige Geräusche von sich – ein Gurgeln, Stottern, Gestöhne. Er muss sich wehgetan haben, denn auf einmal krümmt er sich und rennt zum Waschbecken, dreht mir den Rücken zu und atmet ganz schwer.

Das Kindermädchen kommt zurück. Sie musste wegen irgendetwas weg. Sie streicht mir meine vor Schweiss klebrigen Haare aus der Stirn und zieht mir meine Hosen hoch. Als sie mich auf den Boden stellt, schmerzen meine Beine, als ob ich zu lange gekniet wäre. Beim Davonhumpeln spüre ich die wunden Stellen. Es ist dieses schmerzende Etwas, das kleine Mädchen verdirbt. So nennt mich das Kindermädchen immer: «Kleines Mädchen, wir gehen spazieren!» Oder: «Es ist Zeit für das kleine Mädchen, ins Bett zu gehen.»

Ich verabscheue das Wort ‹Mädchen›. Wenn ich es höre, sehe, fühle, rieche ich mein wundes, rotes Etwas, das das Kindermädchen nicht waschen darf...

Ich sitze auf einem Stuhl in meinem Zimmer. Ich schliesse die Augen und flattere mit den Armen, als ob sie Flügel wären. Ich gelange auf Zehenspitzen ans Treppengeländer, gehe hin und her, ahme mit den Armen Flügelschläge nach, und auf einmal kann ich fliegen! Ich bin ein Vogel, und es ist gut, ein Vogel zu sein. Sogar, wenn es sich um einen Mädchen-Vogel handelt. Mit dem Fliegen klappt es immer besser, doch der Erfolg hält nicht lange an. Die Flügel machen Geräusche, und sie könnten es hören und mir das Fliegen verbieten. Ich lande auf dem Treppengeländer, springe hinunter und versuche, nochmals zu fliegen, aber es will nicht mehr richtig klappen. Ich versuche es immer wieder, aber es geht einfach nicht mehr.

Das Kindermädchen kommt und steckt mich ins Bett. Ich setze mich auf und spreche mein Gebet, wie jede Nacht: «Bitte, Gott, verwandle mich heute Nacht in einen Knaben, bitte! Lass mich als Knabe erwachen! Ich werde morgen dem Vater ein guter Junge sein. Bitte, Gott! Gute Nacht! Amen.» Ich träume, dass ich beim Erwachen trotzdem ein Mädchen bin. Ich weiss, dass es nur ein Traum ist, und ich möchte aufwachen, aber nichts geschieht. Wenn doch nur meine Mama zurückkäme. Auf dem Stuhl neben meinem Bett liegt ein blauer Hosenanzug. «Ist der neu, Nanny?» frage ich.

«Dumme Frage. Du besitzt den blauen schon seit eh und je.»

«Aber wo ist denn der rote?» bohre ich weiter, im Glauben, sie wolle mich necken.

«Du hast niemals einen roten gehabt! Du führst dich aber auf! Welch eine Phantasie!»

Ich stutze über diese seltsame Mitteilung und frage mich, ob ich noch träume. «Aber gestern in der Sandgrube, da hast du doch den Sand abgeklopft, der am feuchten Hinterteil meines roten Hosenanzuges geklebt hat. Du hast gesagt, du könntest ihn kaum noch sauberbekommen. Ich habe vier rote.»

«Hört, sie beginnt schon wieder damit. Du warst gestern ja gar nicht in der Sandgrube. Wir hatten keine Zeit. Wir besuchten Nanny Smith, und du hast nie rote Hosenanzüge besessen.»

Ich renne zur Schublade. In ihr liegen zusammengefaltet drei blaue Hosenanzüge.

«Aber Nanny! Es war vorgestern, als wir Nanny Smith besuchen gingen, und natürlich hatte ich rote. Du hast die neuen hierhergelegt. Du neckst mich!»

Nie zuvor habe ich Nanny so böse werden sehen.

Sie zerrt mich grob aus meinem Schlafzimmer und sagt mir, ich solle mich auf die Toilette setzen. Kein Töpfchen. Ich weiss nicht, ob ich lachen oder weinen soll und frage, was dieser Fortschritt zu bedeuten hat.

Sie sagt mir, ich phantasiere, auf deutsch sagt sie mir: «Du phantasierst!» Ich muss verwirrt geschaut haben, denn sie fügt noch hinzu: «Du erfindest Geschichten! Du warst schon immer eine gute Lügnerin! Du hast eben zu viel Phantasie!» Sie fährt fort: «Du gehst schon lange auf die Toilette. Das Töpfchen benutzt du schon lange nicht mehr!» Ich erschrecke über ihren Blick.

An jenem Abend kommt er nicht die Treppe hoch. Ich soll in die Badewanne steigen, in die Nanny Wasser für mich hat einlaufen lassen. Ich stelle keine Fragen mehr. Sie wäscht meinen Körper mit einer schäumenden Seife; ich verrate ihr nicht, wie sehr es mich dort unten brennt. Nanny sagt: «Dies ist der schönste Augenblick des ganzen Tages, nicht wahr, kleines Mädchen? Wir lieben ihn, seit wir uns zurückerinnern können, ist es nicht so?» Sie schmiert Crème auf meine Wunden, dann schüttet sie Puder drauf, aber sie macht es nicht mehr auf dem Tisch, wie bei einem Baby.

Dann kehrt er zurück, aber in Begleitung von Mama! So plötzlich! Es ist zu schön, um wahr zu sein, ich kann es kaum glauben! Die drei sprechen miteinander und schauen sich an, wie sie es nie zuvor getan haben. Sogar ich werde wahrgenommen! Ich glaube, dass wir endlich eine vereinte, glückliche Familie sein werden. Dann sagt Papa: «Es wird Krieg geben.» Mama erklärt mir, dass sie mich mit nach Basel nehmen und das Kindermädchen ebenfalls in die Schweiz zurückkehren werde. Papa jedoch werde weiterhin in Yorkshire bleiben und in Bradford für eine schweizerische Firma arbeiten...

Ich erinnere mich nicht mehr daran, mich von ihm verabschiedet zu haben. Ich glaube, von nun an gehören die Schmerzen der Vergangenheit an. Ich werde für immer bei Mama bleiben...

Ich wachte auf, schaukelte und klammerte mich an Tante Ellys Federbett, schwitzte und sagte immer wieder vor mich hin: «Für immer mit Mama, für alle Zeiten, für immer mit Mama...»

Ich machte das Licht an. Ich konnte mich niemals an den ganzen Traum erinnern, aber er kehrte oft zurück, geisterte herum und entschlüpfte mir in dem Augenblick, in dem ich ihn festhalten wollte. Jetzt, wo ich aus ihm erwacht war, wurde ich von dem gleichen Gefühl beherrscht wie damals, als ich als dreijähriges Mädchen kurz vor dem Krieg England verlassen hatte und das letzte Mal in Basel gewesen war. Ich setzte mich im Bett auf, denn ich fürchtete mich davor, wieder einzuschlafen.

Bald würde Mama nach Basel kommen, und dieses Mal würde alles gutgehen. Das letzte Mal hat Hitler das verhindert. Als ich sieben oder acht Jahre alt war, sassen wir oft im ‹Café Huguenin›.

Ich habe es heute vom Taxi aus gesehen. Dorthin begab sich Mama oft, um mit ihren Freundinnen, Tante Sonja, Tante Betty und Tante Maja, zu lachen und zu diskutieren.

Ich blieb bei ihnen, bis es Zeit für mich wurde, in die Schule zu gehen.

Wieso kann ich mich so genau an die Dame vom Nebentisch erinnern? Sie bewegte sich wie ein Filmstar, krümmte den kleinen Finger beim Teetrinken und hielt ihren Rücken scheinbar mühelos aufrecht. Es schien auch, als posierte sie dauernd für einen Photographen. Sie war ganz rosig und hatte schwarze Wimpern und rot lackierte Fingernägel und war in knisternde, cremefarbene Seide gehüllt und mit Perlen behängt.

Ohne ersichtlichen Grund hatte ich das Bedürfnis zu weinen.

Ich erinnere mich sogar daran, dass, als ich zur Toilette ging und wieder aus der Kabine heraustrat, die Dame dort war; wir standen gemeinsam vor dem Spiegel. Sie war sehr schön. Sie hielt ihren Kopf leicht schräg, wie wenn sie Modell stünde. Als sie an mir vorbeiging und aus dem Raum schwebte, hinterliess sie eine Parfumwolke. Ich versuchte, ihren Gang nachzuahmen. Ich äffte die Art nach, wie sie über ihre Nase hinweg in den Spiegel geblickt hatte, und kicherte. Ich sehnte mich nach Mama und wünschte mir die seltenen Momente herbei, in denen sie mir sagte: «Olivia, du hast einen herrlichen Sinn für Humor.» Ich war glücklich darüber, dass ich mich an diesem Tag anständig benommen hatte. Einmal hatte ich im Restaurant vor allen Leuten in der Ecke stehen müssen, weil ich den Spinat nicht hatte aufessen wollen.

Auf dem Weg zurück zu dem Tisch, wo meine Mutter sass, ging ich zuerst bei meinem Lieblingskellner vorbei, dem mit dem Kotelettenbart und den freundlichen Augen, und fragte ihn, ob ich mir die Kinderbücher anschauen dürfe. Er zog sie aus einer Schublade hinter der Kuchentheke und gab sie mir. Da er Plattfüsse hatte, watschelte er wie eine Ente. Ich liebte es, ihm zuzuschauen.

Wie immer machte Mama viel Aufhebens und entschuldigte mich bei ihm wegen der Belästigung. Ich verbarg mein errötendes Gesicht hinter den Büchern.

Wenn es für mich Zeit wurde, in die Schule zu gehen, verabschiedete ich mich mit einem Kuss von Mama und den Tanten und schritt die breite, mit einem Teppich überzogene Wendeltreppe hinunter. Ich fühlte mich sehr erwachsen, wenn ich allein durch die Strassen Basels ging. Einmal hatte ich sogar eine ältere Dame im Tram angesprochen, weil sie so traurig aussah. Sie jedoch hatte mir einen Blick zugeworfen, der besagte, ich solle ruhig sein, und dann hatte sie den Kopf abgewandt.

Gewöhnlich sprang ich aus dem Tram hinaus, dass es in meinem Schulranzen nur so klapperte, hopste auf einem Bein bis zum Trottoir und dann mit dem anderen weiter, damit beide gleich oft an die Reihe kamen.

Auf dem ganzen Weg zur Schule durfte ich nicht auf die Ritzen im Trottoir treten, das brachte viel Unheil. Ich fühlte mich glücklich, bis ich das riesige, rote Steingebäude mit dem Turm und der Uhr erreichte. Es schien mich zu erdrücken, so dass ich nur mit Mühe die graue, an den Rändern abgebröckelte Zementtreppe hochstieg. Meine Hand wurde ganz feucht auf dem kalten Eisengeländer. Ich hasste den Geruch von Bleistiften, Leder, Bohnerwachs und Desinfektionsseife. Ich musste meinen ganzen Mut zusammennehmen, um das Schulzimmer zu betreten...

Ich war neun Jahre alt, als ich zur Gotthelf-Schule ging. Yvette war das hübscheste Mädchen in der Klasse, und ich wollte ihre einzige Freundin sein. Doch sie wollte viele Freundinnen, obwohl sie Eltern und einen Bruder hatte, mit denen sie spielen und lustige Sachen unternehmen konnte. Die roten, blauen und grünen Blumen und Herzen, die Mama auf mein Bett und den Kleiderschrank gemalt hatte, vertrieben meine Einsamkeit nicht. Sie ging oft aus. Es machte mir nichts aus, solange ich bei ihr leben konnte. In der Zwischenzeit war auch die Erinnerung an meinen Vater verblasst. Wir besassen keine Photographien von ihm. Die Nahrungsmittel wurden rationiert. Man sprach viel über den Krieg, und nur abends beim Beten dachte ich an Papa. «Bitte, Gott, lass keine Bombe auf Papas Kopf fallen.» Doch dort in Bradford war er sicherer vor Hitler als wir.

Alle hassten Hitler. Als wir in die Schweiz zurückkehrten, hatte mich Mama seinetwegen nach Zürich zu Nannys Eltern geschickt. Wir lebten zu nahe an der deutschen Grenze. Auch die Grenze nach Frankreich war nicht weit, deswegen nannte unser Lehrer Basel das ‹Dreiländereck›. Wir alle dachten, wenn Hitler die Grenze überschreitet, würde er uns töten oder vergasen, wie er es mit den Juden tat, sogar mit den Kindern. Er flösste mir solche Angst ein, dass ich nachts nicht mehr einschlafen konnte. In Gedanken schrieb ich ihm lange Briefe.

Lieber Herr Hitler,
Bitte fangen und töten Sie keine Juden mehr. Bitte kämpfen Sie nicht mehr gegen die ganze Welt. Deutschland ist schon so gross und schön. Es gehört Ihnen ganz, wieso können Sie sich nicht damit begnügen? Die Schweizer begnügen sich ja auch mit der Schweiz, obwohl sie viel kleiner ist. Warum kann ein Land sich nicht damit abfinden, innerhalb seiner eigenen Grenzen zu bleiben? Wissen Sie, die Juden sind Menschen. Sie sind Wesen wie Sie und ich. Sie haben die gleichen Gefühle wie wir. Lehrte Ihre Mutter sie denn nicht, dass man gütig und liebevoll sein soll? Haben Sie nicht genug Liebe bekommen? Ich werde Sie liebhaben und Ihnen zeigen, dass diese Welt allen gehört, und dass auf ihr alle das Recht auf Glück haben. Was meint Ihre Mutter zu Ihren schrecklichen Taten? Und Ihr Gewissen? Was, wenn es einen Gott *gibt?* Hat Ihre Mutter Photographien Ihrer Konzentrationslager gesehen?

Wie können Sie leben und schlafen, wenn Sie wissen, dass Väter, Mütter und Kinder voneinander getrennt werden, dass sie einander verlieren und Qualen erleiden, weil sie nicht wissen, ob die anderen noch am Leben sind? Bitte, Herr Hitler, hören Sie auf damit. In der Schule lernen wir gerade etwas über Jesus, der so gütig und voller Liebe war, doch ihn haben sie auch getötet. Können Sie nicht etwas über ihn lesen? Es gibt ein sehr gutes Buch, die Bibel. Ich bin sicher, dass Sie tief in Ihrem Inneren kein schlechter Mensch sind, man sagt, Sie liebten deutsche Schäferhunde, Beethoven und eine Frau, die Eva Braun heissen soll. Stellen Sie sich einmal vor, man würde sie oder Ihre Mutter oder den Hund töten! Das würden Sie gar nicht mögen, nicht wahr? Ich mag Hunde und Beethoven auch, obwohl mir Mozart lieber ist, und ich finde es traurig, dass Beethoven sein Gehör verlor. Meine Mutter hat das Gehör auf dem einen Ohr auch verloren und ermüdet aus diesem Grund schnell, wenn die Leute zuviel sprechen. Beethoven muss sehr unglücklich darüber gewesen sein, die Musik, die er komponiert hat, nicht mehr hören zu können. Mozart klingt fröhlicher, obwohl seine Frau an Tuberkulose erkrankt war und er wie mein Grossvater viele Schulden hatte. Vielleicht würde seine Musik Sie froh machen und Sie würden aufhören, Grausames und Böses zu tun. Ich bin sicher, dass wenn Sie jemanden fänden, der Sie wirklich lieb hätte, Sie würden mich verstehen können. Meine Freundinnen Heidi und Yvette schicken Ihnen auch liebe Grüsse, weil wir übereingekommen sind, dass Sie entweder traurig oder krank sind oder gar nicht begreifen, was vor sich geht. Wir schicken Ihnen unsere Liebe und hoffen, dass Sie diesen Brief ernstnehmen und darüber nachdenken.

Liebe Grüsse, Olivia

Ich fühlte mich wohler, nachdem ich solche Briefe entworfen hatte, derweil ich Mama im Nebenzimmer mit einer leisen, verängstigten Stimme über Hitler reden hörte. Es jagte mir einen Schauer den Rücken hinunter, und meine Augen füllten sich mit Tränen. Während ich in Gedanken diese Briefe an Hitler schrieb, schaukelte ich – ‹wum-wum› hin und her, bis ich endlich einschlief.

Ich konnte nicht ‹für immer› bei Mama bleiben, ich durfte es nicht einmal für längere Zeit. Wir hatten England verlassen, als ich fast vier war, und jetzt gab es erneut den Schmerz der Trennung und Tränen. Ich musste mit Nanny in einem Zug fortfahren. Sie erzählte mir, dass ihr Vater Lokomotivführer sei, ihre Mutter herrliche Kuchen backen könne und dass sie bei einer anderen Familie arbeiten gehen und mich verlassen müsse. Während der Fahrt glaubte ich, dass der Boden unter uns einkrachen und ich unter die grossen Räder kommen würde. Ich hatte solche Angst, Nanny zu verlieren. Aber ich durfte ihre Eltern Grossmama und Grosspapa nennen. Sie waren lieb. In ihrem behaglichen Holzchalet durfte ich in ihrem Bett schlafen, auf der Ritze zwischen ihren hohen, riesigen Doppelbetten. Ich schaukelte dort zwar auch hin und her und umklammerte das Federbett, doch ich hatte nicht so viel Angst, weil ich wusste, dass sie später neben mir liegen würden.

Am Morgen war Nanny nicht mehr da, und es war die Grossmama, die mich an den Tisch setzte und mir Teig gab, damit ich meinen eigenen Kuchen backen konnte. Danach beim Einkaufen sprach sie mit mir, als sei ich erwachsen. Sie sah mich sogar an, wenn sie mit mir sprach. Sie erzählte allen Nachbarn, dass ihre Tochter mein Kindermädchen in England gewesen sei, und sie lächelten mir zu und luden mich ein, mit ihren Kindern zu spielen. Beim Einkaufen schenkte mir der Metzger eine Scheibe Wurst, der Bäcker ein Brötchen und der Krämer einen Apfel. Nie zuvor war ich so verwöhnt worden, und ich konnte mich nicht genug bedanken. Grossmama meinte, einmal Dankeschön sagen reiche.

Auf dem Nachhauseweg gingen wir zuerst an der Kaserne vorbei, in der junge Soldaten ihren Militärdienst absolvierten und zu ‹Männern› gemacht wurden, und kamen dann zum Bahnübergang mit der rot-weiss gestreiften Schranke, die sich mit einem Klingelzeichen senkte. Grosspapas Zug sollte gleich kommen, und Grossmama gab mir ein weisses Taschentuch. Ich kam mir wichtig vor, weil ich ihn kannte, und winkte wie verrückt. Ich wurde kurz seines riesigen Schnauzbartes und eines zwinkernden Auges ansichtig, und schon war er wie der Blitz verschwunden. Die Geschwindigkeit, die Kraft und der Lärm der Maschine gingen mir durch Mark und Bein. Grossmama und ich strahlten uns an und gingen Hand in Hand nach Hause. Dort roch es nach Kuchen, und wir setzten uns und assen, was wir vorher gebacken hatten. Im Garten pflückten wir Bohnen und Beeren, was ich ganz wunderbar fand.

Kurtli kam zum Spielen, und wir legten Pfützen im Sand an, fingen Frösche in unseren Sandeimerchen und warfen sie in unsere Seen. Wir hatten viel Spass miteinander, doch dann trat er zur Seite, öffnete seine Hose, zog etwas heraus und liess einen gelben Wasserstrahl auf die Erde plätschern. Während ich zusah, spürte ich wieder dieses schreckliche Gefühl in mir hochsteigen und von mir Besitz ergreifen, ich konnte nicht mehr atmen und würgte und lief zitternd und weinend in die Küche.

Ich liebte die Waschtage, wenn das Dorf in Bewegung geriet und die Häuser und die ganze Umgebung nach Seifenlauge, Sauberkeit und Dampf rochen. Grossmama und die Waschfrau rührten mit baumgrossen Holzlöffeln die Wäsche in einer riesigen Kupferwanne um. Am Abend gingen wir alle zur gleichen Zeit zu Bett und gruben unsere Nasen in die sauberen, von der Sonne getrockneten Laken und Kissen.

Jeden Abend wartete ich darauf, dass Grosspapa heimkäme. Wenn er zurückkehrte, verfolgte ich das Ritual seiner immergleichen Bewegungen. Er kam herein, stellte seine riesige, wurstförmige Ledertasche hinter die Tür und schritt hinüber zum steinernen Ausguss, um seine Hände zweimal zu waschen. Dann kam er zum Tisch und faltete sorgfältig sein sauberes, weisses Taschentuch auseinander. Wieder am Ausguss, drehte er den Hahn mit dem roten Gummischlauch daran fest und bückte sich. Mit Zeigefinger und Daumen hielt er sich ein Nasenloch zu und schnaubte das Wasser zuerst durch das eine, dann durch das andere, bis die Nase frei war von Rotz und Russ. Erst dann benutzte er sein Taschentuch.

Er strich mir über den Kopf, bevor er sich lachend setzte. Grossmama brachte ihm Milchkaffee in seiner *Gungele*, einer Tasse, die aussah wie der Mond mit flachen Ohren, so gross, dass er sie mit zwei Händen heben musste. Er schlürfte genussvoll und sagte «Ahhh», wenn sie ihm seine Holzplatte mit Brot und Käse hinstellte. Er schnitt es in saubere Streifen und tunkte dann das Brot in den Kaffee. Grossmama sass daneben und schaute ihm mit grosser Freude zu, und sie sahen sich in die Augen. Dabei fühlte ich mich warm und geborgen. Alles, was sie taten, schien von Bedeutung. Weder er noch sie waren jemals in Eile. Sie hatten offensichtlich Freude an der Arbeit und verrichteten sie, als sei sie ein Privileg. Und es blieb ihnen immer Zeit zu lachen und zu spielen.

Kurz bevor dieses Leben ein plötzliches Ende nahm, wieder wie alle schönen Dinge, weckte uns Grosspapa eines Morgens um vier. Er wollte dem ‹neuen Landmädchen› dessen ersten Sonnenaufgang zeigen. Wir zogen uns gähnend an und gingen dann hinaus in die kühle, mondhelle Nacht zum Bahnhof. Grosspapa, der diesmal den Zug nicht führte, musste keine Fahrkarte lösen. Er kannte alle Leute. Die Bäume am Etzelberg waren seine stummen Freunde. Die Stille liess mich wohlig erschaudern. Geräusche hier und dort zeugten von verborgenem Tierleben. Wir sprachen kaum, und ich fühlte mich sehr erwachsen in diesem feierlichen Schweigen. Nachdem wir lange gelaufen waren, hob Grosspapa mich auf seine Schultern, und ich liebte ihn dafür, dass er mich so trug. Deshalb sagte ich ihm nicht, wie unbequem es nach einer Weile für mich wurde. Aber dann dachte ich nicht mehr daran, denn plötzlich war alles in Rosa und Gold und Violett und Blassblau und Silber getaucht, und ich traute meinen Augen nicht. Ein blutroter Ball tauchte aus dem Nichts auf und verwandelte die Nacht in den Tag und durchströmte mich mit Helligkeit. Ich merkte, dass sie beide mich anschauten, sich zulächelten, und ich wusste, ich war nicht allein. Gemeinsam teilten wir diese Freude, das Wunder des erwachenden Tages. Jeder Tag war ein Geschenk, für das man dankbar sein musste. «Wer lässt dies alles geschehen, und wer hat die Macht, dass es geschehen kann?» flüsterte ich, denn die Frage war nun drängender als der Wunsch nach Stille.

«Gott im Himmel, Olivia, Gott. Wir dürfen nie vergessen, wie dankbar wir dafür sein müssen. Und bei diesem Anblick erst recht.» Ich lächelte Grossmama an, und wir hielten uns alle an den Händen und sangen miteinander: «Danke, lieber Gott.» Den ganzen Weg den Berg hinunter sangen wir es im Kanon wie eine Marschmelodie, die Tonleitern hoch und runter.

In dieser Nacht ging ich früh zu Bett und musste nicht hin- und herschaukeln und nicht einmal das Federbett umklammern. Noch nie war ich so glücklich gewesen. Ich hörte Grosspapa mit seinem Zug hinten am Garten vorbeibrausen, und ich wusste, alle waren wohlbehalten.

Am nächsten Tag kam Nanny, und ich weinte, obwohl ich jetzt zu Mama zurückkehren würde. Grossmama setzte mich auf ihren Schoss, und ich blickte in ihr schönes Gesicht. Ihre blauen Augen waren so tief, wie ich es nie zuvor gesehen hatte, und ihr Haar war silbrig weiss. «Der Platz in unserem Bett wird immer für dich da sein, und du bist unser einziges Enkelkind», sagte sie...

Ich träumte oft von ihnen und wachte weinend auf, denn ich hatte sie nie wieder gesehen, und jetzt waren sie tot.

Ich stand auf und setzte mich auf das Fenstersims. Alle Fenster in der ganzen Umgebung waren nun dunkel. Ich muss der einzige Mensch in ganz Basel sein, der noch wach ist, dachte ich und fragte mich, ob Mama in Bradford gerade schlief und ob es ihr gelungen war, das Haus zu verkaufen.

Ich verbannte alle Gedanken an den Dachboden, wo die Äpfel für den Winter gelagert waren und wo er mich... Nein! Verboten!

Was geschah danach, nach Grossmama und Grosspapa? Nun, es war erträglich, aber es sollte schlechter kommen. Zuerst war alles gut. Mama liebte Andreas, der Arzt war. Seine Frau war einverstanden, ihn freizugeben, stellte aber eine Bedingung. Sie dürften sich ein Jahr lang nicht sehen. Deshalb gingen Mama und ich in die italienische Schweiz. Ich hatte schon oft Bilder davon in Kalendern gesehen. Jeder fand es schön dort. Und auch noch dort zu leben, und das mit Mama!

Es war ein angenehmes Leben im Hotel, und abends kümmerte sich eine Dame um mich. Eines Nachts kam Mama zu spät, und das Hotel war geschlossen. Sie konnte nicht mehr herein. Kurz darauf erkrankte sie an Meningitis, und sie musste operiert werden. Seitdem hört sie nur noch auf einem Ohr – ich vergesse immer, auf welchem. Damals hatte ich das Bedürfnis, ihr zu erzählen, dass ich mich schämte, weil ich unten nicht das hätte, was Jungen haben. Ich dachte, sie könne mir helfen, denn ich musste immer daran denken und hatte das Gefühl, dass mir etwas fehlte, etwas mit mir nicht stimmte. Aber sie lachte bloss. Wieso schämte ich mich so, ein Mädchen zu sein? Hasste mich! Etwas fehlte und war nicht in Ordnung.

Dann zogen wir in eine neue Wohnung im vierten Stockwerk eines Wohnblocks in Basel. Sie hatte Glastüren und einen Balkon und war sehr vornehm. Mamas Möbel hatten Namen wie Biedermeier und Chippendale, und es gab Glaskästen, Nippes und goldgerahmte Spiegel. Aber obwohl Mama sagte, dass Papa nach dem Krieg in eine Scheidung einwilligen würde, war die Frau von Andreas ihrerseits immer noch nicht dazu bereit.

Ich ging in die Schule aus rotem Stein, wo ich Yvette kennengelernt hatte. Dort träumte ich am hellichten Tag von ‹meinen Grosseltern in Zürich›. Eines Tages rief Herr Meier, mein Lehrer: «Olivia!» Ich sprang auf, und er fragte: «Hast du auch nur ein einziges Wort von dem gehört, was ich heute Nachmittag in dieser Klasse vorgetragen habe?»

Ich sagte: «Nein», und die Kinder grölten vor Lachen. Er hatte die Frage gestellt: Wenn ein Zug mit einer Geschwindigkeit von 100 km in der Stunde von Basel nach Zürich fährt, und wenn die beiden Städte 100 km voneinander entfernt lägen, wie lange bräuchte der Zug? Ich lächelte und antwortete: «Der Zug von Basel nach Zürich braucht anderthalb Stunden. Ich weiss das, weil mein Grossvater Lokomotivführer ist und in Zürich lebt und ich mit dem Zug gefahren bin.»

Er schrie mich an, dass der Zug in dem Buch keinen Halt einlegen und mit einer Geschwindigkeit von 100 km pro Stunde durchfahren würde, und ob ich bitte die Güte hätte, mich auf den Zug im Buch zu konzentrieren und nicht über einen Grosspapa zu reden, für den sich niemand interessiere.

Ich musste weinen. Wie konnte niemand an ihm interessiert sein, und überhaupt, er wusste mehr über Züge als das blöde Buch. Sie konnten mich nie verstehen, und ich konnte nie das verstehen, was alle anderen zu verstehen schienen.

Yvette hatte geflüstert: «Eine Stunde», und ich wiederholte es und liebte sie leidenschaftlich.

«Gott sei dank!» sagte Herr Meier. «Und verschone uns in Zukunft mit den Geschichten über deine Verwandten.»

«Sie hat gar keine wirklichen Verwandten. Sie hat es mir gesagt», flüsterte Yvette wieder, so laut, dass alle Kinder und der Lehrer es hörten. Ich hasste sie. Hasste es, anders zu sein. Jeder hatte Familie und Verwandtschaft und war nie so allein. Sie waren grausam und hatten kein Recht dazu, denn sie besassen alles und hatten viel mehr Spass.

Nach der Schule liess mich Herr Meier nachsitzen, und ich musste allein nach Hause gehen. Ich vergass ganz darauf zu achten, nicht auf Ritzen zu treten, und rannte die vier Treppen hoch, froh, zu Hause zu sein. Mama rief vom Telefon her: «Ich komme gleich. Habe ein Hühnchen mit dir zu rupfen!»

Wie immer krampfte sich mein Magen zusammen. Ich ging in mein Zimmer und erstarrte: Alle meine Schubladen waren herausgezogen, und Kleider, Spielsachen, Bücher lagen auf einem grossen Haufen mitten im Zimmer. Mama lachte am Telefon. Schnell begann ich, meine Sachen zusammenzulegen und sie wieder dort zu verstauen, wo sie hingehörten.

«Um Himmels willen! Leg deine Schulmappe und deinen Mantel ab! Den ganzen Tag lang arbeite und putze und räume ich auf, und alles, was du nicht machst, muss ich zusätzlich erledigen. Von jetzt an hat dein Zimmer aufgeräumt zu sein, und mit der Unordnung in deinen Schubladen ist Schluss!»

Sie schaute mir zu, wie ich den Mantel auszog, und als ich ihn gerade hinlegte, um sofort mit dem Aufräumen fortzufahren, sprang sie auf: «Nein! Siehst du! Tu die Sachen dorthin, wo sie hingehören! Sofort! Dann häufen sie sich gar nicht erst an.»

Ich ging meinen Mantel aufhängen. Das Aufräumen dauerte eine Ewigkeit, und ich wusste, dass ich noch eine Unmenge Hausaufgaben zu erledigen hatte, und Durst hatte ich auch.

Mama kam später mit Gebäck und Himbeersirup herein. Ich setzte mich und sah ihr zu, wie sie noch den Rest aufräumen musste. Ich fühlte mich schuldig, besonders, als sie fast alles, was ich bereits verstaut hatte, nochmals neu ordnete.

«Du musst heute abend noch den Dankesbrief an Nanny schreiben für das Paket, das sie dir geschickt hat.»

«Ich habe so viele Hausaufgaben!»

«Du hast den ganzen Abend Zeit. Ich gehe aus. Tantchen wird dir helfen. Schreib jetzt zuerst den Brief.»

Während ich auf meinem Bleistift herumkaute, fragte ich mich, welche Tante wohl jetzt wieder auftauchen würde wie der Hase aus dem Hut des Zauberers. Ich hasste das Briefeschreiben, denn Mama war so streng. Ich wusste nie, was ich noch schreiben sollte nach ‹Wie geht es Dir. Mit geht es gut. Danke für das schöne Geschenk.› Ich dachte mir noch etwas aus und zeigte es dann vor. Sie sagte mir, was ich schon wusste – dass ich schludrig sei und geschmiert und lauter Flüchtigkeitsfehler gemacht hätte und es noch einmal schreiben müsse. Nachdem ich die Seite zum fünften Mal abgeschrieben hatte, war sie ganz tränenverschmiert, und Mama meinte, sie müsse nun ernsthaft mit mir reden.

«Setz dich hier hin, mir gegenüber, Olivia. Ich muss bald gehen, doch zuerst muss ich dir sagen, dass Herr Meier angerufen hat.» Noch ein Knoten in meinem Magen.

«Dein Lehrer sagt, dass du am hellichten Tag träumst. Du könntest dich nicht konzentrieren und nicht logisch denken.» Ich bin ein Idiot! Ich wusste es ja. «Ihm ist auch aufgefallen, dass dein Tick sich verschlimmert hat.»

Sie sagten, dass ich immer wieder einige Sekunden lang meine Augen wie im Wahnsinn zukneifen und dann meinen Mund weit öffnen würde, als ob mir das helfe, die Augen wieder aufzumachen.

Mama nahm meine Hände und schimpfte mich wegen meiner abgekauten Fingernägel aus. «Wirklich, mein Schatz, sie sind ja ganz wund und bluten. Abgeknabbert bis zur Wurzel. Wie kannst du nur so kannibalisch zu dir selber sein?» Sie liess mich los, und ich sah sie an, wünschte mir, auf ihrem Schoss zu sitzen, wünschte mir, dass sie mich berühren würde.

«Der Arzt hält dich für ein sehr nervöses Kind und meint, dass du mit anderen Kindern zusammensein müsstest. Er hat deshalb vorgeschlagen, dich in ein gutes Heim zu geben, nach Fernsburg, wo es auch Unterricht gibt, damit du in der Schule nicht zurückbleibst. Ich werde dich morgen dorthin bringen. Es wird dir sehr guttun, und mach die Mama nicht traurig, indem du weinst. Ich bin genauso betrübt wie du.»

Ich ging in mein Zimmer mit den roten Herzen und den Vergissmeinnicht, um meine Hausaufgaben zu machen. Auf dem Weg dorthin ging ich an Mamas Bett, um Michael zu holen, den jungen Hund, den Mama kürzlich von Andreas geschenkt bekommen hatte, doch Mama rief: «Lass Michael auf meinem Bett.» Er war gewöhnlich dort oder auf Mamas Schoss. Warum musste ich fortgehen, aber er konnte bleiben?

Im letzten Heim, dachte ich und kämpfte gegen meine Tränen an, hatte ich gelernt, Ski zu fahren und Papierpuppen zu basteln. Unaufhörlich machte ich Kleider für sie. Solange ich mich mit etwas beschäftigte, ging es mir gut. Niemand hatte mich gezwungen, mehr zu essen, als ich konnte, anders als bei meinen Patinnen oder anderen Tanten oder den Familien, wo ich gewesen war. Die Leute im letzten Heim hatten mich freundlich behandelt. Nur in der ersten Nacht war ich traurig gewesen, nachdem ich die Steintreppen zum Telefon hochgerannt und gefallen war und mir beide Schienbeine aufgeschürft hatte.

«Ich gehe jetzt. Komm und sag Tante Grabeli guten Abend.» Mama sah wunderschön aus.

Diese Tante war eine sanfte, freundliche alte Dame; ich mochte sie. Sie las mir immer vor; bei traurigen Stellen begann ihre Stimme zu zittern, und von Zeit zu Zeit hielt sie inne, um sich eine Träne fortzuwischen. Dieses Mal las sie mir etwas über Flüchtlingskinder vor, die ihre Eltern im Krieg verloren hatten und in einem anderen Land eine neue Familie finden sollten. Es tröstete mich, von Kindern zu hören, die ein viel schlimmeres Leben als ich hatten und die dazu noch jünger waren. Ich war neun.

Tante Grabeli deckte mich zu und kam später noch einmal zurück, um mich zu fragen, ob ich denn nicht Kopfschmerzen davon bekäme, wenn ich mich die ganze Nacht lang so herumwälzte. Einmal wachte ich auf: Ich schrie, dass ich meine roten Hosen in der Sandgrube verloren hätte und dass ich ein Vogel sei und keine Hosen mehr bräuchte. Ich konnte mich noch daran erinnern, im Sand gegraben zu haben, doch sonst an nicht viel mehr von diesem Traum, der immer und immer wiederkehrte.

Als ich am nächsten Morgen erwachte, wälzte ich mich immer noch herum und hielt mein Federbett fest umklammert. Ich schwitzte und stiess immer wieder die gleichen Worte hervor. Ich weiss noch, wie ich meinen Blick in meinem sauber aufgeräumten Zimmer umherschweifen liess und er an dem geöffneten Koffer auf dem Boden hängenblieb, der aussah wie ein furchteinflössendes Krokodil mit weit aufgerissenem Rachen. Da durchzuckte es mich: Heute sollte ich ins Kinderheim nach Fernsburg gebracht werden.

Der Fenstersims bei Tante Elly war breit und aus hellem Marmor. Bald hatte ich einen kalten Hintern. Ich stieg wieder in mein Bett und schob mir mein Kissen in den Rücken. Ich war immer noch hellwach. Da war ich, wieder in Basel, und versuchte, mich an Schönes zu erinnern, doch alles vermischte sich mit traurigen Erinnerungen. Mama sagte immer, es läge an mir. Ich sei zu negativ eingestellt und selbstsüchtig und nähme mich selbst zu ernst. Damals hatte ich eine Geschichte über meinen Aufenthalt in Fernsburg geschrieben, und die nahm ich jetzt hervor.

Ich wusste, dass Weinen nichts nützen würde.

Mama trank ihren Kaffee und rauchte eine Zigarette. Es war einer jener Tage, die man in Basel ‹tropisch› nennt: heiss und schwül. Ich sass auf der Eckbank und sah Mama in die Augen, und als mein Kinn zu zittern begann, sagte sie: «Tyrannisiere mich nicht, Olivia. Hör auf. Für mich ist es genauso schwer.» Ich hasste es, wenn sie das sagte. Es gab mir ein solches Gefühl von Hilflosigkeit.

Nach der Zugfahrt hatten wir einen beschwerlichen Weg den Berghang hinauf. Mama war zu elegant angezogen, sie fühlte sich sichtlich unwohl. Ich versuchte, sie bei der Hand zu halten, aber der schmale Pfad zwang mich, sie wieder loszulassen. Alles, woran ich denken konnte, war, dass wenn Hitler käme, sie ganz allein in unserer Wohnung sterben könnte, und ich könnte ihr nicht einmal helfen; ich würde nichts davon wissen und hätte niemanden mehr auf der ganzen weiten Welt. Auf einmal wurde sie ganz sanft und lieb und zog mich an sich. Wir standen vor einem Gebäude aus Beton. «Ich habe eine Menge Probleme zu lösen. Es muss sein, und es ist das Beste für dich, glaub mir, mein Liebling.»

Eine grosse Frau in schwarzen Strümpfen kam heraus, um uns zu begrüssen. Ihre Hand fühlte sich rauh und trocken an. Sie stellten sich ein Stück abseits und sprachen miteinander und sahen hin und wieder zu mir herüber.

Die Frau sagte, sie sei Fräulein Hand, und zeigte auf eine Bank auf der anderen Seite eines kleinen Wäldchens und meinte: «Du darfst deine Mutter bis zu dieser Bank begleiten, wenn du versprichtst, gleich wieder zurückzukommen. Wir nennen sie die ‹Bank der Tränen›.» Ich fragte mich, was die beiden daran so lustig fänden.

So standen wir bei der Bank auf einem kleinen Hügel mitten in einer grünen Wiese, die übersät war von leuchtend gelben Butterblumen und Löwenzahn. Einen schrecklichen Moment lang befürchtete ich, in die Hosen zu machen; ich hatte den ganzen Tag über Magenschmerzen gehabt. Wir klammerten uns aneinander. Dann riss Mama sich gewaltsam los und lief den Berg hinunter.

Ich sah ihr nach, bis sie verschwunden war, und dachte an mein Bett mit den Blumen und Herzen, die sie für mich gemalt hatte, an den jungen Hund, den sie gerade bekommen hatte und der bei ihr bleiben durfte. Ich betrachtete die Schmetterlinge und Ameisen und dachte, sie sind glücklicher als ich.

Nachdem ich meinen ganzen Mut zusammengenommen hatte, betrat ich das Haus. Alle waren im Speisesaal. Ich wurde von Jungen und Mädchen angestarrt, die still an den vielen Tischen sassen. Fräulein Hand wies auf einen Stuhl, als sie mit der Suppenschüssel vorbeikam.

Obwohl ich stammelte: «Danke, das reicht», wurde mein Teller bis zum Rand gefüllt, und er wurde nicht leerer, so viel ich auch ass. Dann kam Fräulein Hand mit Kohl, Kartoffeln und Fleisch und klatschte alles in meine Suppe. Voller Scham versuchte ich weiter, es herunterzuwürgen, die Tränen liefen mir übers Gesicht. Plötzlich dachte ich daran, wie oft Mama gesagt hatte, ich nähme mich selbst zu ernst. Sie hatte gemeint: «Hab doch ein bisschen Humor.» Vielleicht war dies nur eine Art Test oder Streich? Hoffnungsvoll blickte ich um mich, doch da war meilenweit kein Streich in Sicht, denn jetzt goss Fräulein Hand Zwetschgen- und Apfelkompott in meinen Teller.

Die Kinder, die schon gegessen hatten, marschierten in Zweierreihen aus dem Saal.

Vier von uns sassen noch an den Tischen, dann drei, zwei, und dann sass ich lange allein da. Mir wurde gesagt, dass Kinder, die nicht aufessen, in Ungnade fielen und bis zum Abendessen neben ihren Betten sitzen müssten. Doch auch am Abend konnte ich nicht essen. Mein Hals und mein Magen waren wie zugeschnürt. Man sagte mir, ich müsse meine Käsemakkaroni am nächsten Morgen zum Frühstück essen.

Wir alle mussten einheitliche weisse Leinennachthemden anziehen und uns in zwei Reihen aufstellen. Ich hatte keine Ahnung, zu welchem Zweck, und stellte mich folgsam auf. Völlig entsetzt sah ich, dass die Kinder ihre Unterhosen zur Inspektion hochhielten. Mir wurde befohlen, meine zu holen.

Wie sie mich ansahen! Ich musste meine Unterhosen wenden und hochhalten. Die Lehrer schritten die Reihen ab und suchten nach winzigsten Fleckchen. Bei einem Kind hiess es, es habe seine Unterwäsche schlimm beschmutzt, und es musste seine schwere Matratze in den Keller schleppen. Es durfte keine Decken mitnehmen, und es wurde ihm gesagt: «Morgen bekommst du den ganzen Tag lang nichts zu trinken und darfst mit niemandem sprechen.»

Ich stand am Ende der Reihe und zitterte vor Angst. Mir war ein Missgeschick passiert, denn ich hatte wegen meiner

Magenschmerzen Durchfall bekommen, aber das Schlimmste war, dass ich etwas Scheussliches getan hatte; jeden Moment würde ich vor all diesen neuen Gesichtern blossgestellt werden. Ich hatte all das zähe Fleisch und den Kohl einfach nicht herunterbringen können, und so hatte ich immer, wenn niemand hinsah, einen grossen Klumpen in meine Hosen gestopft. Jetzt waren meine Unterhosen ganz dreckig, grünbraun-klebrig-schleimig!

Die Lehrer kamen immer näher. Jeden Augenblick würde mir schlecht werden.

Fräulein Hand zog mich an meinem Ohr aus der Reihe heraus. «Was haben wir denn hier? So also gehst du mit dem Essen um! Ja, ja, du bist ein Einzelkind, nicht wahr? Ein verdorbenes, verzogenes Einzelkind! Geh auf mein Zimmer und warte dort!»

In grosser Angst eilte ich die Holztreppen hinauf. Oben angekommen, stand ich da und wusste nicht wohin und wartete auf meine Strafe. Mama!

Nach langer Zeit kam sie herauf, auf leisen Sohlen wie eine Katze auf Beutejagd. Sie liess mich eine Stunde lang hinter einer Tür in der Ecke stehen.

Eiskalt und zitternd stieg ich in eins der Eisenbetten, die in Reihen nebeneinander standen, und fragte mich, wie es wohl in den Konzentrationslagern sein mochte, über die die Leute redeten.

Das schrille Kikeriki eines Hahns weckte mich aus dem Schlaf. Ich erblickte sechzehn Betten. Ich rannte auf den grauen Korridor, auf der Suche nach einer Toilette.

Ich setzte mich und hoffte verzweifelt, dass niemand die Geräusche hörte, die meine angestauten Darmkrämpfe verursachten. Ich blickte auf meine baumelnden Füsse und sah in Gedanken die meiner Mutter vor mir; ich hatte kleinere als sie, doch sonst waren sie ganz gleich; der linke zeigte beim Sitzen oder Gehen leicht nach innen. Was sie jetzt wohl machte? Ich hoffte, sie würde nicht zu traurig und einsam sein ohne mich.

Kein Toillettenpapier! Wieso geschahen immer diese unvorhergesehenen Sachen? Ich fand welches in der nächsten Kabine, blieb dort noch ein Weilchen und setzte mich auf den Klodeckel. Die aufgehende Sonne tauchte langsam die Wände dieses hässlichen Ortes in rosafarbene Schönheit. Ein paar Minuten lang fühlte ich neue Kraft. Ich wünschte, die Zeit bliebe stehen und ich könnte mich hier für immer verbergen.

Als ich in den Schlafsaal zurückging, schaute ich auf all die schlafenden Kinder und fragte mich, wo wohl ihre Mütter sind, ihre Schösse und Arme. Ich hatte auf einmal das Bedürfnis nach Nähe, sehnte mich nach Mama.

In einer Ecke, unter dem Bild eines süsslichen, bonbonfarbenen Jesus, fing ein kleines Mädchen an zu heulen. Es bewegte sich wie eine alte Frau, die alle Hoffnung aufgegeben hat. Ich beobachtete, wie es sein Bettzeug abzog und mit den Laken durch den Raum stolperte. Ich stand auf, um ihm zu helfen.

Es wirkte noch verschüchterter und sagte: «Ich darf mit niemandem sprechen, weil ich ins Bett gemacht habe.»

Durch das Fenster über mir sah ich, wie es zu einem Holztrog ging und sein schweres Bündel, so gut es ging, in das kalte Wasser tauchte. Später hörte ich die Kinder singen: «Stinker-Nelly mit den roten Pfoten!»

Dies war der schlimmste Ort, an dem ich jemals gewesen war.

Zum Frühstück bekamen wir ein Stück Graubrot und einen Becher Milch mit einer dicken Hautschicht darauf, die wir herunterschlucken mussten. Weil Krieg war, hatten nur die Lehrer Butter und Marmelade. Meine Makkaroni mussten sie vergessen haben, aber jeden Mittag und Abend sass ich stundenlang kauend und weinend vor meinem Teller mit klebrigem, unappetitlichem Essen.

Fräulein Hand bastelte aus Kreppapier schöne Blumenkostüme für uns. Sie führte Singspiele auf, die in allen Schulen und Kinderheimen der Schweiz berühmt waren. Ich spielte eine kleine Schneeflocke, und einige Jungen waren in Käfer und Insekten verwandelt. Jedermann rühmte Fräulein Hand wegen ihrer Begabung, ihrer Geduld und Musikalität, und *wie* gut sie mit den Kindern umgehen könne! Wir alle blickten zu ihr auf.

Es war ein Rätsel für mich, wie all die anderen Kinder bloss essen konnten, es gab mir das Gefühl, die schwächste, elendeste Versagerin zu sein. Immer anders als die anderen. Alle übrigen Kinder konnten barfuss auf den frischen Getreidestoppeln über die Felder laufen. Meine Füsse bluteten und taten weh, und ich war immer die letzte, bemüht, die anderen einzuholen, ohne zu weinen.

Eines Tages, bei einem Ausflug, bot mir ein grosser rothaariger Junge, der stolz war auf seine Stärke, an, mich auf seinem Rücken über so ein Stoppelfeld zu tragen. Während er rannte, schnaufte er auf einmal: «Ich weiss, wie Menschen gemacht werden.»

«Das weiss niemand ausser Gott!» antwortete ich.

«Ich weiss es», beharrte er eigensinnig. Jemand hörte unseren Streit mit an, und am Abend wurden wir beide ins Zimmer von Fräulein Hand zitiert. Sie sagte irgendetwas von ‹einer unanständigen Unterhaltung›. Wir verstanden nicht, warum sie sagte, wir seien schlecht gewesen. Ich war entsetzt, denn ich war anscheinend ein derart schlechter Mensch, dass ich weder essen, noch schlafen, noch Unterhosen tragen und nicht einmal reden konnte, ohne eine Sünde zu begehen.

Der nächste Tag war ein Sonntag. Wir alle mussten unsere besten Kleider anziehen. Ich wollte gerade in meine Scheibe Brot beissen, als Fräulein Hand Ruhe gebot. Sie rief laut: «Olivia und Jacob, kommt her!» Ungläubig hörte ich sie sagen: «Olivia und Jacob haben schmutzige Wörter in ihren Mund genommen. Dafür müssen sie bestraft werden.»

Ich hatte mit dem grossen Jungen nur über Gott gesprochen. Was hatte ich denn getan, und was würden sie jetzt mit mir machen? Ich blickte um mich, doch es gab keinen Ausweg.

Sie redete immer noch. «Ihr zwei werdet uns also die obszöne Unterhaltung, die ihr gestern geführt habt, nicht wiederholen, ja?» Sie klebte dem Jungen mit einem grossen Kreuz aus Heftpflaster den Mund zu. Ein anderer Lehrer kam herbei, um meinen Kopf festzuhalten, und Fräulein Hand tat das gleiche mit mir. Wir mussten mit dem klebrigen Kreuz über unseren Mündern zur Kirche gehen.

An diesem Tag brauchte ich das matschige Zeug nicht zu essen. Am nächsten Tag sagte man uns, dass der Krieg aus sei.

Hitler hatte nicht gesiegt! Bald würde ich nach Hause zurückkehren...

Drei Uhr morgens! Ich hatte diese Seiten meines Tagebuches seit Ewigkeiten nicht mehr gelesen und konnte nicht aufhören.

...Hitler kam nicht, wir wurden auch nicht wie die Juden vergast, aber Vater kam.

Als ich eines Tages von der Schule heimkam, hörte ich Mama am Telefon weinen und lachen zugleich. Sie erzählte jemandem, dass mein Vater aus England gekommen sei, um uns zu sich nach Bradford zu holen. Sie legte den Hörer auf und sah mich an.

Sie zog mir meinen hellblauen Mantel mit dem weissen Pelzkragen und die Pelzkappe an und schickte mich nach unten, um ihn vor dem Haus zu empfangen.

«Aber ich kenne ihn doch nicht.»

Mama reagierte nicht. Sie schien eher bestürzt als erfreut zu sein.

Ich stand unten und betrachtete die Leute, die vorbeihasteten, bis ich einen hinkenden Mann sah, der langsam auf mich zukam. Meine Knie schwankten, denn ich hoffte, dieser Mann wäre es nicht.

Er trug eine dunkelblaue Baskenmütze auf dem Kopf, die wohl eine kahle Stelle verdecken sollte. Auf seiner dünnen Nase in dem knochigen Gesicht trug er eine Goldrandbrille wie Herr Meier. Strenge Furchen zogen sich von der Nase bis zu den Winkeln seines lippenlosen Mundes. Er war gross und hager; bei jedem Schritt schwankte er nach links und zog das rechte Bein ein wenig nach. Ich bemitleidete ihn. Später fand ich heraus, dass sein höhnisches Grinsen ein Lächeln sein sollte. Oft schlug es ohne Vorwarnung in Zorn um.

Als er näherkam und auf mich herabsah, zuckte an seiner linken Wange ständig ein Muskel. Wie hatte eine schöne Frau wie meine Mutter nur einen solch merkwürdig aussehenden Mann heiraten können?

Ich nahm all meinen Mut zusammen, sah standhaft zu ihm hoch, und mit dem strahlendsten Lächeln, das ich aufbringen konnte, sagte ich: «Verzeihung, sind Sie mein Vater?»

«Nein, ich bin dein Papa!»

Ich konnte es kaum ertragen, weiterzulesen, doch ich musste. Ich fragte mich, ob alles so gekommen ist, wie es kam, weil ich gehofft hatte, er sei nicht mein Vater, als ich ihn sah. Vielleicht wäre wie durch Zauberei alles anders gewesen, wenn ich bei unserem ersten Zusammentreffen wirklich liebevolle Gedanken gehabt hätte. Armer Papa. Jetzt bist du tot.

Ich fühlte mich wie versteinert. Erfroren. Ich las weiter.

EIN NEUES ZUHAUSE, EIN NEUES LAND UND EIN VATER!

Ich kann mich nur verschwommen erinnern, was danach geschah. All die Tanten und Freunde von Mama und Andreas schienen genauso bestürzt wie sie. Es herrschte grosse Verwirrung, es wurde viel geweint und von ‹Seeminen› geredet und darüber, was nun mit Michael geschehen solle, der jetzt ein grosser Hund war, welche Möbel wir mitnehmen sollten und dass es eine schlimme Schande sei, dass der Doktor immer noch keine Scheidung bekomme.

Plötzlich sassen wir im Nachtzug nach Paris, und dann waren wir auf dem Weg zum Schiff nach Dover. Mama meinte, jeder würde auf Schiffen seekrank, und prompt wurde mir schlecht, als das Schiff in Sicht war. Ich war auch ganz steif vor Angst, dass es jede Minute in die Luft gehen könne. Irgendwo verkaufte jemand Bananen. Seit Jahren hatte man keine mehr gegessen, und jeder wollte welche kaufen. Wir wurden alle in einem Raum mit Schlafkojen zusammengepfercht, die in Reihen übereinanderstanden und vom Boden bis zur Decke reichten. Unter den Frauen und Kindern entbrannte ein Kampf um diese Kojen. Mama ergatterte eine direkt unter der meinen. Mir war schlecht. Papa blieb an Deck. Als wir später auf See waren, erbrach jeder seine Bananen in die darunterliegende Koje. Die Luft war verpestet von dem säuerlichen Gestank erbrochener Bananen, und bei jedem Atemzug wurde uns nur noch übler. Ich fragte Mama, ob ich nicht bitte sterben könne, und sie antwortete, sterben würde man nicht, aber jeder, der seekrank sei, denke das; dies sei das typische Zeichen einer echten Seekrankheit, und deshalb sei ich wirklich seekrank. Ich war fast stolz!

In Dover hörte die Erde nicht auf zu schwanken, als seien wir noch auf See. Wir gingen in ein Hotel, und ich musste mit Papa in einem riesigen Bett schlafen. Ich wusste nicht warum, aber das Tuten des Nebelhornes ängstigte mich, und der helle Lichtstrahl des Leuchtturms kreiste unaufhörlich in unserem Zimmer; es war unmöglich, zu schlafen, und ich kannte Papa nicht.

Wir nahmen den Zug nach Bradford. Papa nannte es liebevoll das ‹dreckige, alte Bradford›, doch es war tatsächlich eine verrusste, schwarze, schmutzige Stadt, und Mama sah entsetzt aus.

Die deutsche Haushälterin, Frau Dresden, holte uns ab. Sie schien sich zu freuen, Papa zu sehen, und gab mir eine Schachtel mit Süssigkeiten und Kaugummi, aber sie ignorierte Mama. In einem Taxi fuhren wir durch Strassen mit Häusern aus schwarzem Stein, deren Türen und Fensterrahmen in leuchtendem Grün, Rot, Blau und Weiss angemalt waren.

Ich verstand kein Wort von dem, was der Gepäckträger und der Taxifahrer auf Englisch sagten, doch sie schienen häufiger zu lächeln als die Schweizer.

Wir fuhren an dem langgestreckten Gebäude eines Krankenhauses vorbei und dann den steilen Hügel in der Cranbourne Road hoch. Die Strasse war auf beiden Seiten von Zweifamilienhäusern gesäumt, eines wie das andere aus schwarzem Stein, nur verschieden durch die Farben der Türen und Fenster. Eines davon, Nummer acht, war unseres. Es war drei Stockwerke hoch und hatte einen Giebel, eine Auffahrt und eine grüngestrichene Garage.

Bald ging ich in die Daisy Hill Schule, die oben auf dem Hügel lag. Am dritten Tag kamen einige Jungen und Mädchen zu mir und sagten: «Good Morning, Guten Morgen. Das heisst ‹fuck›, du musst ‹fuck› zu dem Lehrer sagen. Das bedeutet Guten Morgen, good morning.» Ich hatte keinen blassen Schimmer, worum es ging, aber da sie so vergnügt schienen und ein bisschen Deutsch gelernt hatten, stand ich auf und sagte stolz ‹fuck› zu dem Lehrer. Er wurde zuerst böse auf mich, doch dann auf die Kinder. Ich lernte schnell, und es war eine glückliche Zeit. Sie teilten alles mit mir: ihre Gespräche, den Yorkshire Dialekt, das Mittagessen, ihre Spiele und Kämpfe und ihre Läuse. In der Public School wurde ich als ihresgleichen behandelt. Jetzt bin ich müde, und ich will nicht an die nächste Schule denken.

Wieder schob ich das Tagebuch unter mein Kissen und kuschelte mich in mein Bett. Wie gut, dass Tante Elly und mein Onkel nebenan schliefen. Auch ich konnte jetzt schlafen. Ein ganz neues Leben lag vor mir, und ich würde dafür sorgen, dass es ‹nur gute Erinnerungen› gäbe. Von jetzt an hiess es: Mama und ich – und sie hatte versprochen, meinen Hund Glenny mitzubringen.

Um elf Uhr morgens weckte mich Tante Elly mit einer guten Neuigkeit:

«Deine Mutter kommt in einer Woche nach Basel! Andreas hat gerade angerufen.»

«Ich werde meine Mama und meinen Hund wiederhaben.»

«Ja. Steh jetzt auf, dann werden wir schön zusammen frühstücken.» Tante Elly war plötzlich die netteste, bestaussehende und liebste Tante, die es je in Basel gegeben hatte!

5

Andreas holte uns ab, und wir gingen zur Feier des Tages aus. Wir fuhren am Schützenmatt-Park vorbei, wo ich als kleines Kind immer Ziegenmilch getrunken hatte; um Mama eine Freude zu machen, tat ich immer so, als trinke ich sie gern. Dann vorbei an dem Haus, wo wir die Wohnung im obersten Stockwerk bezogen hatten.

«Unsere alte Wohnung, Andreas! Erinnerst du dich noch an das Zebra, das du mir geschenkt hast? Ich habe es immer noch.» Er nickte lächelnd, als er den Wagen vor dem ‹Schützenhaus› parkte, einem der besten Restaurants der Stadt. Tante Elly und Onkel Hans liessen sich ihr Essen und den Wein schmecken. Sie assen die ganze Zeit, während Andreas redete. Und er erzählte viel: von Mama und den langen Jahren des Leidens, die nun endlich vorüber seien; wie er seine Frau und die Kinder verlassen hatte, wie Mama und er sich zwölf Jahre lang nacheinander gesehnt hatten, wie seine Frau ihm die Scheidung verweigert und ihm das Geld aus der Tasche gezogen hatte; aber dies alles würde nun nicht mehr zählen, es stehe nichts mehr zwischen ihnen, denn endlich sei seine geliebte Ida frei und würde heimkommen.

Ich wusste, was er empfand, kannte ich doch die gleiche Sehnsucht nach ihr. Als ich Bratwurst mit Rösti ass, mein Lieblingsgericht, war alles, woran ich denken konnte, dass Mama, meine Mama, bald bei mir sein würde, zusammen mit meinem Hund Glenny. Das viele schmerzliche Abschiednehmen gehörte der Vergangenheit an. Als sie mich damals immer mit Vater und Frau Dresden in Bradford allein gelassen hatte, um zu Andreas nach Basel zu fahren, hatte ich so oft mit überspannten Erwartungen auf ihre Rückkehr gehofft, dass ich ganz leer war und ihr keine Wiedersehensfreude zeigen konnte, wenn sie dann wirklich und endlich heimkam. In der nächsten Woche würde es anders sein! Ich brachte vor Aufregung kaum einen Bissen herunter. Von jetzt an würden wir ein neues, herrliches Leben miteinander führen.

Das Restaurant war voller elegant gekleideter Leute, die augenscheinlich ihr Essen, den Wein und die gegenseitige Gesellschaft genossen. Andreas sagte, welche Last und Pein meine Mutter ganz allein zu tragen hatte. Das Haus war schwer zu verkaufen gewesen, und laut Testament wurden Frau Dresden das Auto und ein grosser Geldbetrag zugesprochen.

«Ich frage mich, was zwischen Marc und dieser Frau gewesen ist!» sagte Andreas. Ich erstickte fast an meiner Wurst. In Momenten wie diesem musste mir schnell etwas einfallen, wie ich verhindern konnte, dass die Erinnerung in mir aufstieg, doch dies wurde von Mal zu Mal schwieriger. Ich hatte einen Kloss im Hals. Die Kraft und die Anstrengung, die es mich kostete, die Gedanken an meinen Vater zu verbannen, wurden unerträglich. Ich lenkte meine Gedanken auf eine Fliege an der Decke. Ich heftete meine Augen auf sie: sie hat sechs Beine, zwei Flügel. Sie kann fliegen. Als Vater es mit mir tat, war ich diese Fliege. Und jetzt bin ich diese Fliege. Fliegen fühlen nichts, denken nichts, wissen nichts, riechen nichts, denn sonst könnten sie nicht auf Scheisse herumkrabbeln...

«Was um alles in der Welt starrst du denn an? Olivia! Benimm dich! Iss schön! Warum bläst du nur deine Backen auf, mit all dem Essen drin, als sei es Kaugummi? Dieses Kind ist nicht normal! Teenager! Ich frage dich! Ich hoffe nur, dass du ein besseres Benehmen an den Tag legst, wenn deine Mutter da ist.»

Sie unterhielten sich weiter und achteten nicht mehr auf mich. Ich rieb an einem riesigen Pickel herum, der auf meinem Kinn wuchs. Er soll bloss weg sein, wenn Mutter kommt! Vielleicht könnte ich ihn ausdrücken, während die anderen im Gespräch vertieft sind... Ich tupfte das Blut heimlich mit meiner Serviette ab, viele winzige rote Sprenkel auf dem weissen Tuch.

«Deine Mutter hat dir immer wieder gesagt, du sollst nicht an deinen Pickeln herumdrücken. Hör auf damit! Kein Wunder, dass sie spriessen. Bald wirst du wie ein Streuselkuchen aussehen. Man sollte eigentlich annehmen, dass dir dein Aussehen wichtig ist.»

Als sie mit ihrer Unterhaltung fortfuhren, musste ich mich zusammenreissen, um nicht an meinen Fingernägeln zu kauen. Es war allerdings auch nicht viel von ihnen übrig.

«Ihre Unbefangenheit und ihre vollkommen ungekünstelte Art verleihen ihr eine solche Natürlichkeit und Unverfälschtheit, eine Anmut, die ich sonst bei keiner Frau gefunden habe.» Alle stimmten mit Andreas überein, dass meine Mutter eine aussergewöhnlich faszinierende Frau sei. Einen Moment lang hatte ich gehofft, sie sprächen über mich.

In der Mitte des Tisches hing eine zarte Fuchsie wie eine scharlachrote Laterne. Ich brachte sie zum Schaukeln, indem ich die hohe, schlanke Vase aus Silber bewegte, und die Blüte leuchtete im Kerzenlicht auf wie eine rote Flamme. Plötzlich kam die Vase ins Schwanken und kippte um, das Wasser schwappte heraus und ergoss sich über den Tisch und Tante Elly. Sie liess einen Schrei los wie das Jaulen eines jungen Hundes. Helle Aufregung und grosses Wirrwarr! Eine Kellnerin kam, um das Wasser zwischen all den Tellern und Platten aufzuwischen, während ich mit hochrotem Kopf dasass, unter den brennenden Blicken von Tante Elly und Hunderten – Tausenden – von Leuten.

«Wir sprechen uns später.» Mit steinernem Gesicht schleuderte sie es mir entgegen.

Als ich verstohlen aufsah und einen Blick zum Nebentisch warf, sah ich dort ein Mädchen meines Alters sitzen. Unsere Augen begegneten sich, und wir tauschten einen Blick voll Anteilnahme und geheimem Einverständnis aus. Ich lächelte, und plötzlich wurde ich von Freude überwältigt. Ich erinnerte mich an die Sommertage in meinen Yorkshire Mooren; wie ich lachend mit meinem Hund Glen im Heidekraut herumtollte und mein kalter Körper wieder von Wärme durchflutet wurde, nachdem ich den ganzen Tag lang in der Schule von der Erinnerung an eine schreckliche Nacht mit meinem Vater verfolgt worden war. Da ist es wieder! Die Erinnerung war nicht zu bannen. Wenn ich an Schönes zurückdenken wollte, ging ich in die Falle und endete bei all dem Schmutzigen. Ich schaute wieder zu dem Mädchen hinüber. Es war gerade dabei, aufzubrechen. Bald darauf gingen auch wir.

Als die Erwachsenen einen Abendspaziergang durch den Park machten, besah ich mir das Haus, in dem wir einst gelebt hatten. Eines Morgens hatte ein Kind irgendwo hier unten auf der Strasse «Mama!» gerufen. Es war früh an einem Sonntag morgen, und meine Mutter hatte – höchst ärgerlich darüber, dass sie aufgeweckt worden war – zurückgerufen: «Was?»

«Mama!» hatte das Kind wieder geschrien. «Es ist viel zu früh», beschwerte sich meine Mutter.

«Mama!» Noch einmal! Ich weiss noch, wie ich mich in meinem Bett zusammenrollte, höchst vergnügt darüber, dass jemand die Kühnheit besass, gegen die strikten Regeln meiner Mutter zu verstossen. Schliesslich hatte sie es gemerkt, und wir lachten zusammen darüber. Erst ab 10 Uhr früh wagte ich es sonntags, zu ihr zu gehen und mich an sie zu kuscheln. Vorher nahm ich mir immer ein langes Stück Schnur mit meinem Schlüssel daran und verbrachte Stunden damit, die Schnur zu- und aufzuknoten.

Einmal hatte ich eine wunderschöne Geburtstagsparty in diesem Haus. Ich hatte ein paar Mädchen aus der Schule eingeladen, darunter auch Yvette. Für Yvette hatte ich geschwärmt! An meinem ersten Schultag hatte ich Mama zugeflüstert, dass ich gerne in derselben Reihe stehen würde wie das hübsche kleine Mädchen mit den schwarzen Haaren und schwarzen Augen. Yvette hatte zur selben Zeit ihre Mutter gefragt, ob sie mit dem kleinen, blonden, blauäugigen Mädchen in einer Reihe stehen dürfe. Von da an waren wir unzertrennlich, obwohl wir oft an einem Tag stritten und uns am nächsten wieder versöhnten. All diese Jahre hindurch war die Verbindung zwischen uns nie abgebrochen. Ich beschloss, sie bald einmal anzurufen, auch Peter. Yvette und Peter hatten mir während der ganzen Zeit, die ich in England verbrachte, geschrieben. Er war im Internat, und Yvette hatte gerade Ferien.

Ich hatte Peter beim Ballettunterricht kennengelernt, in den Mama mich einmal wöchentlich geschickt hatte. (Merkwürdigerweise kam mir auf einmal etwas in den Sinn: Während ich mir das Trikot angezogen hatte, hatte ich mich immer gefragt, ob etwas mit mir nicht stimmte, denn ich war oben flach und unten flach, und ich war kein Junge. Wieso musste ich jetzt daran denken?) Zusammen mit anderen Mädchen wurde ich auserwählt, an einem Elternabend vorzutanzen; ich hatte ein Menuett von Mozart getanzt und gerade beendet und mich vor dem Publikum verbeugt, als ein kleiner Junge auf mich zueilte. Er legte den Arm um meine Schulter und sagte: «Auf dich habe ich mein ganzes Leben lang gewartet.» Die Eltern brachen in schallendes Gelächter aus. Ich auch. Und er ebenso. Seine Mutter war Russin und sein Vater Italiener. Er wollte Schauspieler werden und hatte genug Temperament für zehn. Seit dieser Zeit sind wir alle Freunde geworden, seine Familie und ich und Mama. Wie Yvette hatte er schwarze Locken und schwarze Augen.

Tante Elly kam auf die Parkbank zu, auf der ich sass, und sagte, noch immer in kaltem Ton: «Wir gehen jetzt nach Hause. Und dann gleich ins Bett.»

Meine Strümpfe über dem Stuhl im Schlafzimmer sahen in dieser Nacht aus wie tote Schlangen. Meine Tante hatte während der letzten Woche bei mir geschlafen, deswegen war ich nervös. Während sie noch im Badezimmer war, betrachtete ich mich im Schlafzimmerspiegel. Wütend kratzte ich den harten Schorf weg, der sich wieder auf dem Pickel gebildet hatte, und ich fragte mich, warum ich mich wohl in letzter Zeit in einer Minute vollkommen glücklich und in der nächsten schrecklich elend und einsam fühlen konnte. Und ständig war ich müde.

Tante Elly kam herein; immer noch schweigsam und mit gekränkter Miene, blass in ihrem weissen Flanellnachthemd, kurzsichtig ohne ihre Brillengläser. Ich fühlte mich schuldig und schlecht.

«Ich werde im anderen Zimmer schlafen. Gute Nacht. Du solltest lernen, mehr Rücksicht auf die Menschen zu nehmen, die so viel für dich tun. Es war peinlich und eine Schande, wie du dich heute abend aufgeführt hast.» Als sie die Tür schloss, fühlte ich mich um einiges leichter, und doch konnte ich meine schlechten Gefühle nicht ganz abschütteln. Wie unwissend und ungerecht diese Erwachsenen doch waren. Und auf einmal fühlte ich mich leicht und übermütig. Ich fing an, vor dem Spiegel zu tanzen.

«Ich bin ein Filmstar», sprach ich in den Spiegel. «Ich bin einfach umwerfend. Ich bin Elizabeth Taylor. Was für ein blödes Land! Kinder dürfen sich nur dieses Walt-Disney-Zeug ansehen und keine richtigen Filme wie in England. Ich bin wunderschön, und ich kann tanzen wie Fred Astaire. Er und Danny Kaye würden mich sofort heiraten. Was für ein Verlust für die Welt, wenn man mich nicht tanzen lässt. Ich werde es ihnen zeigen! Eines Tages werde ich berühmt sein. Jeder wird mich lieben.» Ich machte einen Knicks vor meinem imaginären Publikum, den Applaus in den Ohren.

Plötzlich wurde mir bewusst, wie lächerlich ich war. Ich streckte meinem Spiegelbild die Zunge heraus und liess mich rücklings aufs Bett fallen. Ich setzte mich wieder auf und lächelte und fand, dass ich wirklich ein hübsches Lächeln hatte; eigentlich sollte ich immer lächeln.

«Ich bin ein süsses kleines Mädchen.» Ich umarmte mich selbst und fing an, mit einer Babystimme zu sprechen. «Doch, das bin ich. Ich bin ein süsses kleines Mädchen. Meine Mama und mein Papa, das sind lächelnde Gesichter, warme Körper, starke Arme und freundliche Stimmen. Sie sind ganz vernarrt in mich und beten mich an. Können nicht ohne mich sein. Sie lachen und lieben meine Streiche. Sie haben die Macht, meine Sorgen und alles Schlechte wegzuzaubern, sie geben mir das Gefühl von Wärme, Sicherheit und Geborgenheit. Das Gefühl, geliebt zu werden. Warum weine ich dann?»

«Olivia, was machst du denn für einen Lärm? Was ist los? Hans, Hans, hol kaltes Wasser und ein Tuch! Sie erstickt uns! Schau, ich wollte dich doch nicht schelten und dich so aus der Fassung bringen. Weine doch nicht so heftig. Ruhig, ruhig. Versuch doch, mit dem Weinen aufzuhören, wenn... Olivia! Olly! Beruhige dich!»

Schliesslich gewann ich wieder die Kontrolle über mich, aber einen Moment lang dachte ich, ich müsse sterben, weil ich keine Luft mehr bekam. Mein ganzer Körper wurde von einem solchen Schluchzen geschüttelt, wie ich es noch nie zuvor erlebt hatte. Es nahm Besitz von mir. Ich hatte keine Gewalt mehr über mich, es war so stark, dass es mich zerriss und ich in Panik geriet.

Langsam, ganz langsam wurde ich etwas ruhiger. Zum ersten Mal wurde ich von einer Flut von Gedanken und Fragen überrollt, von denen ich nicht gewusst hatte, dass ich sie in mir trug.

«Jeder Mensch auf dieser Welt ist wertvoll, nicht wahr? Wir alle sind wertvoll, ob wir nun berühmt sind oder nicht? Warum haben Mama und Papa mich nicht lieb? Warum haben sie mich immer verlassen oder mir weh getan? Warum?»

«Schsch... Aber sie lieben dich doch. Deine Mutter hat dich sehr lieb, das weiss ich. Sie hat es mir oft gesagt. Auch dein Vater hatte dich lieb, auf seine Weise, aber er war krank, ein armer kranker Mann. Er konnte seine Gefühle nicht zeigen. Auch wir haben dich gern, Hans und ich. So, so ist es schon besser. Komm, lächle ein wenig! Hast du kein Lächeln für mich übrig? Das ist schon viel besser. Jetzt entspanne dich, und ich werde dir eine heisse Milch mit Honig machen. Dem Schweizer Honig, den du so gern hast auf Schwarzbrot und Butter.»

«Tante Elly, sollten wir nicht alle freundlich und liebevoll miteinander umgehen? Ich meine, warum hat Mutter auf einmal Andreas mehr geliebt als ihren Mann? Warum hat Vater das alles getan? Und wo ist er jetzt? Warum gibt es Kriege, und warum haben sich meine Eltern während all der Kriegsjahre getrennt? Ich meine, wenn es einen Gott gibt und wir für Ihn eine solche Bedeutung haben, dass Er diese ganze Welt nur für uns geschaffen hat, das ganze Universum, die Sonne, den Mond, die Sterne, die Tiere und Blumen, nur für uns... sogar die Schmetterlinge, ich meine, stell dir vor, mit welchem Fleiss und welcher Kraft Er die Ameisen ausstattete, die ganze Kadaver bis auf die Knochen säubern können, stell dir die winzigen Muskeln der Flöhe vor, die Kraft in den Schneeglöckchen, die die harte, gefrorene Erde durchstossen. Der Plan hinter allem! Wenn all das seit Billionen von Jahren besteht und funktioniert, nur für uns, warum können wir uns dann nicht einfach und immer lieben?»

Meine Tante sah mich an und strich mir dann mit einer fast scheuen Geste über das Haar.

Ich legte die Arme um meine Knie und sagte: «Es tut mir leid, wenn ich rücksichtslos und ungezogen war. Weisst du, es ist schwer zu erklären, aber immer, wenn ich das Gefühl habe, dass ich keine Liebe mehr von den anderen empfange, kann ich sie scheinbar mit meiner Liebe nicht mehr erreichen. Ich fühle mich wie abgeschnitten. Ich habe das Gefühl, gehasst zu werden. Eines Tages am Meer – es war das erste Mal, dass ich das Meer sah – warf Papa einen grossen Stein nach mir. Absichtlich. Er traf mich seitlich am Gesicht. Ich weiss noch genau, wie er jedesmal, wenn ich meine Puppe mit in mein Bett geschmuggelt hatte und er sie entdeckte, kam und mit ihrem Porzellankopf auf meinen Kopf schlug, bis ich weinend erwachte. Von irgendwoher hörte ich auch Mama weinen, und an jenem Tag am Meer war es, als ob die Wellen plötzlich innehielten, der Wind plötzlich zu wehen aufhörte und als ob die Vögel tot und still vom Himmel fielen. Ich kann es nicht erklären. Seitdem ist es oft so gewesen, so, als ob ich kopfüber in ein schreckliches Loch stürzte.

Und so war es immer wieder mit ihnen. Wenn immer ich glücklich war, geschah etwas Schreckliches, das meine Gefühle zerschmetterte. Ich nannte es die ‹Zeit der Enttäuschung›. Sie schien ewig zu dauern. Als ob ich nie wieder froh werden könnte. Auch die Erinnerungen an glückliche Zeiten hat sie zerstört.»

«Wir alle machen diese Erfahrungen, Olly. Immer wieder. So ist das Leben. Doch bin ich sicher, dass noch viele schöne Zeiten auf dich warten. Dein Leben fängt doch gerade erst an.» Sie gab mir einen Kuss und ging dann zu Bett. Ich berührte die Stelle, wo sie mich geküsst hatte, und lange Zeit konnte ich nicht einschlafen. Nach einer Weile stand ich auf und nahm mein Tagebuch und einen Stift zur Hand. Das Schreiben schien immer zu helfen...

Seit 14½ Jahren lebe ich in dieser Welt. Das sind 14 mal 12 plus 6 – 174 Monate. Morgen werde ich ausrechnen: mal 52 Wochen, mal 7 Tage, mal 24 Stunden, mal 60 Minuten.

Manchmal in dieser Zeit waren Mama und Papa lächelnde Gesichter. Mama mehr als Papa. Papa. Dass er der gleiche Mann war, der mir zu Weichnachten die Spieldose gebastelt hatte! Es war eine runde Dose aus hellem Holz. Er verbrachte Stunden damit, an ihr zu arbeiten. Zuerst schmirgelte er sie ab. Dann machte er eine Kerbe in den Deckel, durch die ein winziges Metallstäbchen eingeführt wurde, und wenn man es herunterdrückte, um den Deckel zu öffnen, wurde der Spielmechanismus in Gang gesetzt, und die Dose fing an zu spielen, um Räuber daran zu hindern, sie zu öffnen! Er hatte sich darüber gefreut, wie gut sie ihm gelungen war, und sie war wirklich schön gearbeitet. An diesem Weihnachtsfest hatte er auch eine für Mama gemacht. Mir hatte er noch ein *His Master's Voice* Grammophon zum Aufziehen geschenkt, dazu das Erste und Zweite Klavierkonzert von Tschaikowsky und die Platte von *Teddy Bears' Picnic*... Ich sollte aufhören, an meinen Fingernägeln zu kauen. Warum wohl hatten Mama und Papa aufgehört, miteinander zu sprechen und zu lächeln?

Ich war müde. Ich wollte mich jetzt umdrehen und schlafen. Meine Tante würde es nicht mehr stören, wenn ich mich in meinem Bett wälzte und die Sprungfedern quietschten.

6

Am Tag von Mamas Ankunft sprang ich mit einem lauten «Juhuiii!» aus dem Bett.

Andreas holte mich um zehn Uhr ab. Ich hatte mein schönstes Kleid angezogen und kleine Tupfer von Tante Ellys Make-up auf den vier neuen Pickeln auf meinem Kinn.

Als wir unterwegs zum Flughafen waren, war ich mir sicher, dass eine von uns, Mama oder ich, vor unserem Wiedersehen sterben würde. War es nicht einfach zu schön, um wahr zu sein? Dann stand sie plötzlich lächelnd vor uns. Ich hatte vergessen, wie schön sie war.

«Mama!» Ich lief auf sie zu und umarmte sie.

«Schatzeli», sagte sie, und wir küssten einander und hielten uns fest. Sie ging auf Andreas zu und umarmte ihn.

«Wo ist Glen, Mama? Wo ist denn Glen?»

«Ich habe ihn in Ilkley bei den Clarks gelassen.»

Andreas sagte: «Sicherlich vergehst du nach einem starken schweizerischen Kaffee mit Croissants. Komm! Lasst uns ins Restaurant gehen, danach holen wir dein Gepäck ab.»

Ich trottete hinter ihnen her. Mein wahres Ich lag zerschmettert auf dem Boden, verbarg sein Gesicht und weinte – aber *Mutters Ich* wagte seine Gefühle nicht zu zeigen; nur die zeigte es, die man von ihm erwartete und ihm erlaubte. Ich kannte das nur allzu gut; es war von jeher so gewesen.

«Was für eine lange Zeit, mein Schatzeli. Ja, einmal Café complet bitte, mit Konfitüre und Schweizer Käse und Schweizer Butter, endlich ungesalzen! Wie wunderbar!» Sie ergriff meine Hand und die von Andreas. Sie lächelte uns an. Ich liebte ihre Hände. Jungenhaft und praktisch und irgendwie hilflos in einem.

Sie sah mir forschend in die Augen. Als ob sie mich prüfte.

«Schatzeli?»

Ich lächelte. Betete. Unterdrückte krampfhaft meine Tränen.

«Freust du dich so, mich zu sehen, dearling?»

Ich musste lachen über diesen vertrauten, alten Fehler: Sie vermengte immer ‹dear› mit ‹darling›. Sie streichelte meine Wange. Sie sah Andreas an, und beide bemerkten die Tränen nicht, die mir jetzt kamen. Es gelang mir auch während des Essens, sie gut zu verbergen.

In dieser Nacht nach Mamas Ankunft wurde ich wegen meines Selbstmitleides von Schuldgefühlen überwältigt. Ich hasste mich. Ich war so zornig und ausser mir, weil ich meinen Hund nie wiedersehen würde, dass ich nicht aufhören konnte zu weinen. Andreas hatte mich ermahnt, wegen dem Hund Mamas Heimkehr nicht zu verderben.

Ich wollte versuchen, mich gut und umgänglich aufzuführen und die Schwermut abzuschütteln, die ständig auf mir lastete.

Sie nagte an mir, zog mich herab wie ein schweres Gewicht und liess mich nachts vor dem Einschlafen lange, ängstliche Seufzer ausstossen.

Beim Abendessen bei Tante Elly hatte Mama gesagt: «Nanu, du hast ja immer noch die Angewohnheit, beim Essen laut zu seufzen. Ich hoffe, du gewöhnst dir das ab.»

«Ich habe es gar nicht gemerkt», sagte ich, «tagsüber merke ich es nicht.»

Sie mieteten eine Wohnung mit einem langen Flur in der Nähe seiner Praxis. Andreas hatte alles organisiert, es fehlte an nichts. Ein neues Leben zusammen, dachte ich.

Glen durfte ich nicht mehr erwähnen, denn Mama sagte, sie sei genauso traurig, dass wir keinen Hund mehr hätten; sie habe immer einen Hund gehabt, und die Trennung von Glenny sei schrecklich für sie gewesen.

Nach zwei Wochen hiess es, heute solle ich den Tag bei Tante Elly verbringen. Sie war schlecht gelaunt und ärgerlich.

«Kaum war deine Mutter zurück, hat sie deine Sachen abgeholt und ihr wart verschwunden, aber jetzt ist es ja sehr bequem, dich wieder bei mir abzuladen.»

Ich wusste nicht, wie ich mich verhalten sollte und wagte nicht, sie anzuschauen. Um sechs brachte sie mich wieder heim. Als ich die Tür zu unserer neuen Wohnung öffnete, sprang ein junger Airdaleterrier auf langen, staksigen Beinen auf und raste los. Er lief den langen, gebohnerten Korridor hoch und runter, verlor immer wieder das Gleichgewicht und landete mit seiner übergrossen Schnauze auf seinen Pfoten, rappelte sich auf, nur um gleich wieder auszurutschen und über den Boden zu schliddern. Als ich entzückt zu ihm lief, kam Andreas hinzu und fragte: «Wie gefällt dir der neue Hund, den ich deiner Mutter besorgt habe? Er heisst

Rex. Er ist reinrassig. Ist er nicht irrsinnig schön und komisch?»

Mama konnte sich an dem Neuankömmling gar nicht sattsehen.

Später setzten wir ihn auf das neue Bett. Für sein Wohlergehen war bestens gesorgt. Wir gingen zum Essen aus.

«Wir haben viel erreicht in diesen ersten zwei Wochen», sagte Mama zufrieden. «Ein neues Zuhause, ein neuer Hund und jetzt ein wundervolles Mädchenpensionat für dich, Olivia.» Ich liess meinen Löffel fallen.

«Morgen fahren wir nach Gstaad, um es uns anzusehen. Es ist das modernste, teuerste, exklusivste *Institut de jeunes filles* in der ganzen Schweiz.»

«Morgen?»

«Nur, um es uns anzuschauen, dearling. Die Firma deines Vaters kommt für die Kosten auf. Du musst dorthin gehen. Schau, es liegt nicht in meiner Hand. Die Firma deines Vaters und das Gesetz halten mich für untauglich, dich zu erziehen, nachdem... Du brauchst junge Leute, junge Mädchen in deinem Alter. Ich weiss, du wirst dort sehr glücklich sein. Und du solltest dankbar sein für eine solche Gelegenheit.» Sie sah traurig aus.

«Mama! Du und untauglich! Du bist die grossartigste Mutter der Welt. Sie können mich dir doch nicht wegnehmen? Ich weiss, was für eine gute Mutter du bist. Ich werde es ihnen sagen.»

Sie sah mich an und lächelte bekümmert. Andreas schaute sie an und war gerührt; er legte seine grosse, rosige, mit Sommersprossen übersäte Pranke auf ihre kleine, gebräunte Hand.

«Wir haben keine Wahl, Schatz», sagte er. «All diese engstirnigen Leute da draussen, die uns verurteilen und doch nur neidisch sind, finden, dass wir in Sünde leben und unmoralisch sind und deshalb für dich ungeeignet. Du musst gehen.»

Mama sagte: «Andere Mädchen! Freunde! Skifahren! Die Bergluft und eine gute, umfassende Ausbildung werden ein Segen für dich sein.»

Ich sah keinen Ausweg. Wieder ein Abschied.

Wieder einmal konnte ein Hund bleiben, und ich musste gehen.

7

Gstaad! Schon der Name war schwierig auszusprechen.

Sie erzählten mir, dass der Herzog von Kent in *Les Rosays* zur Schule gehe und dass viele berühmte Leute und Filmstars in Gstaad verkehrten. Ich würde mit Mädchen aus aller Welt, die der oberen Gesellschaftsschicht entstammten, Freundschaften schliessen, die das ganze Leben hindurch halten würden. Tönte das nicht aufregend?

Es bedeutete mir gar nichts, ausser neuem Kummer, Trennung und einem abermaligen Ausgestossensein.

Wir fuhren über Thun, Spiez und Zweisimmen nach Gstaad. Es fiel mir schwer, der Umgebung keine Beachtung zu schenken, denn die Berge, die Seen und die Dörfer mit ihren Chalets waren atemberaubend schön. Wir fanden den Weg zum *Institut de jeunes filles*. Es war ein riesiges, dreistöckiges, von der Sonne gebleichtes Chalet. An allen Balkonen, die den glitzernden, schneebedeckten Bergen zugewandt waren, hingen geschnitzte Blumenkästen mit rosaroten und roten Blumen. Einen Augenblick schob sich das Bild des russigen Bradfords dazwischen.

Eine Frau öffnete uns die Tür. Die Eingangshalle war eindrucksvoll: Die Holzverschalung war mit Rosen bemalt, die Truhen und Schränke stimmten mit dem Dekor überein; wo wir hinblickten, standen Antiquitäten, waren Kupferstiche und Gemälde aufgehängt.

Madame lächelte uns zu und schien warmherzig zu sein, darum getraute ich mich zu sagen: «Mama, bitte sie, mir das Essen nicht aufzudrängen!»

«Dummerli!»

Mama entschuldigte mich und erklärte ihr auf Französisch, dass ich seit einem schlimmen Kindheitserlebnis davor Angst habe, man würde mich zum Essen zwingen.

Madame wandte sich mir zu und sagte freundlich: «Darüber müssen Sie sich hier keine Gedanken machen. Wenn Sie Hunger haben, essen Sie, wenn nicht, dann eben nicht. Sie können so viel essen, wie Sie wollen. Sie dürfen sich selbst nehmen, was Sie mögen.

Jäh wurde die Tür aufgerissen und ein schöner, junger Mann in einem hellblauen Hemd stürmte herein.

«Ah! Excusez-moi, Madame, mais...»

Er drehte sich zu uns um, und ich blickte in die blauesten Augen, die ich je gesehen hatte. Mit einem breiten Lächeln sagte er: «I don't like your hair but I missed you.» (Ich mag Ihre Haare nicht, aber ich habe Sie vermisst.) Mein Mund stand offen. Alle lächelten höflich. Ich hatte mir zum erstenmal eine Dauerwelle machen lassen und war sehr selbstsicher. Ich wunderte mich, wie er dazu kam, so etwas Eigenartiges zu äussern, und fragte ihn: «Weshalb mögen Sie meine Haare nicht?»

Als das Missverständnis aufgeklärt wurde, erschallte erleichtertes Gelächter. Er hatte mit seinem holländischen Akzent gesagt: «I ran like a hare, but I missed you.« (Ich lief wie ein Hase, aber ich habe Sie verpasst.) Da er angenommen hatte, dass wir mit dem Zug ankommen würden, war er vergebens zum Bahnhof geeilt, um uns in Empfang zu nehmen.

Die vier anderen Mädchen, die an diesem Tag anwesend waren, um sich bei Madame vorzustellen, sahen im Gegensatz zu mir sehr erwachsen aus. Da wir alle aus verschiedenen Ländern stammten, konnten wir uns nicht verständigen, es blieb dabei, dass wir uns gegenseitig vorstellten und uns zulächelten. In der Schule wurde hauptsächlich französisch gesprochen. Es wurde beschlossen, dass ich in drei Wochen mit der Schule beginnen könne. In dieser Zeit musste vieles gekauft und alles mit meinem Namen gezeichnet werden. Fast freute ich mich auf den Eintritt in diese Schule, wo eine schöne, entspannte Atmosphäre herrschte. Wir waren beeindruckt von den Zimmern mit eigenem Bad und Balkon und der Gymnastikhalle. Die Schule versetzte uns in Staunen. Mutter meinte: «Siehst du Olly! Mutter weiss alles besser!» und drückte liebevoll meinen Arm.

«Sie braucht Schlittschuhe und Skier und gute Stiefel», meinte Madame, «Skihosen, Pullover und Anoraks können hier bestellt werden, denn sie sind Teil der Schuluniform. Alles in *bleu, blanc, rouge. Vive la France.* Sie braucht auch Abendkleider, um an die in anderen Schulen und im Palacehotel stattfindenden Bälle zu gehen. Eventuell braucht sie noch andere Sportbekleidung, es hängt ganz davon ab, ob sie reiten will, Tennis oder Hockey spielen möchte.» Ich muss gestrahlt haben, obwohl ich mich nervös und ängstlich fühlte. Wie werde ich damit fertig, fragte ich mich und sah hinüber zu dem schönen Lehrer, der als Herr Ivo van Landers vorgestellt worden war. Madame schien wenig Zeit zu haben, darum verabschiedeten wir uns bald. Auf der Reise zurück nach Basel fühlte ich mich sehr viel besser als auf der Hinfahrt.

Drei Wochen später war ich wieder in der Schule und wurde von meinem neuen Lehrer begrüsst.

«Hallo, junges Schweizer Fräulein aus Yorkshire», sagte er und lächelte mir zu. «Ich soll Ihnen jeden Morgen Privatstunden in Französisch erteilen, damit Sie mit der Sprache aufholen. In zwei bis drei Wochen kommt eine Französischlehrerin, um Grammatik und Aussprache zu lehren. Ich werde dann die Literaturstunden übernehmen. Molière, La Fontaine, Victor Hugo, Sartre und André Gide – klassische und moderne Literatur. Tolle Sachen!»

Ich freute mich auf die täglichen Stunden und lernte fleissig. Er war mit meinen Fortschritten zufrieden und war ein Lehrer, der einen für das Lernen begeistern konnte. Er sah grossartig aus und roch nach würzigem Aftershave. Und was mir am wichtigsten war, er schien mich wirklich zu mögen.

Eines Tages fragte er mich: «Wieso sind Sie an gewissen Tagen so niedergeschlagen? Sie sehen heute ganz blass und verstört aus.»

Es war, als hätte er mich geschlagen. Er würde aufhören, mich zu mögen! Ich muss mir Mühe geben, geistreich und fröhlich zu sein. Ich versuchte oft, die Leute zum Lachen zu bringen. Wenn sie darauf nicht reagierten, kam ich mir blöde vor und war überzeugt, weder intelligent noch liebenswürdig zu sein. Andere Mädchen hatten es da viel leichter. Man fühlte sich in ihrer Gesellschaft wohl.

«Ich schlafe schlecht», antwortete ich und begann, meine französischen Verben zu deklinieren.

Die Nächte wurden mir immer mehr zum Graus, und ich schlief immer weniger. Ich fürchtete mich vor dem Schlaf, denn dann kehrten die Alpträume zurück. Um mich abzulenken, flüchtete ich mich in wilde Träume von Ivo van Landers und mir. Er rettete mich vor Erdbeben und Überschwemmungen, vor Orkanen, vor Feuer und Lawinen, trug mich in Sicherheit, pflegte meine Wunden und brachte mich ins Bett. Er hielt mich fest und tröstete mich. Schliesslich schlief ich um drei oder vier Uhr morgens ein, nur um zwei Stunden später zitternd und weinend wieder aufzuwachen. In der Morgendämmerung raste ich ins Badezimmer, spritzte mir kaltes Wasser auf meine geschwollenen

Augenlider und versuchte verzweifelt, mich für die Stunde nach dem Frühstück schön zu machen.

Es wurde immer schwieriger, das Zittern meiner Hände und das plötzliche Bedürfnis zu weinen unter Kontrolle zu halten. Eines Tages geschah es. Ich hatte das Vokabular nicht richtig gelernt. Ich blamierte mich mit den Verben und kapierte das *participe passé* immer noch nicht. Ivo wurde ungeduldig.

Ich brach in Tränen aus. Erstaunt über meine heftige Reaktion, die ich nicht hatte unterdrücken können, kam er zu mir herüber.

«Was habe ich denn getan? Was ist los mit Ihnen? Sie sind hier, um zu lernen, und ich versuche, Ihnen die Sprache beizubringen, damit Sie sich mit den andern Mädchen und den Lehrern unterhalten können. Aber Sie müssen Ihren Teil dazu beitragen. Anfangs klappte es recht gut, doch Ihre Leistung lässt nach. Fühlen Sie sich überhaupt wohl?»

«Nein!» schrie ich. «Ich kann nicht schlafen und fühle mich schlecht.» Voll Scham fuhr ich fort: «Ich kann nicht schlafen und wenn, dann werde ich von einem schrecklichen Alptraum heimgesucht.»

Er setzte sich zu mir. «Erzählen Sie mir davon. Vielleicht kann ich Ihnen helfen. Fangen Sie an!»

Eine Fliege summte und flog immer wieder gegen die Fensterscheibe. Ich blickte auf das weisse Blatt Papier, das vor mir lag, und auf die dicken, schwarzen Kreise und Linien, die ich darauf gemalt hatte.

«Erzählen Sie», ermutigte er mich mit freundlicher Stimme, und ich begann.

«In meinem Traum bin ich immer ein kleines Kätzchen. Ich bin so klein, dass ich Angst habe, man könnte mich zertreten. Ich spaziere in der Gegend herum. Ich gehe im hohen, grünen Gras, und es ist Sommer. Es riecht herrlich. Die Schmetterlinge flattern weit oben über den Butterblumen und Margeriten. Ich beobachte sie von unten und wünsche mir, hier bleiben zu können. Nichts soll diese Idylle zerstören oder mir Böses antun, so wie ich niemals auf den Gedanken käme, die Schmetterlinge zu quälen. Ich gehe weiter. Das hohe Gras streichelt und kitzelt meinen behaarten Bauch. Ich lege mich flach auf den Boden und strecke meine Pfoten aus. Ich kralle mich in die Erde und robbe vorwärts. Ich rolle mich herum und spüre die Sonne auf meinem weissen Bauch. Ich fühle mich frei. Entspannt.

Und dann höre ich es! Jedes Mal wendet sich in diesem

Augenblick alles zum Schlechten. Dumpfe Töne! Ich höre dumpfe Töne! Ich springe auf und verstecke mich, kauere mich hin und warte darauf. Das herannahende Stampfen flösst mir Furcht ein. Ich habe solche Angst, dass ich zu laufen beginne, doch es jagt mir hinterher. Ich stürze davon, bis ich an einem grossen Schwimmbecken ankomme. Es bleibt mir keine Zeit, darum herumzurennen, und ich springe hinein. Es ist ganz tief, und der Sturz, kopfüber ins Dunkle, auf den Zement, tut weh. Schmerzerfüllt hinke ich in eine Ecke und sehe nur Zement um mich herum. Ich bin gefangen! In diesem Augenblick stürzt er sich auf mich. Es ist furchtbar. Es ist der Wolf! Er fletscht die Zähne, und seine Klauen wollen mich zerreissen. Der Gestank seiner gelben Zähne und sein fauler Atem schlagen mir ins Gesicht, sein Maul ist bereit, mich zu verschlingen. Ich flehe ihn an, mir nichts anzutun, sage ihm, ich würde alles tun, was er von mir verlange.

‹Alles?› knurrt er, und es hallt überall wider. ‹Ja, alles›, antworte ich.

Er nimmt mich beim Genick und zieht mich in die Mitte des Beckens. ‹Friss das auf!› bellt er. Ich sehe einen riesigen Teller mit Suppe. Sie ist grün und schleimig und stinkt. Ich muss mich am Rand des Tellers hinhocken und die Suppe schlürfen. Sie auflecken. Sie auffressen.

‹Schluck das Zeug!› schreit er, und im gleichen Augenblick kriecht eine Schlange aus der Suppe. Sie beginnt, sich in meine Richtung zu schlängeln. Ich weiss, dass sie in meinen Mund hineinkriechen will. In dem Moment, wo sie sich meinen Hals hinunterzwängt und ich zu ersticken drohe, wache ich auf.

Ich japse nach Luft und muss mich fast übergeben. Ich zittere, weine und schwitze. Es nimmt kein Ende. Ich kann nicht mehr einschlafen. Herr van Landers, jedesmal spielt sich das gleiche ab. Ich fürchte mich nicht nur, sondern komme mir ganz blöde dabei vor. Mama würde sagen, ich sei hysterisch. Die anderen Mädchen hier scheinen so glücklich zu sein..., so normal... und erwachsen. Wenn ich mich mit ihnen vergleiche, komme ich mir dumm und einsam vor.»

Mit ernster Miene hatte Ivo mir zugehört.

«Olivia, kommen Sie heute nach dem Tee, um fünf Uhr, zu mir ins Arbeitszimmer. Ich werde etwas für Sie bereithalten. Und noch eines. Ich möchte, dass Sie mir versprechen, Ihre Träume sofort nach dem Erwachen aufzuschreiben. Schreiben Sie sich die Träume von der Seele. Es ist ein Teil des Erwachsenwerdens.

Sagen sie sich: Morgen werde ich mit Herrn van Landers darüber sprechen. Er wird sie mir erklären. Sagen Sie sich, es sei normal und gehöre zum Reifeprozess dazu. Man verarbeitet die Vergangenheit und bringt sich in Einklang mit der Gegenwart. Es ist nichts, vor dem man sich fürchten oder schämen müsste. Ich werde Ihnen helfen, sich selbst zu verstehen, und ich mache es gerne.»

Die Fliege gelangte endlich ins Freie. Ich atmete erleichtert auf. Er sagte: «Geht es Ihnen jetzt besser? Sehen Sie, Sie verkörpern das Kätzchen. In Ihren Augen sind Sie minderwertig und unwichtig. Aber Sie sind ebenfalls der Wolf. Auch Sie werden eines Tages gross und furchteinflössend sein. Sie sind der Schöpfer Ihrer Träume. Es sind nur Geschichten, lassen Sie sich von ihnen nicht ins Bockshorn jagen.» Er stupste mich mit seiner Faust an die Wange, zärtlich und schroff zugleich.

In meinem Zimmer musste ich an diese Geste zurückdenken. Ich spürte sie nochmals. Ein Prickeln lief durch meinen Körper, und ich bebte vor Glück. In dieser Nacht hatte ich weniger Angst. Ich hatte jemanden! Jemand, der mir seine Aufmerksamkeit schenkte und sich um mich sorgte. Jemand, der mir seine Hilfe angeboten hatte. Auf einmal spürte ich eine so enorme Kraft in mir, dass ich meinen Trainingsanzug anzog und laufen ging. Ich lachte laut heraus, während ich Luftsprünge machte. Ich winkte den Bergen zu, und obwohl ich mir albern vorkam, flüsterte ich: «Alt wie die Berge! Meine neuen Freunde, ich erinnere mich an den Sonnenaufgang, den Grosspapa und ich bei euch erlebt haben.»

Im goldgerahmten Spiegel, der in der Halle hing, betrachtete ich mich – rote Wangen und strahlende Augen.

«Sie sehen hübsch aus heute abend», meinte er, und ich hätte vor Freude singen und tanzen können.

An jenem Abend überreichte er mir ein ledergebundenes Buch, in das ich hineinschreiben sollte. Auf der ersten Seite hatte er in seiner ordentlichen, kleinen Schrift geschrieben:

1. Ich bin ein einmaliger, wertvoller Mensch. Jeder Mensch ist das.
2. Ich sollte mich nie mit anderen vergleichen. Ich bin ich selbst.
3. Ich muss lernen, mich selbst zu lieben und zu akzeptieren.
4. Wenn ich mich selbst nicht lieben kann, bin ich nicht fähig, andere zu lieben.

5. Meine Einstellung zum Leben macht das Leben.
6. Ich muss lernen, in der Gegenwart zu leben.
7. Sich selbst kennenzulernen bedeutet, sich selbst gegenüber ehrlich zu sein, und das ist eine grosse Kunst.
8. Aus jedem Tod entsteht neues Leben.
9. Ich bin ein Teil jedes Menschen. Jeder Mensch ist ein Teil von mir.
10. Ich habe einen Lehrer und Freund, der an mich glaubt.

Ivo van Landers

In meinem Zimmer drückte ich das Buch immer wieder an meine Wange. In jener Nacht schlief ich ungestört.

Von da an passte ich mich an. Ich machte im Französischen Fortschritte und getraute mich, mit den anderen am Tisch zu sprechen. Meine Fehler lösten oft Gelächter aus, und es dauerte nicht lange, bis die Mädchen und ich unbefangener miteinander umgingen. Ich blickte um mich und sagte zu mir: Schau dir all diese Mädchen und die anderen Bewohner an, wie sie in einer solch schönen Umgebung zusammenleben. Präge dir dieses Bild gut ein, denn eines Tages wird es nur noch eine Erinnerung sein. Geniesse alles jetzt und mach das Beste aus allem.

Das einzige, das mein Leben jetzt vergiftete, war meine Regel. Ich hatte sie als Zwölfjährige bekommen, und damals lebte Vater noch. Ich gebrauchte sie als Vorwand, um nicht mit ihm schlafen zu müssen. Er wollte es mir die ersten Male nicht abnehmen und verlangte immer den Beweis. Ich schämte mich, wenn er auf seine grobe Art darauf bestand, dass ich meine Hosen runterzog. Er starrte dann dorthin. Später, als er das ungefähre Datum kannte, konnte ich ihn nicht mehr hinters Licht führen. Er wollte die Sache selber überprüfen. Es gab niemals Raum für eine Privatsphäre.

Jeden Monat kam ich mir erniedrigt vor und schämte mich. Schmutzig, minderwertig, aber am schlimmsten war, dass ich jeden Monat vor Schmerzen in Ohnmacht fiel. Die Schmerzen waren so stark, dass der Arzt einmal meinte, es sei *un petit accouchement*. Es war jedes Mal so! Ich fand es demütigend, mich immer so zu verraten. Ich musste für ein oder zwei Tage im Bett bleiben. Ich verpasste so viel Spass, denn natürlich kam sie immer dann, wenn ein toller Ausflug geplant war oder wir schwimmen, reiten oder skifahren gehen wollten. Ich hasste es, eine Frau zu sein. Oft sagte ich zu Gott, dass er es hätte so einrichten können, dass sie aus einer Achselhöhle käme oder zumindest nicht wehtäte und nur ein, zwei Stunden daure.

Als wir jedoch tanzen lernten, liebte ich es wieder, eine Frau zu sein. Unsicher auf unseren ersten hohen Absätzen, verbrachten wir Mädchen fast jede freie Minute mit Tanzen. Wir übten Walzer, Tango, Samba und Mambo, Charleston, Foxtrott, Boogie-Woogie und später noch Madison. Es lag Musik in der Luft, Musik, die aus allen Zimmern, Fenstern, Balkonen und aus jedem Stockwerk strömte und sich vermischte: *Begin the Beguine, Do you know Miss Jones?, La cucaracha, J'attendrais toujours, Oh sole mio, My funny Valentine, Peg o'my heart, Stormy weather,* und ein Lied, das wir selber erfanden und *Sweet sixteen and never been kissed* hiess. Mein Leben wurde heiter und angenehm. Es war eine Mischung aus Spass, Melodien, Rhythmen und Sport. Das grosse, alte Chalet war die Bühne, die schneebedeckten Berghänge unsere Kulissen. Am Anfang war Skifahren noch der Höhepunkt unseres Alltags, es versetzte uns in Aufregung. Später, als dieser Sport zur Pflicht wurde, begann es uns zu langweilen. Langweiliges Skifahren! Ich musste viele Jahre danach darüber lachen.

8

Ich las Nietzsche, Kant und Hegel, Schopenhauer, Platon, Sokrates, Descartes, Sartre, Shakespeare, Hugo und Molière. Manches, was diese grossen Philosophen sagten, war mir unverständlich. Über Nietzsches beleidigenden Ausspruch: ‹Wenn du zum Weibe gehst, vergiss die Peitsche nicht› wurde ich wütend und ich war froh darüber, dass er an Syphilis erkrankt und verrückt geworden war. Ich dachte unaufhörlich an Ivo. Er war mein Held. Und langsam wurden meine Alpträume abgelöst von Träumen von ihm. Ich las all diese Bücher, um ihn zu beeindrucken, um ihn fragen, mit ihm reden und diskutieren zu können.

Als Ivo anfing, mich zu überschätzen, und von mir erwartete, langen, ermüdenden Vorträgen zuzuhören, während denen ich mich sehr bemühte, intelligent auszusehen, wurde es immer schwieriger, Schritt zu halten. Am Ende war ich wie ein Schwamm vollgesogen mit seinen Gedanken, seinen Ausdrükken, seinen Ideen und Theorien, die ich unkritisch übernahm.

Eines Nachmittags machten wir Keramikarbeiten und modellierten mit Ton. Ein italienisches Mädchen formte eine wunderschöne Madonna, die japanische Züge trug und einer Lotusblüte entstieg. Ihre Schöpferin war wahrscheinlich beeinflusst von Ivos Kursen über östliche Philosophie. Die schlichte Schönheit dieser Figur machte mich sprachlos. Ivo nahm sie in die Hand, und mit einem kleinen Hölzchen änderte er ein bisschen hier, ein bisschen da, bis die ganze Figur eine andere geworden war. Sie war zu seiner geworden.

Es überraschte mich selbst am meisten, dass mich auf einmal ein rasender Zorn packte, der alle Selbstbeherrschung wegfegte. Ich brach in Tränen aus und schrie, wie schändlich sich Lehrer verhielten, die derart von sich überzeugt seien, dass sie die Leistung anderer nicht anerkennen könnten. Ich schrie, dass er die Madonna umgebracht und damit einen schrecklichen Frevel begangen habe.

Es herrschte absolute Stille. Wie ich mich schämte! Ich lief weinend auf mein Zimmer. Ich erkannte mich nicht wieder, verstand mich selbst nicht mehr.

Ich wagte es nicht, zum Abendessen zu erscheinen. Als ich jedermann bei Tisch glaubte, schlüpfte ich aus dem Haus, um frische Luft zu schnappen. Das Knirschen des harschen Schnees wollte gar nicht zu meiner deprimierten Stimmung passen. Ich betrachtete die dunkle Silhouette der Berge, und plötzlich blieb ich wie angewurzelt stehen. Ivo war aus dem Schatten eines Baumes herausgetreten.

Reglos standen wir da. Mit einem Laut, der sich wie ein Seufzer anhörte, blies er den Rauch seiner Zigarette aus. Er wirkte nachdenklich. Er versperrte mir den Weg, und ich wagte nicht, mich zu bewegen.

«Ich weiss nicht, was in mich gefahren ist», sagte er. «Sie hatten natürlich vollkommen recht.»

Ich war dermassen verblüfft, dass er es war, der sich entschuldigte, dass sich mir ein Schluchzer entrang.

«Ich bin es, die nicht weiss, was in mich gefahren ist, und es tut mir sehr leid», flüsterte ich mit einem Frosch im Hals.

Für den Bruchteil einer Sekunde zog er mich an sich. Ich fühlte den rauhen Stoff seines Jacketts an meiner Wange. Ich roch sein nach Zimt duftendes Aftershave, das sich mit dem Geruch von Zigarettenrauch und der Schneeluft vermischte. Meine Knie wurden weich. Ich konnte seinen Herzschlag hören. Ich erschauderte. Es erinnerte mich daran, wie ich als kleines Kind auf Mutters Schoss gesessen und immer Angst gehabt hatte, ihr Herz könne aufhören zu schlagen und sie könne sterben.

Nun hörte ich, wie Stühle zurückgestossen wurden, dann Fussgetrappel und das Klappern von Geschirr. Drei Mädchen stürmten aus der Hintertür, die in ihren Angeln quietschte und laut zuschlug. Wie ein aufgeschreckter Hase lief ich davon. Doch wohin sollte ich? Ich konnte doch nicht auf mein Zimmer gehen mit meinem hochroten Gesicht und diesem Herzklopfen. Ich rannte den Weg hinter dem Chalet hoch, bis ich ganz ausser Atem war. Der Kragen meines dicken Mantels scheuerte an meinem Hals. Fast war es mir recht; ich verbot mir selbst, ihn herunterzuschlagen, doch später wurde mir bewusst, wie idiotisch ich mich benahm und zog ihn zurecht.

«Du kannst nicht die ganze Nacht herumlaufen», schalt ich laut mit mir. «Schau dich bloss an! Was für ein Melodram. Wer glaubst du, dass du bist? Lady Chatterley? Oh, sei still und geh nach Hause!»

Auf dem Heimweg sagte ich mir, dass es ihm leid getan habe. Na und? Nett von ihm. Ein guter Zug. Und jetzt werde wieder normal, verscheuche diese Gedanken und vergiss das Ganze.

Ich betrat das Haus und ging die Treppe hoch. Der vertraute Anblick der Mädchen beruhigte mich. Mädchen mit Lockenwicklern, Mädchen im Morgenrock mit einem Glas Milch, Gruppen von Mädchen, die auf der Treppe an mir vorbeigingen oder zusammenstanden und miteinander redeten und wieder solche, die es immer eilig hatten und geschäftig hin- und herliefen.

Ich ging in unser Zimmer. Mädchen auch hier. Zwei englische Mädchen, Sally und Fiona, lagen ausgestreckt auf unseren Betten und lackierten sich gegenseitig ihre Fuss- und Fingernägel. Aus dem Grammophon erscholl ein Charleston, und drei Mädchen aus Frankreich sowie Graziella warfen ihre Arme und Beine in die Luft, als hinge ihr Leben davon ab. Ich ging ins Bad. Penny, Coco und Gabriella sassen in der Badewanne und richteten ihre ganze Aufmerksamkeit darauf, sich gegenseitig ihre Pickel und Mitesser auszudrücken.

«Ich finde mich heute so hässlich. Ausgesprochen h-ä-s-s-l-i-c-h! Bitte sag mir doch jemand, dass ich es nicht bin. B-i-t-t-e!» Von irgendwoher ertönte dies aus vollem Halse, und ringsumher antwortete ein Pseudochor: «Du bist schön! Du bist reiz-betörumwerfend!»

Es war ein Spiel. Wir spielten es, wenn eine von uns sich hässlich fand. Wir waren zu dem Schluss gekommen, dass jede Frau solche Momente hatte. Wenn wir unsere Periode hatten, war dies genauso unwillkürlich, wie wenn ein Baby in die Windeln macht. Ein Baby aber hatte dann nicht das Gefühl, hässlich zu sein; warum also sollten wir es haben? Warum sollten wir uns nicht davon freimachen können, indem wir es herausbrüllten? Jetzt fühlte ich mich schon viel besser.

«Wo bist du denn gewesen?» fragte meine französische Zimmergenossin. «Wir wollten uns doch heute abend das Dritte Klavierkonzert von Beethoven anhören. Erinnerst du dich?» Ich liebte ihren französischen Akzent.

«Ja, Magda, ich hab es nicht vergessen. Wenn diese Bande den Schnabel hält und uns gestattet, die Kultur zu würdigen, werden wir es uns anhören!» Jemand warf ein Kissen nach mir. Ich übte Vergeltung, und es gab eine wilde Schlacht.

Ein lautes Klopfen liess uns ruckartig innehalten. Dann ertönte eine Glocke. Unsere Freundinnen zogen in ihre Zimmer ab. Wir drehten das Radio an und lauschten. Er spielt das Präludium zu langsam, sagte mein Genius. Dann kuschelte ich mich ins Bett.

Ich sah Ivo eine Woche lang nicht mehr. Er hatte die Grippe. Dann hatte auch ich sie. Nachdem ich wieder gesund war, war er sehr kühl zu mir. Es tat weh. Ich war wütend auf mich, denn ich konnte nicht aufhören, ständig an ihn zu denken.

Madame war freundlich, trotzdem schien sie die eleganteren Mädchen zu bevorzugen. Sie veranstaltete Modeschauen, und die Mädchen aus Frankreich und Italien gewannen Preise für ihre Modelle von Dior und Balenciaga. Ich fand dies lächerlich und ungerecht, sie kamen mir vor wie Kühe, die auf dem Markt einen Wettbewerb um den grössten Euter antraten. Einige von uns machten sich gnadenlos über sie lustig. Wir fanden, dass die Kühe auf den Weiden rund um das Chalet intelligenter schauten als sie und die verzierten Kuhglocken den Mädchen sicher besser stünden als all der Schmuck, den diese jungen Studentinnen trugen. Wir waren deshalb so gehässig, weil wir der Meinung waren, dass Madame mit so etwas Minderwertigkeitskomplexe kultivierte. Als ob Kleider und Schmuck so wichtig wären!

Monsieur Belmont war ein kalter, strenger Mann. Er sah irgendwie nackt aus, und er schien immer durch einen hindurchzusehen. Sein schmaler, kahler Kopf erinnerte mich an einen Penis.

Unsere neue Französischlehrerin war eine typische alte Jungfer. Pedantisch, geradezu aufreizend! Sie forderte uns zu Grausamkeiten heraus. Das arme, alte Ding war für uns ein geeignetes Objekt, an dem wir unsere Überlegenheit ausspielen konnten. *Pauvre Mademoiselle!* Sie kratzte immer an ihren hässlichen, blutenden Ekzemen an Armen, Beinen und im Gesicht, während sie mit ihrer kreischenden Papageienstimme zu uns sprach, nur, um von uns ignoriert zu werden. Sie blieb nicht lange.

In Ivos Unterricht sass ich hinten. Wir waren jetzt sechzig Mädchen, aufgeteilt in Zehnergruppen. Unser Privatunterricht war vorbei. Ich versuchte, durch meine Aufsätze seine Aufmerksamkeit wieder auf mich zu lenken. Schliesslich schrieb er unter eine meiner Geschichten: «Wie kann ein junger Mensch in Ihrem Alter so tiefgründige Gedanken hegen, Fragen stellen und Antworten finden, die so grossen Denkern wie eines Montaigne würdig sind? Ich gratuliere Ihnen, besonders, weil es so erfrischend unkompliziert geschrieben ist. Eine gute Arbeit! Weiter so! Wie Sie wissen, kritisiere ich jene Intellektuellen, die derart kompliziert schreiben, dass ein Durchschnittsmensch nichts davon versteht.»

Ich strahlte und arbeitete noch intensiver, lernte zu debattieren und zu argumentieren, nur zum Spass, als ‹Hirngymnastik›!

Und plötzlich waren wir doch wieder zu zweit. Manchmal, wenn es mir auf einmal bewusst wurde, errötete ich und verstummte mitten im Satz. Wenn ich mit ihm bei Tisch sass, vergassen wir alles um uns herum. Wir waren immer noch in ein Gespräch vertieft, wenn die anderen längst gegangen waren. Eines Samstags hatten wir so lange geredet, bis die anderen zum Tee zurückkamen. Seit dem Mittag hatten wir dort gesessen. Wir selbst waren darüber am meisten überrascht.

Nie zuvor hatte ich so gern gelernt. Es war ein freiwilliges Lernen und es fiel mir leicht. Wir erreichten eine neue Ebene, uns gegenseitig im Denken anzuspornen. Manchmal gesellten sich Magda, Penny und Sally zu uns, doch sie wurden der Debatten schnell überdrüssig.

Dann fing er wieder an, mich zu ignorieren.

Ich hatte keine Ahnung, was ich falsch gemacht hatte.

Ich wurde so verzweifelt, dass ich in mein Heft unter meine Hausaufgaben schrieb: «Was habe ich getan? Warum sind Sie böse auf mich?»

Eine Woche später bekam ich mein Heft zurück und schlug es atemlos auf. «Nichts! Alles ist in Ordnung! Ich weiss jetzt, warum ich besonders Ihnen meine Aufmerksamkeit schenkte. Wissen Sie, Sie erinnern mich an meine Schwester, die sehr jung starb. Sie ist beim Schlittschuhlaufen ertrunken. Ich darf Sie deswegen nicht vorziehen, denn dies wäre ungerecht gegenüber den anderen. Monsieur hat mich gewarnt. Die Mädchen fingen an, es zu merken. Es tut mir leid. Ich war mir nicht im klaren darüber.»

Ich weinte und leckte meine Wunden.

Das war also der einzige Grund, weswegen er mich mochte. Ich bedeutete ihm nichts und würde von jetzt an nur eine unter vielen sein. In den folgenden Wochen ertrug ich es kaum, dass er viel mit den anderen scherzte, doch für mich kaum ein Wort übrig hatte.

Nach einer Yoga-Lektion beschrieb ich ein merkwürdiges Erlebnis, das ich gehabt hatte. Ich war zu Bett gegangen und probierte eine Meditationsübung aus, über die er gesprochen hatte. Ich war in eine Art Trance gefallen und hatte dann eine Flamme gesehen, wie Blütenblätter einer roten Blume, und dort hatte ich Gott erblickt. Lange hatte ich dieses Bild vor Augen, und es ruhte in sich, wie ich es nie zuvor bei einem Bild oder einem Gedanken erlebt hatte. Es war ein so friedlicher Zustand gewesen, eins zu sein mit dem Universum. Und ich hatte das Gefühl gehabt, als seien mein Lehrer und ich zu einer Person verschmolzen.

Ivo schrieb unter diesen Aufsatz: «Dies ist in höchstem Masse erstaunlich, denn ich habe genau in der gleichen Nacht, zur selben Zeit, die gleiche Übung gemacht und das gleiche Erlebnis gehabt. Ich würde gern mir Ihnen darüber reden. Können wir uns um fünf Uhr im Olden treffen?»

Im Olden! Ich! Das Olden war berühmt für seine bemalten Fassaden und Fensterläden; es war bekannt wegen seines guten Essens und seiner Besitzerin, die selbst am Klavier sass und für ihre Gäste spielte und sang. Für uns war der Zutritt verboten. Wir durften nur in Begleitung von Lehrern, Eltern oder anderen befugten Erwachsenen hinein. Einige Lehrer gingen mit älteren Mädchen dorthin, um mit ihnen über ihre Examen zu sprechen. Ich war überglücklich über diese Auszeichnung und bereitete mich sorgfältig auf das Rendezvous vor.

Ich erblickte ihn. Es nahm mir den Atem, und ich wusste nicht, warum. Der Raum war behaglich und etwas abgedunkelt und hatte eine niedrige Decke aus Holzbalken. Im Hintergrund spielte Musik. Wir bestellten Tee, Kaffee und getrocknetes Fleisch. Wir liebten diese Spezialität: Fleisch, das auf dem Dachboden aufgehängt, in Luft und Sonne getrocknet und hauchdünn geschnitten wird. *Viande des Grisons!*

«Sie und Ihr Tee!» neckte er mich. «Mehr braucht es nicht, um Sie glücklich zu machen, nicht wahr?»

«Ja», strahlte ich. Und Sie, dachte ich.

«Nun», fing er an. Er sah auf einmal schrecklich ernst aus. «Ich habe Sie vermisst. Ich mag Ihr Haar! Und ich habe Sie vermisst.» Es berührte mich, dass er sich an unser Missverständnis bei unserem ersten Zusammentreffen erinnerte.

«Sie sind so schön. So rein, kleines Mädchen.»

Ich war so verblüfft und verwirrt. Hatte ich recht gehört, oder war dies ein neues Missverständnis?

Er hatte es gemurmelt, doch jetzt erhob er seine Stimme: «Nun, zur Sache. Wie häufig und wie lange haben Sie schon meditiert, und wie oft haben Sie die Lotusblume gesehen?»

«Ich wusste nicht, dass ich sie gesehen habe», antwortete ich. «Was ich sah, war einfach so friedlich und schön, dass ich es beschreiben wollte. Nichts dergleichen ist mir je zuvor oder danach passiert.»

«Sie müssen wirklich spirituelle Gaben haben. Sie sind ein ganz besonderer Mensch. Ich mag Ihre Denkweise, die Sie von all diesen oberflächlichen, verwöhnten Mädchen unterscheidet. Sie haben nur Interesse für Geld, Kleider, Schmuck, Jungen und Kosmetik. Wenn ich etwas hasse, dann sind es rote Fingernägel und rote Hosen. Ich weiss zwar nicht warum, aber ich hasse sie. Eine der Amerikanerinnen sagte kürzlich zu mir, dass sie reiche Männer heiraten werde. Verstehen Sie? Männer – gleich ein paar davon! Um sich dann wegen seelischer Grausamkeit von ihnen scheiden zu lassen und ein sorgenfreies, extravagantes Leben zu führen, wie sie sich ausdrückte.»

«Ich weiss, sie haben sonderbare Vorstellungen.»

«Sie sind so erfrischend natürlich, und vor allem denken Sie nach. Sie sind die einzige, die mit Algebra und Geometrie weitermachen wollte.»

«Nur weil ich nicht locker lasse, wenn ich etwas nicht verstehe.» Und um in Ihrer Nähe zu sein, dachte ich.

«Das ist ein vorzüglicher Grund, und Sie sind ein ganz bemerkenswertes Mädchen. Ich spreche gerne mit Ihnen, sogar lieber als mit all den anderen Lehrern. Ausser Patsy O'Neill. Sie ist ein wunderbarer Mensch, und wissen Sie was? Sie und Magda und auch Sally sind ihre Lieblingsschülerinnen. Aber nicht, dass Sie sich darauf etwas einbilden! Ich erzähle Ihnen das nur wegen Ihres alten Minderwertigkeitskomplexes, den ich Ihnen überwinden half! Ich weiss, Sie werden deshalb nicht hochnäsig werden.»

Ich war voller Freude, und es war ein so gutes Gefühl, hier mit ihm zusammenzusitzen, dass ich wünschte, es ginge nie zu Ende.

«Jetzt muss ich Ihnen ein Geständnis machen, aber vielleicht werden Sie mir nie vergeben.»

«Sie? Mir ein Geständnis machen?»

«Ja. Es ist sehr schwer für mich, aber ich muss es Ihnen sagen. Sehen Sie, ich habe versucht, Ihnen keine Beachtung zu schenken, weil ich Sie zu sehr mochte, und ich... Ich dachte, Sie könnten gehänselt werden oder in Schwierigkeiten kommen. Ich wusste nicht, wie ich mich verhalten sollte. Es tut mir leid. Ich weiss, dass es Sie verletzt hat, und deswegen möchte ich es Ihnen erklären, besonders weil Sie in ein paar Tagen Geburtstag haben.»

«Wie haben Sie denn das erfahren?»

«Das verrate ich nicht. Wundern Sie sich nur.»

Ich wurde ganz aufgeregt.

«Ich verstehe», sagte ich, «dass dies auch wegen Ihrer kleinen Schwester geschah. Es tut mir schrecklich leid für Sie, es muss furchtbar für Sie gewesen sein.»

«Das ist eben ein Teil meines Geständnisses. Ich habe das erfunden. Ich wusste einfach nicht, wie ich es begründen sollte, dass ich immer bei Ihnen sein wollte. Sie sind fünfzehn, und ich bin zweiunddreissig. Und davon abgesehen, Sie haben Ihr ganzes Leben noch vor sich; es ist einfach ungerecht. Heute dachte ich, ich müsste über all das mit Ihnen reden. Alles bereinigen, und dann würden wir als gute Freunde neu anfangen.» Damit legte er ein kleines Päckchen vor mich hin.

«Öffnen Sie es zu Hause», sagte er. «Ich muss jetzt gehen. Wir werden neu beginnen. Sie sind ein grossartiges Mädchen, Olivia. Das grossartigste, und ich habe Sie sehr gern. Aus Ihnen wird eine wundervolle Frau werden, und ich kann den Mann nur beneiden, der Sie heiraten wird. Jetzt muss ich aber gehen und ein paar Einkäufe machen. Ich lasse Sie allein zur Schule zurückgehen. Und nicht vergessen, von jetzt an sind wir Freunde.»

Ich sagte: «Freunde für alle Zeit, hoffe ich», und eilte mit unnötiger Hast davon.

Den ganzen Weg zurück rannte ich. Im Chalet angekommen, lief ich auf die Toilette, um mein Geschenk zu öffnen. Es war ein Pestalozzi-Tagebuch mit einer Seite für jeden Tag, auf der ein Ausspruch dieses grossen Schweizer Erziehers geschrieben stand. Auf der ersten Seite stand eine Widmung von Ivo: «Meiner ganz besonderen Schülerin, Freundin und ‹Inspiration›. Ich bin dankbar dafür, dass Sie in mein Leben getreten sind.»

Dort, wo die Seite meines Geburtstages war, am neunten März, steckte ein winziges Päckchen, in Seidenpapier gewickelt. Gespannt öffnete ich es. Ein kleiner Anhänger aus Mondstein an einer Silberkette! Ich hätte vor Freude aufschreien mögen! Mich durchströmte auf einmal ein Glück, wie ich es noch nie gekannt hatte. Ich liess die Spülung laufen, damit mich niemand hörte, als ich laut zu lachen begann. Meine Wangen brannten, als ich mir die Hände im Waschbecken wusch. Meine Augen waren gross und leuchtend – kaum erkannte ich sie wieder. Ich legte mir die Kette an und war dankbar, dass niemand mich gestört hatte. Ich hätte die ganze Welt umarmen mögen. Ich atmete in tiefen Zügen.

Magda, wie immer an ihrem Klavier, blickte erstaunt auf, als ich ins Zimmer gerast kam, schnell aus meinem Rock in ein Paar Hosen schlüpfte und sie wieder herunterriss, als mir einfiel, dass er ja rote Hosen hasste, und dann ein Paar graue anzog – in einer Geschwindigkeit, als würde ich verfolgt.

«Magda, komm, lass uns nach draussen gehen und laufen! Komm doch!» Ich tanzte aufgeregt um sie herum.

«Nun komm doch! Dein Gehirn wird bald nur noch aus Noten bestehen, und du wirst alt und fett werden, wenn du so weitermachst. Los doch!»

«Laisse moi! Tu es folle! Complètement folle! An einem Tag bist du ganz Melancholie und am nächsten platzt du vor Freude! Frauens! Lieber Gott, wie hast du nur Frauens geschaffen!»

«Oh, ich liebe es so, wie du ‹Melancholie› und ‹Frauens› sagst! Ich liebe dich! Ich muss jetzt laufen. Ich muss meine Energie loswerden, sonst explodiere ich noch.»

«Olly, *que tu es drôle.* Raus mit dir, lass mich.»

Nachts im Bett fragte ich sie: «Du, warst du schon einmal verliebt?»

Sie sagte: «Ja, in Paris. Aber er weiss nicht einmal, dass ich existiere. Doch was ich jetzt erlebe, ist die reinste Marter. Ich bin, wie nennt ihr das doch... völlig verknallt? Es treibt mich zum Wahnsinn. Darum muss ich auch die ganze Zeit Klavier spielen. Es ist zwar ein Geheimnis, aber dir sage ich es: Ich bin so unglücklich verliebt in Ivo.»

Ich war froh, dass es dunkel war, und sehr erleichtert darüber, dass ich für mich behalten hatte, was den ganzen Tag lang aus mir heraussprudeln wollte.

Von da an bemerkte ich auf einmal, wie sehr Ivo von den Frauen beachtet wurde. Ob im Kino, auf einem Ball in einem Hotel, einem Konzert, einem Fondue-Essen im Kerzenschein oder beim Skifahren – wo immer wir hingingen, sahen die Damen Ivo mit jenem gewissen Blick an.

Bald war der neunte März gekommen, ein Sonntag. Die ganze Schule wusste über meine Geburtstagsüberraschung Bescheid, und man wollte mich aus dem Weg haben. Einige Mädchen sollten mich in die Kirche mitnehmen. Als wir zurückkamen, rief Madame mich ins Esszimmer. Dort warteten eine riesige Torte mit Kerzen und ein Haufen Geschenke auf mich. Und – Mama!

Mit offenem Mund starrte ich sie an. Alle brachen in Lachen und Entzückungsrufe aus. Dann lagen wir uns in den Armen.

«Mama! Was für eine Überraschung!»

«Olly! Wie gut du aussiehst! Freust du dich? Ich kann eine Woche bleiben.»

Ich konnte kaum glauben, dass es Wirklichkeit war.

Jedes einzelne Mädchen hatte mir etwas geschenkt. Da alle wussten, was für eine Pferdenärrin ich war, bekam ich Pferdeposter, Pferde aus Porzellan, holzgeschnitzte Pferde, Bücher über Pferde und Pferdezeichnungen. Ein Buch mit Pferdephotos hatte den Titel ‹Alles Glück der Erde liegt auf dem Rücken der Pferde›. Von Mama bekam ich meine ersten Reithosen, einen Reithut und ein Abonnement für zehn Reitstunden. Ausserdem ein entzückendes schwarz-gelbes Abendkleid mit einer Schärpe und bauschigen kleinen Ärmeln. Es war ziemlich weit ausgeschnitten! Und dazu ein Paar passende Schuhe mit hohen Absätzen! Und einen rosa Lippenstift und meine erste Pond's Creme!

Ich lachte glücklich und fiel allen in die Arme. Als ich in meiner Aufregung herumsprang, sagte ein französisches Mädchen zu mir: «Aus dir wird nie eine Dame, du wirst immer ein Kind bleiben.» Dies ernüchterte mich auf einen Schlag. Zehn Minuten lang benahm ich mich sehr geziert, doch dann dachte ich, ich bin so, wie ich bin, und wenn ich nun mal kein gezierter Typ bin, zum Teufel damit!

Die Aufregung an diesem Tag war fast zuviel. Am Nachmittag gingen wir alle ins Kino, um uns *La Symphonie Pastorale* mit Michelle Morgan anzusehen. Es war ein trauriger Film.

Patsy O'Neill hatte für Mama, mich und Ivo ein Abendessen auswärts arrangiert. Alle Schülerinnen hatten ihre Lieblingslehrer. Monsieur und Madame bevorzugten die eleganteren Mädchen. Sie lächelten, als wir aufbrachen.

«Bonne soirée! Bonne anniversaire!»

An diesem Abend im Olden gestand Ivo Mama seine Gefühle für mich. Sie schien nicht überrascht. Ich sah sie an und dachte, wie sehr ich sie beide doch liebte. Wir tranken Wein und assen Schnitzel mit kleinen Nudeln und Salat. Nach der dritten Flasche fragte Mama: «Wie meinen Sie, wird es jetzt weitergehen?»

Ivo antwortete: «Wünschen Sie, dass ich die Schule verlasse, oder wollen Sie Olivia in ein anderes Institut schicken?»

Ich muss erschrocken ausgesehen haben.

«Aber nein!» sagte Mama. «Sie hat bis jetzt nicht viel Glück gehabt. Was meinen Mann betrifft, waren die Umstände recht traurig, der Krieg, wissen Sie. Es lief nicht gut für Olivia. Sie braucht Verständnis und ein bisschen Glück. Ich bin sehr froh, dass es ihr jetzt so gut geht. Nein. Ich vertraue Ihnen. Ich bin geehrt und gerührt, dass Sie mir angeboten haben, die Schule zu verlassen. Nein, ich vertraue Ihnen Olivia an. Tragen Sie dazu bei, sie glücklich zu machen. Sie können sie von den... falschen Eindrücken befreien, die sie vielleicht bekommen hat. Es kann sein, dass ihre natürliche Entwicklung gestört wurde. Sie kennen ihre Gefühle, ich nicht. Seien Sie feinfühlig. Sie sind der Lehrer, Sie haben Psychologie studiert. Seien sie einfach...»

Sie nahm einen Schluck, und ich hörte Ivo sie fragen: «Wenn sie mich eines Tages wirklich lieben sollte und einmal älter ist und es selbst möchte, was würden Sie dazu sagen, wenn ich Olivia heiraten wollte?»

Ich sass ganz still da. Ich wusste nicht, ob mir das alles behagte. Hätten wir nicht zuerst allein und ganz sachte darüber reden sollen? Alles erschien auf einmal so ernst und endgültig, war eine drohende Verantwortung und kein Spass mehr. Oder waren solche Gedanken ein Zeichen von Unreife? Oh, was um alles in der Welt hatte ich zu tun, was zu fühlen?

Mutter lächelte mich zärtlich an. Ich war stolz, denn sie konnte sehen, wie ernst mich dieser wundervolle, kluge Mensch nahm.

Sie sagte: «Ich bin Ihnen dankbar, dass Sie mich nicht nach den Fehlern beurteilen, die ich früher begangen habe. Ich habe das Gefühl, wir verstehen einander und werden uns nie ein Leid zufügen. Ich spüre eine Seelenverwandtschaft zwischen uns allen. Lassen Sie uns ‹Schmollis› machen!»

Mit ihren Gläsern in der Hand hakten sie sich unter und tranken einen Schluck. Wie es der Brauch ist, gaben sie sich danach einen Kuss und duzten sich, nannten sich beim Vornamen und waren Freunde fürs Leben.

Wir alle schwankten ein bisschen, als wir aufbrachen. Frau Olden an ihrem Klavier neigte den Kopf und lächelte uns zu. Ich fühlte mich sehr bedeutend. Ich wusste, ich sah wundervoll aus in meinem neuen Kleid und den hochhackigen Schuhen. Am frühen Abend hatte Ivo mich angestarrt, als ich hereinkam, und gesagt: «Welch eine Metamorphose!» Ich hatte nicht gewusst, was das heisst. Draussen vor dem Hotel stolperte ich und wäre fast gefallen. Er fing mich auf, und ich sagte: «Fang deine Memryphorse auf!» Er lachte.

Wir brachten Mutter auf ihr Hotelzimmer. Sie versprach, vor dem Mittagessen in der Schule zu sein. Ivo und ich schlenderten den Hügel hinauf, vorbei am Palace Hotel. Zum ersten Mal waren wir ganz allein. Wir hielten uns an den Händen. Er trug meine zierlichen Schuhe. Ich hatte jetzt einen dicken Mantel und Stiefel an. Der Mond schien, wir schwankten ein bisschen und lachten. Unter einem Baum küsste er mich das erste Mal.

«Ich konnte einfach bis jetzt nicht darüber sprechen, dass ich dich heiraten möchte. Ich werde es dir bald einmal erklären. Es tut mir leid. Ich musste zuerst wissen, was deine Mutter darüber denkt. Ich fühlte mich schuldig, dass ich dich so rasend liebe, wo du noch so jung bist. Auch kannte ich deine Gefühle nicht, obwohl deine Augen sie mir verrieten. Ich liebe dich, Olivia.»

«Oh Ivo! Dass mir das alles passiert! Ich liebe dich, seit ich dich das erste Mal gesehen habe, seit deinen ersten Worten.»

«Die ein Missverständnis waren!» Wir schmiegten uns aneinander und lachten.

«Ach Ivo! Ich bin so glücklich.» Das war ich. Noch nie hatte ich etwas Derartiges verspürt. Ich hob meinen Kopf, denn unsere Lippen hatten sich nur kurz berührt, und wartete. Er sah wunderschön aus. Ich schloss meine Augen, und mit weicher Stimme machte er: «Mmmmmm», und dann trafen sich unsere Lippen zu einem langen Kuss, erst zitternd noch, dann fordernder und hungrig. Es war das Phantastischste, was ich je erlebt hatte. Ich betete, dass dies nie zu Ende gehen möge. Wieder und wieder küssten wir uns.

«Oh Ivo! Fünfzehn und noch ungeküsst! Uff!»

Er lachte leise. Ich liebte jedes Geräusch, das er machte.

Doch trotz unserer Nähe oder vielleicht gerade deswegen begannen wir zu zittern. «Komm, Kleines. Ich kann doch nicht zulassen, dass du dich erkältest. Herzlichen Glückwunsch zum Geburtstag, mein Kleines.»

«Nenn mich nicht so. Ich bin doch bald zwanzig!»

«Aber sicher. Sehr bald. So, und jetzt werden wir dich heimbringen. Ich würde dich gern in dein Bett packen, und eines Tages werde ich das auch.»

Magda schlief schon. Sie war gekränkt, dass ich sie nicht eingeladen hatte. Etwas veränderte sich in unserer Freundschaft, es war nicht mehr das gleiche. Ich bin nicht die gleiche, dachte ich in dieser Nacht in meinem Bett neben ihr. Ich war geküsst worden. Ich war um meine Hand gebeten worden. Überwältigt und verwirrt fiel ich in Schlaf.

Für Mama und mich gehörten die folgenden Tage mit zu unseren glücklichsten. Mama in hellen Zimmern, mit Mädchen aller Nationen um sie herum. Mama auf Balkonen in der Sonne. Mama, die in Gesellschaft der Mädchen rauchte, redete, tanzte, sogar sang. Mama, die uns alle zu Charlie einlud und uns Berge von Kuchen und Tee bestellte. Meine Mutter, jung und lachend, beim Fondue-Essen, mit viel Spass und Musik. Mama mit Ivo, den Mädchen und mir. Magda hielt sich eine Zeitlang fern, doch nach einer langen Aussprache fielen wir uns in die Arme und versöhnten uns. Wir gingen noch einmal zum Essen aus und luden sie und Sally, Patsy und Ivo dazu ein.

Eines Tages sah ich nur noch Mutters winkende Hand an einem Zugfenster. Langsam verschwand sie in der Ferne.

Dann war sie wieder fort.

9

Aus den Notizen in meinen Aufgabenheften wurden Liebesbriefe. Eines Abends waren Ivo und ich wieder einmal allein. Er hatte den Schlüssel zu einer Hütte gefunden, die sich im Wald hinter dem Chalet befand. Die Nächte waren nicht mehr so kalt. Im Dach der Hütte klaffte ein Loch. Als wir hineingingen, zog er mich an sich. Ich blickte hoch zu diesem schönen Mann, hoch zu den Sternen, doch als er meinen Namen flüsterte, traf mich die Erinnerung wie ein Schlag. Ein kleines Mädchen unter dem Sternenhimmel, es muss dem Vater... Vater, dort... Mein schmerzender Arm... mein Magen dreht sich um... Ich entwand mich seinen Armen, und mein Körper wurde steif.

«Was ist?»

Ich wollte ihn wegstossen, stattdessen schob ich die Erinnerung von mir. Seine Lippen berührten die meinen, sie waren unglaublich weich. Sanft. Er zog mich an sich, zuerst zärtlich und dann ungestümer, und ich drängte mich ihm entgegen. Seine Lippen öffneten sich – und ich wich zurück.

«Stimmt etwas nicht, Kleines? Ich habe mich so nach dir gesehnt.»

Ich konnte noch nicht glauben, dass dies alles wirklich geschah. Ich hatte es mir herbeigesehnt, hatte davon geträumt, doch jetzt hatte ich Angst davor, war ganz durcheinander und gleichzeitig stolz. Auf einmal wollte ich gehen. Ich hatte genug vom Ganzen, begann ihn jedoch zu küssen, um ihm zu beweisen... ich weiss nicht recht... vielleicht um ihm zu beweisen, dass ich normal sei.

Meine Zunge erforschte zärtlich und vorsichtig seinen Mund. Auf einmal mochte ich das Küssen wieder, und ein Feuerwerk von Gefühlen explodierte in mir, vor allem, als er meinen Nacken küsste. Ich fühlte mich geborgen. Ich wurde nachgiebig, fühlte mich ganz benommen unter den unbekannten Gefühlen, die mich überrumpelten und stöhnte auf. Seine Hände streichelten mich, erweckten in mir das Bedürfnis, ihn auch zu liebkosen, zu geben, zu schmelzen. Ich hielt meine Augen geschlossen, und es war mir, als sei alles ein Traum. Doch als seine Hände unter meinen Pullover glitten und er meine Brust berührte, zuckte ich zusammen. Ich zitterte. Er hielt inne.

«Kleines, sinnliches Mädchen. Du bist sehr empfänglich. Das gefällt mir.» Ich begriff, so wollte er mich haben, und mir wurde übel. Fragend blickte er mich an. «Mein Liebling, ich werde es dich lehren. Ich kann warten. Ich werde geduldig und zärtlich sein. Ich liebe dich, mein süsses, mein wunderbares, wunderbares kleines Mädchen.»

Da hatten wir es wieder! Im Handumdrehen fühlte ich mich wieder schuldig. Ich empfand so viel für ihn. «Ich liebe dich, Ivo, so sehr, dass es mir weh tut, und ich es nicht in Worte fassen oder dir zeigen kann.»

«Ich weiss. Ich spüre es. Du bist wunderbar, Liebling.»

«Bitte, küss mich nochmal», hörte ich mich ihn anflehen, obwohl ich mir nicht sicher war, dass ich mich nochmals in dieses gefährliche Spiel einlassen wollte. «Ich wünsche mir, dass es nie aufhört», sagte ich ihm und wusste wiederum nicht, ob ich das wirklich dachte. Lächelnd schmiegte er sich wieder an mich. Auf einmal glaubte ich zu wissen, dass ich ihm gehören wollte, und dass alles richtig war, was er tat.

Wieder streichelte er meine Brüste, und ich versuchte, nicht zusammenzuzucken. «Wir gehörten schon immer zueinander und werden immer zusammengehören.» Ich drückte ihn fest an mich, damit er seine Hand wegnehmen musste. Aber er schob mich zurück und hob meinen Pullover. Ich lächelte, musste aber meine Wut unterdrücken. Wieso machte er das?

«Wie unschuldig! Wie unschuldig, jung und schön deine Brüste im Mondschein aussehen. Dieses Kunstwerk wäre etwas für einen Maler. Ich bin so stolz auf dich.»

Ich schaute nicht hinunter und schämte mich, wollte mich so nicht sehen, aber es schmeichelte mir, dass er auf mich stolz war.

Nachher musste ich mich auf die Toilette stehlen, um mich wieder zurechtzumachen. Ich wusste nicht, ob ich erleichtert oder traurig darüber sein sollte, dass alles schon zu Ende war.

Magda schlief fest, als ich in das Chalet zurückkehrte.

Was für ein Luxus, jeden Morgen frische Wäsche anzuziehen! Ein geradezu sinnlicher Genuss. Sogar die schmutzige Wäsche in den Wäschesack zu werfen, wird zu etwas Erregendem. Ich bin erlöst von prüfenden Blicken, Schelte und Strafen, denen ich in den anderen Heimen ausgeliefert war. Hier geht die Wäsche von allen zusammen zum Waschen und kommt in kleinen Stapeln zurück, aus denen wir unsere eigenen Kleider heraussuchen, um sie dann fein säuberlich in den Schubladen zu verstauen. Wie durch Zauberei kommen wir daraus hervor, angetan mit unseren makellosen, schneeweissen Höschen und langärmligen Baumwollhemdchen.

Der lästige Ausfluss, an dem ich in England gelitten hatte, wurde behandelt. Penicillin, Terramycin und sonstige Mittel wanderten in mir hoch.

Ich war jetzt gut im Skifahren und wurde in die Schulmannschaft gewählt. An jenem Tag hatte mich auch Magda nach Paris eingeladen. Während ich ein frisches Hemdchen und Höschen aus der Schublade nahm, sang ich: «Oh what a beautiful morning, oh what a beautiful day», und Magda trällerte: «I ave a vonderful veelin, hevery sing goes it my fey!»

Zusammen hatten wir begonnen, auf dem Klavier zu üben. Ich lernte, ein Mädchen in Mozarts Flötenkonzert zu begleiten. Auch Ivo spielte Flöte, und er schloss sich uns eines Abends an, um mit uns zu spielen. Das Kondenswasser aus seiner Flöte tropfte meinen Nacken hinunter. Alle Mädchen neckten mich nachher damit und meinten, ich dürfe nun meinen Hals nie mehr waschen. Ich fühlte mich unbehaglich.

In der Hütte war mir die Freude am Küssen vergangen. Es hatte sich nun in ein seltsames Spiel verwandelt. Ivo wollte meinen ganzen Körper besitzen. Wie damals mit Vater konnte ich nicht verstehen, wieso ich mit meinem Körper Dinge tun musste, die ich hasste. Ivo wurde ärgerlich, wenn ich nicht mitmachen wollte. Warum täuschte ich Scham vor und verschanzte mich hinter zimperlichen Ausreden, um das für mich zu behalten, was er für sich wollte? Das Ganze wurde mir unerträglich. Ich wäre lieber bei den Mädchen geblieben. Ich wurde immer deprimierter und wollte nicht mehr in die Hütte gehen, fand aber, dass ich musste.

Eines Abends geschah es.

Ich kann mich nicht mehr genau an den Ablauf erinnern. Ich weiss nur noch, dass seine Küsse wieder schön waren, und dass ich es leid war, ihn abzuwehren. Ich hatte kein Recht dazu, mich so albern und prüde zu benehmen. Er begehrte und brauchte eine Frau. Wenn ich diesen wunderbaren Mann wollte, musste ich diese Frau sein. Darum gab ich seinen forschenden Händen nach. Ich wusste nicht, was richtig und was falsch war. Er war mein Lehrer. Zuerst musste er mir helfen, meine Hemmungen zu überwinden, dass ich mich nicht soeben gewaschen hatte – ich hatte mich vor einer Stunde gewaschen und nicht vor fünf Sekunden. In meiner krankhaften Furcht, unsauber zu sein oder schlecht zu riechen, fragte ich mich immer wieder, warum Gott uns solche Körpergerüche gegeben hatte. Körpergerüche! Wieso dufteten wir nicht nach Rosen?

Ivo sagte: «Ich liebe dich, mein Liebling. Ich sehne mich Tag und Nacht nach dir und kann mich an dir gar nicht sattsehen.»

Ich schob ihm ein Stückchen Schokolade in den Mund. Ich war hungrig.

«Mitten unter all diesen Mädchen hebst du dich ab wie die Sonne. Du strahlst vor Schönheit.» Er hauchte mir Küsse auf meine Nase, die Wangen, meinen Nacken und meinen Mund, ganz zärtlich, ach, so liebevoll, während seine Hände sich einen Weg unter das Gummiband meiner Unterhosen bahnten. Mit einem Finger stiess er in meinen geheimsten Ort vor. Und trotz der plötzlichen Erinnerung an Vaters Gesicht, an seine boshaften Augen, gab ich mich diesen neuen Gefühlen mit allen Sinnen hin. Woher kam diese für mich neue und köstliche Empfindung? Diese Aufwallung, der Aufruhr der Gefühle, diese berauschende Explosion! Ich schrie auf vor Wonne. Ich wurde mir kaum gewahr, dass alles schon vorbei war, der Zauber schien ewig anzudauern.

Nach langer Zeit hob er seinen Kopf und wandte mir sein Gesicht zu. Es war ein verwandeltes Gesicht. Ich hauchte nur: «Mensch, war das toll.»

Er lächelte und sagte: «Ganz toll! Süsses, ich bin stolz auf dich.»

Wir schmiegten uns noch lange aneinander, und dann fragte ich ihn: «Und du?»

«Ich habe Zeit, Liebes. Zuerst müssen wir dich von den alten Ängsten und Gespenstern befreien. Wir haben Zeit.»

Beim Wort Gespenster sah ich Vater vor mir, knochig und hager, hörte, wie er sagte: «Ich will, dass du jetzt kommst! Du musst! Beeile dich! Jetzt! Jetzt! Jetzt!» Ich hatte nichts als seinen rauhen Daumen gespürt. Ich hatte gelernt zu simulieren, damit er mich danach gehen liess, doch vorher sprang er auf, ergriff meine Hand, hielt sie dort unten fest und sagte: «Jetzt komme ich dran!»

Als Ivo aufstehen wollte, klammerte ich mich ängstlich an seine Hand. Gleich würde alles ganz gewöhnlich und hässlich werden.

«In Gedanken sind wir immer beieinander. Wenn wir verheiratet sind, werden wir uns zusammenkuscheln und so himmlisch Liebe machen, dass du nie genug davon kriegen wirst. Sicher würdest du jetzt nochmal von vorne anfangen wollen, wenn wir könnten?»

Es war, als hypnotisiere er mich, und das Verlangen loderte in mir hoch. Ich ahnte damals nicht, wie abhängig von ihm er mich in dieser Nacht gemacht hatte.

Mit der Zeit steigerte sich meine Abneigung gegen Ivo. Ich wünschte mir, es hätte niemals etwas zwischen uns stattgefunden. Ich wollte wie die anderen Mädchen sein. Wieso musste ich immer eine Ausnahme sein? Wieso wollte ich immer sichergehen, dass man von mir Notiz nahm, dass man mich mochte? Und dann, wenn mir die Zuneigung gewiss war, wieso ärgerte mich das?

Ich brachte den Mut nicht auf, nicht ein- bis zweimal in der Woche in die Hütte zu gehen, aber ich verwandelte mich wieder in die Fliege, die an der Decke klebte. Wie damals mit Vater tat ich so, als geschehe alles gar nicht mit mir. Ich war ja gar nicht dort. Vor langer, langer Zeit hatte ich gelernt, mechanisch zu funktionieren. Ich war geschult, zu gefallen. Hier war sie, meine Zukunft – meine Sicherheit, meine Liebe, mein Geliebter, Verlobter, Ehemann! Schon begann ich, sie zu hassen. Hatte Vater recht gehabt, als er meinte, ich sei anormal?

Ich fragte mich, ob es damit zusammenhing, dass Mutter mich so oft weggeschickt hatte. Versuchte ich deshalb zu beweisen, dass ich einer besonderen Aufmerksamkeit wert war, der Liebe würdig? Es wert war, ernstgenommen zu werden? Warum konnte ich nicht einfach dem Unterricht beiwohnen, wie die anderen es taten? Weshalb kam ich mir minderwertig vor, wenn niemand Aufhebens um mich machte? Wie sehnte ich mich danach, eine aus der kichernden Menge zu sein! Gegenwärtig fühlte ich mich nirgends zu Hause. Weshalb? Das Leben war so widersprüchlich. Wenn ich mich innerhalb meiner Gruppe bewegte, kam ich mir anders und daraus ausgeschlossen vor – als spräche ich nicht die gleiche Sprache. Ich hasste und beneidete sie wegen ihrer Sorglosigkeit. Sie waren viel glücklicher. Wenn ich Ivo traf, hatte ich das Gefühl, dass er von mir Dinge erwartete, mit denen ich noch nicht umgehen konnte.

Eines Abends wusste ich, dass ich die Situation nicht mehr ertragen konnte. Die ganze Schule war auf einen Ball gegangen.

Wir waren allein. Er führte mich in den Keller und zog mich ins fensterlose Bügelzimmer. Er legte mich auf den Bügeltisch, unter einer nackten Glühbirne, und wollte meinen Körper erforschen, mich anschauen. Er zog seinen Reissverschluss auf und entblösste sich. Es sah genauso grässlich aus wie Vaters. Mir wurde wieder übel.

In der gleichen Nacht noch schrieb ich voller Verzweiflung meiner Mutter. Es wurde mir alles zuviel, das Versteckspielen, die Geheimniskrämerei, die Entfremdung von den anderen Mädchen und den Lehrern. Ich wollte eine Zeitlang wegfahren. Ich brauchte Ruhe. Ich schrieb ihr, dass ich sie und Andreas vermisse und auch das neue Haus, das sie bauten, und den Hund sehen wolle.

Ich traf sie eine Woche später auf dem Bahnhof in Basel. Ivo hatte mir in Gstaad zum Abschied zugewunken und mir dabei einen Blick zugeworfen, der ‹Verräter› zu sagen schien. Ich weinte während der Hälfte der Fahrt, was mir die Reise verdarb.

Das Berner Oberland ist ein wunderschöner Teil meiner Heimat. Einige Bauernhäuser haben Dachschindeln bis beinahe zum Boden, und vom Zug aus sah ich die spielzeugähnlichen Gartenzäune an mir vorbeitanzen wie Zinnsoldaten mit winzigen Bajonetten, die die erdbraunen Rechtecke mitten in den grünen Wiesen bewachten. Sie waren mit Sonnenblumen, Kohlköpfen und Rüben übersät. Manchmal lagen Mist- und Komposthaufen davor, auch diese schön ordentlich, wie alles in der Schweiz. Die Kühe, die Glocken, die Weiden wurden in der Ferne von glitzernden Bergen eingerahmt. Dann fuhren wir am See vorbei. Auf dem Wasser schaukelten Boote, ein paar Jachten, deren weisse Segel im Wind flatterten, und Kinder winkten dem vorbeifahrenden Zug zu.

Ich las *Die Leiden des jungen Werthers* von Goethe und weinte noch ein bisschen mehr. Obwohl mich der Gedanke, dass es noch andere Leidende gab, auch tröstete, vergrub ich mich in Trauer.

Wir trafen uns am Bahnhof. Rex schnupperte an meiner Hand und fand mich nicht der Mühe wert, mit seinem Schwanz zu wedeln, aber Mutter und Andreas freuten sich über meine Ankunft. Sie gratulierten mir zu meinem guten Französisch und fanden, ich sei ein erwachsenes Fräulein geworden. Mama stellte fest, dass ich abgespannt aussah.

Noch lebten sie eine Hälfte der Woche in der Wohnung neben der Praxis. Am zweiten Tag nach meiner Ankunft zeigten sie mir ihr neues Haus. Unvorbereitet auf das, was ich zu sehen bekam, fiel ich in Ohnmacht. Vielleicht war der Gefühlsaufruhr zu heftig, als ich das schönste Haus erblickte, das ich je zuvor gesehen hatte – und irgendwie wusste, dass ich niemals darin leben würde. Es war mir, als hätte ein eiskalter Wind mich gestreift. Als ich wieder zu mir kam, waren sie sehr beunruhigt. Andreas war ein guter Arzt und um mich besorgt.

Mutters neues Haus sah aus wie ein kleines, englisches Landhaus. An der Eingangstür wuchs Geissblatt. Im Innern des Hauses hingen Schaukästen aus Glas an den Wänden, voll mit Mutters besonderen Schätzen und Andreas' kostbarer Sammlung ägyptischer Antiquitäten. Der Hauseinrichtung waren noch Möbel im Queen-Anne- und Louis-Philippe-Stil hinzugefügt worden. Überrall, wo ich hinblickte, sah ich wertvolle und schöne Objekte.

Die Schlafzimmer waren mit Chintz dekoriert. Die Wände, Vorhänge, Lampenschirme, Bettüberzüge, Bilderrahmen und Spiegelrahmen waren aufeinander abgestimmt. Und eines dieser Zimmer war meines!

Die Fliesen im Badezimmer waren schwarz. Mutter hatte rote, exotische Fische an die Wände gemalt, es sah *très chic* aus. Aus den Fensterläden waren Herzen herausgeschnitten, wie ich es mir gewünscht hatte. Ich liebte das ganze Haus.

Die Wochen vergingen viel zu schnell, mit vielen gemütlichen Abenden und heiteren Stunden in unserem neuen Heim; manchmal fuhren wir über die französische Grenze ins Elsass zum Essen: Hühnchen mit Pommes frites und Salat mit Knoblauch.

Die Beziehung dieser beiden Menschen war durch ganz besondere Liebe geprägt. Sie waren sich begegnet, als ich zwei Jahre alt war und an einem infizierten Daumen litt, kurz bevor Vater nach Bradford ging. Dass Andreas ein bekannter Arzt in Basel war erschwerte die Scheidung, und damals missbilligte man das Konkubinat. Er war eine zarte Seele, aber ein lieber Mensch, wie Mutter. Ich fühlte mich erwachsener, wenn ich sie so nannte, aber sie mochte es nicht.

Ich bemerkte auch, dass Mutter eine krankhafte Abneigung gegen Schmutz und Unordnung in ihrem neuen Haus entwikkelte. Ich konnte kein Buch liegenlassen, wenn ich mal schnell aufs Klo gehen musste, sie räumte es sofort auf. Ein Tropfen im Waschbecken, ein Krümel auf der verchromten Spüle oder ein feuchtes Handtuch im Badezimmer wurden nicht gebilligt. Wir lachten oder neckten sie deshalb, doch sie wurde zornig und weigerte sich dann stundenlang, mit mir zu sprechen.

Manchmal explodierte sie geradezu wegen meinen herumliegenden Kleidern oder anderen Sachen, die mir gehörten. Sie wurde pedantisch und murrte ständig, während sie putzte, schrubbte und aufräumte. Ich nahm an, dass es meine Schuld sei. In Bradford hatte sie in Frau Dresden eine Haushaltshilfe gehabt. Jetzt konnte sie einen Makel in ihrem Heim nicht mehr ertragen und entwickelte eine Besessenheit, bei der auch Lachen nichts mehr half. Ich dachte, ich sei ihr im Weg oder sei die Ursache des Staubes und Schmutzes. Am meisten verletzte mich, dass ich den Eindruck bekam, ihr sei alles, was sie für mich tat, zuviel. Weil ich bald abreisen musste, versuchte ich, mit ihr darüber zu reden, aber ich fand einen veränderten Menschen vor, sie war mir fast fremd geworden. Konnte ein Haus eine solche Veränderung hervorrufen? Oder hing es mit Vaters Selbstmord und dem Grund, warum er es getan hatte, zusammen? War es wegen der noch nicht ausgesprochenen Scheidung? Ich suchte den Grund auch bei mir selbst, bekam wieder Schuldgefühle, die mein neu errungenes Selbstbewusstsein aus dem Gleichgewicht brachten. Der Druck kehrte wieder zurück, lastete auf meiner Brust, drohte, mich zu ersticken.

Ich versuchte, mich auf das Wiedersehen mit Ivo zu freuen, es gelang mir aber nicht. Was war mit mir los?

Er wartete am Bahnhof auf mich, sonnengebräunt, gross und blond, und strich seine Haare aus der Stirn. Strahlend half er mir aus dem Zug. Er war der einzige Mensch, den ich hatte.

10

Hoch oben auf einem Berg hat er es mir gestanden! Als wir mit den Skiern an unseren kalten Füssen im Sessellift sassen, der uns auf den Gipfel des Eggli brachte, versuchte er, die richtigen Worte zu finden. «Ich wollte es dir seit langem sagen, aber bis jetzt war nie eine richtige Gelegenheit dazu. Ich bin in Amsterdam immer noch verheiratet. Ich wurde katholisch getraut. Vor sieben Jahren habe ich meine Frau verlassen, als ich fünfundzwanzig war, aber es ist sehr schwierig, eine Scheidung zu erreichen. Ich werde es versuchen, Liebling. Ich will es jetzt versuchen, weil ich dich heiraten möchte, sobald du achtzehn bist.»

Das war sie also – meine erste Liebe! Kein romantischer, sondern ein trauriger Film. Was sollte ich dazu sagen? Was konnte ich sagen? Ich fühlte mich wie betäubt. Um uns herum standen die Mädchen und Skilehrer, die uns feindselig beobachteten. Es war ein fürchterlicher Tag. Um dem Schmerz keinen Raum zu geben und nicht denken zu müssen, raste ich auf meinen Skiern im Schuss den Berg hinab. Ich gewann an Geschwindigkeit und stürzte. Mit grossen Schmerzen lag ich reglos und verlassen da. Eine Ewigkeit in der Hölle.

Mein Bein war gebrochen. Ivo schrieb mir ein Gedicht und kam mich im Krankenhaus besuchen. Das Gedicht war sehr schön, aber ich hatte mir mehr gebrochen als mein Bein.

Erst nach Wochen fühlte ich mich besser.

Ich war fünfzehn.

In England war ich immer in die Yorkshire Moore gelaufen, wenn ich niedergeschlagen war. Es war das einzige gewesen, was mir geholfen hatte. Hier nun entschied ich mich, mit meinen Büchern und Hausaufgaben in die Berge zu gehen. Ich würde mich irgendwo in die Sonne setzen und die Stille auf mich wirken lassen.

Als ich die Feldwege entlanghumpelte, wich langsam die Schwere von mir. Ich sog die frische Luft ein und genoss den Blick auf die majestätischen Bergriesen mit ihren eisbedeckten Gipfeln, die in der Sonne glitzerten, auf die kleinen Wälder und die verstreuten Chalets und Holzställe. In dem Schweigen um mich herum versuchte ich, meine wirren Gedanken zu ordnen. Seit ich mich erinnern konnte, hatte ich nur Probleme gehabt. Zum Teufel mit ihnen, sagte ich mir. Ich wollte einmal einen Tag lang ohne dieses schwere Gewicht in mir sein.

«Bitte, lieber Gott, wer immer Du bist und wenn es Dich gibt, nimm bitte diesen Druck von mir. Ich habe ihn so satt. Immer ist er da, als ob ich mich darüber schämen müsste, wenn ich einmal glücklich bin.» Ich setzte mich in den Sessellift. Es gab mir ein wunderbares Gefühl der Unabhängigkeit, einmal etwas ganz allein zu unternehmen. Oben angekommen, wanderte ich zu einem abgelegenen Stall mit einer Rampe, auf der Heu zum Trocknen ausgelegt war. Ich lehnte mich an die Stallwand und spürte die Hitze des Holzes durch meinen Pullover hindurch. Es roch nach Heu. Ich setzte mich hin, schloss die Augen und liess die Sonne mein Gesicht streicheln. Wohlbehagen durchströmte mich. Nach einiger Zeit öffnete ich unlustig mein Geschichtsbuch. Was für eine Unmenge Zahlen, mit denen ich meinen Kopf vollstopfen sollte, dabei hatte ich nicht einmal eine Ahnung von den Daten meines eigenen Lebens! Einmal hatte ich eine solche Aufstellung in mein Tagebuch geschrieben. Diese Seiten schlug ich auf.

1936 Ich wurde geboren.

1937 Habe eine Mutter und einen Vater, und wir leben in Basel. Annemarie ist mein erstes Kindermädchen. Dann Nanny.

1938 Mama und Papa suchen ein Haus in Bradford. Wegen meines entzündeten Daumens macht Mama die Bekanntschaft von Andreas. Später höre ich von einem Wirrwarr von Ereignissen. (a) Dass Mama und Papa nach England gingen und ich mit Nanny in Basel blieb. (b) Dass Nanny dann mit mir den Kanal überquerte und Mama, als wir in Bradford ankamen, nach Basel zurückging. Dass sie zurückkehrte, um mich und Nanny in die Schweiz zu holen, weil der Krieg ausgebrochen war.

1939 Papa bleibt während des ganzen Krieges in England. Offensichtlich war Nanny in meinen Vater verliebt. Das einzige, woran ich mich erinnere, sind der Sandkasten, den wir im Garten hatten, und meine roten und blauen Hosen, die ich sehr liebte. Kaum sind wir in Basel angekommen, ziehe ich zu Nannys Eltern nach Rapperswil in der Nähe von Zürich, weil es dort sicherer ist. Ich mache mir Sorgen um Mama, die in dem unsicheren Teil der Schweiz geblieben ist. Was, wenn sie von einer Bombe getroffen wird? Auch bete ich jede Nacht darum, dass Papa in England nicht von einer Bombe der Deutschen getroffen würde. Ich bete für ihn, obwohl ich mich nicht einmal an ihn erinnern kann.

1940 Rapperswil. Es gefällt mir dort. Habe eine richtige Grossmutter und einen Grossvater. Sie sind wundervoll und haben mich lieb.

1941 Mama und ich gehen für fast ein Jahr in das Tessin. Wir leben in einer Pension, wo eine nette Dame auf mich aufpasst, und ich gehe in den Kindergarten. Bald spreche ich italienisch. Eines Tages will ein Mann auf der Strasse mir Schokolade kaufen und mich zu sich mitnehmen. Ich trage ein kurzes, hellblaues Kleid. Höflich bedanke ich mich bei ihm und sage, dass es meine Mama mir nicht erlaube, mit Fremden mitzugehen, doch wenn er in die Pension kommen wolle, um mir Schokolade zu bringen, dürfe er dies gern tun. Er kommt nicht. Mama ist eine ganze kalte Nacht lang ausgesperrt. Ich fürchte mich, und Mama bekommt Meningitis.

1943 Mama und ich hören oft gemeinsam Musik, und ich muss den richtigen Komponisten herausfinden unter Mozart, Beethoven, Bach, Brahms und Tschaikowsky, oder wir singen Opernarien, und ich muss sagen, aus welcher Oper sie stammen. Peter, mein einziger Freund, kommt uns mit seiner Schwester Veronica besuchen. Wir spielen Hochzeit. Mama verkleidet uns. Sie spielt den Pfarrer und fährt uns mit dem Lift auf und ab – unsere Flitterwochen! Peter will, dass wir uns mit einer Nadel in den Finger stechen und unsere Blutstropfen vermischen, damit wir für immer und ewig Blutsfreunde sind. Mama geht mit uns ins Huguenin, einem Café im Stil der Wiener Kaffeehäuser, und bestellt uns Tee und Kuchen. Dann gehen wir in die Spielzeugabteilung eines Kaufhauses und Mama kauft uns einen Ball und Glasmurmeln. Wir haben schöne Zeiten miteinander, seitdem wir in der neuen Wohnung leben.

1943 Ich bin sieben! Mein erster Schultag. Yvette ist meine beste Freundin! Sie sieht aus wie eine Italienerin und ist sehr hübsch. Wir bekommen einen Welpen, ‹Michael›, eine Promenadenmischung mit weissem Fell und einem grossen schwarzen Fleck über dem linken Auge. In all dieser Zeit war ich in zwei Kinderheimen und bei verschiedenen Familien. Sie waren nicht so schlimm. Ich weiss nicht mehr, zu welcher Zeit genau oder für wie lange ich dort war.

1944 F'burg. Das fürchterlichste Kinderheim, wo wir uns in Reihen aufstellen und unsere Unterhosen vorzeigen müssen und für das kleinste Schmutzfleckchen bestraft werden, wo ich auf so strenge und grausame Art zum Essen gezwungen werde, dass ich jahrelang unfähig bin, im Beisein von Fremden zu essen, wo wir mit Heftpflaster über unseren Mündern in die Kirche geschickt werden.

1945 Wieder zu Hause, bei Mama und dem Hund. Gehe wieder mit Yvette in die Gotthelf-Schule. Wegen der neuen Freundinnen, die Yvette inzwischen hat, streiten wir uns oft, doch versöhnen uns immer gleich wieder, bis ich mich mit Heidi Haas befreunde, dem klügsten Mädchen in der ganzen Klasse. Sie klärt uns auf über Hitler und die Juden und die Konzentrationslager. Überall wird darüber gesprochen. Wenn ich in meinem Bett liege, höre ich nebenan Mama, Andreas und ihre Freunde mit leiser, erschrockener Stimme darüber reden. Und in meinen Gedanken male ich mir aus, was man Hitler schreiben oder ihm sagen könnte, um ihn davon abzubringen, die ganze Welt in Angst und Schrecken zu versetzen.

1945 Der Krieg ist zu Ende! Man sieht viele GI's in Basel, und
1946 wir Kinder betteln sie an: «Chewing-gum, please.» Sie lachen und verteilen grosszügig. Sie beeindrucken in ihren Uniformen. Mit ihrer Hilfe ist die Welt von Hitler befreit worden. England hat gesiegt! Wir hören die Reden, die Churchill hält. Er ist ein wundervoller, starker Führer. Wie gut, dass es solche Männer gibt.

Ich gehe mit Peter ins Theater. In Mozarts ‹Zauberflöte›. Sarastro. Was für eine tiefe Stimme! Die Königin der Nacht. Welch ein Sopran! Was für Melodien! Welche Schönheit! Oh, wie es mir gefällt! Peter meint, er habe mich die ganze Zeit von der Seite her beobachtet: Ich hätte ‹gestrahlt wie ein Kind vor dem Weihnachtsbaum›. Er hält meine Hand, was mich ein bisschen verlegen macht. Aber es ist so wundervoll, den ganzen Tag lang und auch noch vor dem Einschlafen singe ich die Arien.

1947 Vater kommt. Will uns zurück nach England mitnehmen. Ich habe mich nicht mehr an ihn erinnern können. Mama und Andreas sind traurig. Wir ziehen nach Bradford. Eine schwarze Stadt. Ein schwarzes Haus. Eine deutsche Haushälterin. In Basel bin ich oft ein schlechtes Mädchen gewesen, aber ich habe nicht gewusst, wie schlecht ich bin. Immer wieder muss Vater mich bestrafen und mir Schmerz zufügen. Irgendwann in dieser Zeit fängt er damit an, in mein Bett zu kommen. Klavierstunden! Alpträume! Geister! Treffe zwei Jungen in der Schule, die deutsch sprechen, und lerne auch ihre Eltern kennen, die Rosenbergs. Wir werden Freunde, doch die Jungen spielen lieber mit anderen Jungen.

1948 Immer noch das gleiche. Ein trostloses, schreckliches, entsetzliches Leben. Mama hat, wie auch Frau Dresden, Angst vor Vater. Das Beste sind noch unsere zwei Hunde Chappy und Glenny. Mama wird berühmt. Sie geht in einen Kunstclub, stellt ihre Bilder aus und kommt damit sogar in die Zeitung. Sie hat das Bradforder Rathaus mit all den elektrischen Drähten und Kabeln an der Vorderseite gemalt. Es ist eine Kohlezeichnung, schwarz und weiss. Sehr gut. Sie malt Stilleben in Öl, Blumen in Vasen mit einem Kerzenleuchter aus Messing, richtig mit Schlaglichtern und Schatten. Phantastisch! Ich weiss nicht, wie sie das nur macht. Sie fängt in ihren Bildern die traurige Brontë-Atmosphäre der Moore ein. Ich bewundere sie. Sie malt nachts, da sie dann niemand stört. Sie sagt, sie vergesse dabei ihr Heimweh. Onkel Percy bemalt Fliesen. Er ist ein neuer Freund der Familie, Bankier, Maler, Schauspieler. Wir gehen mit ihm ins städtische Schauspielhaus und schauen uns eine Komödie an. Am Silvesterabend veranstalten wir eine grosse Party mit anderen Schweizern aus der Firma und Freunden aus Mamas Kunstclub. Spiele werden gespielt, es wird viel gelacht und Onkel Percy zeigt ein paar Sketche, wie zum Beispiel *Die Dame im Bad.* Ich bin erstaunt, dass ein Abend bei uns so schön sein kann und finde es schade, dass es nicht immer so ist. Süssigkeiten sind immer noch rationiert. Ich lerne Miss Abbott kennen. Von den Schulkindern, die in den Slums leben, hole ich mir Läuse.

1950 Es wird immer schlimmer. Habe keine Freunde. Darf nicht in Pfadfinderlager oder an Parties. Vater verbietet alles. Ich kann das Leben kaum noch ertragen und würde lieber sterben. Mama und ihre grosse Liebe in der Schweiz. Hin und wieder fährt sie nach Basel. Frau Dresden ist freundlicher zu mir, wenn Mama fort ist. Nach der Schule darf ich mir *Mrs Dale's Diary* anhören, während sie Pudding für mich macht, und wenn Vater nicht zu Hause ist, lässt sie mich *Dick Barton, Special Agent, The Tommy Handley Show* oder Wilfred Pickles in *Have a go, Jo!* hören. Ich kann lachen und alles vergessen, es ist dann so gemütlich, aber es ist nicht dasselbe wie mit Mama. Einmal darf ich zu einer Party gehen, als Mama wieder zu Hause ist. Bei *Postman's Knock* und *Hyde Park Corner* und *Adams Staircase* wird immer wieder das Licht ausgemacht, das ist das Signal, zuzugreifen, und es wird geküsst. Ich werde zum ersten Mal geküsst und bin wer weiss wie stolz. Er heisst David, ist 15 und gross. Als er mich heimbringt, küsst er mich noch einmal auf der Strasse. Zu Hause schwebe ich wie auf Wolken und verkünde: «Ich bin geküsst worden. Ist ein Kuss nicht etwas Herrliches?» Am nächsten Tag kommt Vater zu mir hoch und sagt, die Dame, bei der die Party veranstaltet worden ist, habe angerufen und sich darüber beschwert, wie unmöglich ich mich aufgeführt habe. Ich hätte bei einem von den Jungen den Hosenschlitz geöffnet. Ich bin so schockiert, dass ich zu weinen beginne. Es ist meine erste schöne Party gewesen, und jetzt verdirbt Papa sie mir wieder, und dabei sind es doch alles Lügen. Warum passiert mir so etwas bloss immer wieder? Er sagt, er würde die Sache nicht weiterverfolgen und nicht zu der Dame gehen und ich solle nicht darüber reden, aber dies sei für mich die letzte Party gewesen. Ich kann nicht verstehen, warum die Dame meinem Vater eine solche Lüge erzählt. Vor Scham kann ich nicht mehr essen und nicht mehr schlafen und weine schliesslich nur noch. Ich bekomme eine Gürtelrose auf meinem Rücken, die wie wahnsinnig juckt, und der Arzt muss deswegen kommen. Er ist ein so freundlicher Mann. Immer wenn er kommt, ist mir zum Weinen zumute. Er meint, es sei sehr unüblich für ein Kind meines Alters, unter solchen Migränen und unter Gürtelrose zu leiden. Am nächsten Tag weine ich wieder. Da fragt mich Mama, was los sei, und ich erzähle ihr, dass ich nicht verstehen könne, was die Dame zu Vater gesagt hat. Mama ruft sie sofort an und bekommt zu hören, dass ich mich tadellos benommen hätte, höflich und hilfsbereit gewesen sei. Wir verstehen das Ganze nicht.

1951 Papa muss wegen seiner Arthritis nach Ischia. Das Leben ohne ihn gefällt mir viel besser. Ich gehe oft zu Miss Abbott, spiele mit Pat von nebenan, gehe zu den Pfadfinde-

rinnen und esse danach ‹Fish and Chips›. Ich bin zu Geburtstagsparties eingeladen, und Mama nimmt mich in Filme für Erwachsene mit. Am besten gefallen mir Elisabeth Taylor und Gregory Peck. Auch James Mason und Anne Todd in dem Film *The Seventh Veil.* Ich bin begeistert von Jimmy Steward und June Alison, von Judy Garland und Fred Astaire in *Easter Parade,* die *Rhapsody in Blue* von George Gershwin gefällt mir sofort. Ich sehe Anouk in *Golden Salamander* und Charles Boyer in *Gaslight,* was mich an meinen Vater erinnert, und gerate bei *The Third Man* mit Orson Welles in helle Aufregung. Was für Schauspieler und Geschichten! Wenn ich aus dem Film komme, bin ich einer der Stars und spiele die Rolle tagelang! Wie schön es sein muss, von allen geliebt zu werden!
Ich sage alles! Vater kommt zurück. Er erschiesst sich. Miss Killarney kommt. Unsere beiden Schweizer Freunde aus Vaters Firma, die die Polizei alarmiert haben, werden auf der Stelle gefeuert. Verlieren ihre Jobs. Sie hätten zuerst zu ihrem Boss gehen sollen. Ich bringe allen Unglück.

1952 Ich muss nach Basel zu Tante Elly Zimmermann. Tennis! Mama fehlt mir.

1952 Sie kommt ohne Glenny. Andreas! Rex! Ich muss in das Mädchenpensionat nach Gstaad.

Die Sonne brannte heiss auf meinen Kopf, doch den Rücken hinauf war ich ganz kalt geworden. Ich legte mir Heu unter und setzte mich bequemer hin. Was für ein Kind war ich bloss gewesen! Was für ein Dummchen. Fast ein Trottel wie Pollyanna. Aber ich brachte doch auch heute kaum den Mut auf, mich anders zu verhalten. Die Art, wie ich das geschrieben hatte! Doch ich hatte einen guten Überblick gewonnen. Welch seltsames Leben! Keins, das ich meinem Kind wünschen würde.

Ich beschloss, irgendwann später einmal die Fortsetzung dieser Liste zu schreiben. Jetzt wollte ich mein Tagebuch weiterführen, das ich in letzter Zeit vernachlässigt hatte.

1952 Wir befassen uns jetzt mit Psychologie, lesen Jung und Freud und Bücher von amerikanischen Psychoanalytikern. Ich höre von Dingen wie ‹Komplexe›, ‹Unbehagen›, ‹Stress›, ‹Beklemmung›, ‹Angst›, ‹Phobie›, ‹Trauma› und ‹Neurose›. Komische Sachen. Ich beschliesse, dass ich damit nie etwas zu tun haben will. Das ist nur was für

hysterische Weiber, wie Papa und Mama sagen würden. Ivo möchte Schriftsteller werden und sieht interessant aus, wenn er schreibend mit der Pfeife im Mund in einer Ecke des Zimmers sitzt und nachdenklich den Rauch ausbläst. Auch ich würde gern Schriftstellerin werden. Es wäre fabelhaft: sich hinzusetzen, den Stift in der Hand, eine weisse, leere Seite vor sich und einfach warten... und überrascht zu sein, welche Weisheit da entströmt, wenn sie kommt! Meistens ist es einfach nur blöde und frustrierend, ich komme mir ganz albern dabei vor. Sicher hatte ich *les follies des grandeurs*. Am zweitliebsten würde ich Schauspielerin werden. Oder behinderten Kindern helfen – ich weiss es nicht. Mama meinte: «Du bist nicht zur Schauspielerin geboren.» Ich nehme an, sie hatte Recht. Wer war ich, etwas so Wunderbares für mich wählen zu wollen? Sie sagte auch: «Du willst dich doch nur grosstun... in dir schlummert eine Menge Exhibitionismus... immer unpassende Bemerkungen machen und die Leute beim Reden unterbrechen... etwas sagen, um die Aufmerksamkeit auf dich zu lenken. Du hast noch eine ganze Menge zu lernen.»
Ich hatte gefragt, was sie mit Exhibitionismus meine. Sie sagte, dass man dies auch Narzissmus nenne. Narziss sei ein griechischer Jüngling gewesen, der sich immer in einem Weiher betrachtete, denn damals hatten sie noch keine Spiegel. Er sei in sich selbst verliebt gewesen. Komisch, der Pfarrer in der Schule hatte gesagt, man müsse sich selbst lieben, bevor man andere wirklich lieben könne. Die Welt der Erwachsenen scheint voller merkwürdiger Widersprüche zu sein. In unseren Psychologiestunden liess uns Ivo Spiele spielen, die ‹Freies Assoziieren› genannt wurden. Sie brachten seltsame Erinnerungen zurück. Ivo sagte, er frage sich, ob meine Eltern vielleicht ein Buch gekauft hätten mit dem Titel ‹Wie bewirke ich bei meinem Kind einen völligen Mangel an Selbstvertrauen, den grösstmöglichsten Minderwertigkeitskomplex und permanente Schuldgefühle?›

Die Sonne stand jetzt tiefer. Mir war auf einmal kalt. Es war Zeit, nach Hause zu gehen. Ich würde mein Geschichtsbuch mit ins Bett nehmen. Im Sessellift, der an jedem Pfeiler zu rasseln begann, schwebte ich langsam abwärts, genoss noch einmal den Ausblick auf die unberührte Landschaft und fühlte mich gut.

Ich kehrte gerne in die vertraute Atmosphäre des Chalets

zurück: Überall Musik, Geplapper, Stimmengewirr. Es war gerade Teezeit und geschäftig wurden riesige Laibe Brot, Butter und Marmelade in das gemütliche kleine Wohnzimmer geschleppt, wo um diese Tageszeit das Feuer im Kamin prasselte. Die Wochen vergingen wie im Flug. Magda, Sally, ich und ein hübsches Mädchen aus Schottland hatten den Strickfimmel. Mit dicken Nadeln strickten wir für jeden, der uns gerade in den Sinn kam, Pullover, Schals und Mützen. Ob wir auf dem Balkon ein Sonnenbad nahmen, auf den Betten herumlümmelten oder es uns in irgendwelchen kuscheligen Winkeln und Ecken des Hauses gemütlich machten – unsere Nadeln klapperten im Takt zu den Evergreens, die wir dabei sangen. Magda sah gut aus, denn sie machte sich jetzt immer sorgfältig zurecht, und Sally war umwerfend schön. Sie hatte langes, blondes Haar, das sie aufgesteckt trug, was ihren langen, schlanken Hals noch betonte.

Sie liebte die Schauspielkunst, und immer suchte sie sich eine Rolle aus, die sie uns vorspielte. So stand sie unter einem Balkon und rief zu uns herauf: «Julia! Meine Julia! Romeo! Wo seid Ihr bloss, mein Romeo?» Oder sie gab vor, aus Deutschland zu kommen und die englischen R's und L's nicht richtig aussprechen zu können und rezitierte plötzlich: «Go to ze nunnewy, Ophelia!» Oder sie eilte zu einem Spiegel, und mit grossem Getue drückte sie sich einen imaginären Mitesser aus und rief dabei: «Hinaus, hinaus, schwarzer Fleck!» Und wenn wir draussen spazierengingen, konnte sie plötzlich mit offenen Armen und dem Schrei «Heathcliff! Heathcliff!» auf uns zurasen, um dann eine Happy-End-Umarmung zu mimen. Wir hatten viel zu lachen und zu kichern in dieser Zeit. Nur mein ungeteiltes Geheimnis über Ivo und mich gab mir manchmal ein ungutes Gefühl.

Und dann war der grosse Tag gekommen! Der Tag, an dem neunzehn Mädchen, Patsy, Madame, Ivo und ich mit dem Nachtzug via Basel nach Paris fuhren. Paris! Wir sangen, assen und schwatzten die ganze Nacht durch. Ich weiss nicht, welch wundersame Vorstellungen ich mir über diese Stadt gemacht hatte – vielleicht, dass sie aus Gold oder Marmor sei oder farbige Bürgersteige habe –, aber der erste Eindruck war, schmutzig und ganz gewöhnlich wie jede andere Grossstadt, mit müden, ärmlich gekleideten Leuten, die zur Arbeit gingen. Zwar sah ich einige gut gekleidete Damen, aber die Hauptattraktion, über die ganz besonders die französischen Mädchen in Entzücken gerieten, waren zweifellos die ‹flûtes›, die langen Weissbrote, die fast alle Leute auf den Strassen mit sich trugen.

Magda und ich wurden von ihren Eltern abgeholt; die anderen gingen in ein Hotel. Monsieur und Madame de B. waren Adlige aus dem Dorf de B., und sie besassen und bewohnten das Schloss de B. Ich fand sie gutaussehend und ehrfurchtgebietend, als sie Magda kühl umarmten und mich begrüssten. Ihr Pariser Domizil war ein imposantes Haus im besten Arrondissement. Auf dem Weg dorthin fuhren wir durch den verwirrendsten, verrücktesten Verkehr, den ich je gesehen hatte. Taxifahrer waren fortwährend am Fluchen: «Imbécile!» oder tippten sich mit dem Finger an die Stirn, als ob sie sich erschiessen wollten. Lachend wurde ich darüber aufgeklärt, was diese Geste zu bedeuten hatte: «Idiot!»

Magdas Eltern hatten livrierte Diener; ich hatte nicht gewusst, dass es Diener dieser Art noch gab. Ein ‹livrée› mit weissen Handschuhen zog am Esstisch meinen Stuhl zurück, und ich war verblüfft, als ich feststellte, wie schnell ich mich an eine solch noble Behandlung gewöhnen konnte. Es machte mir Spass, mich an diese neue aristokratische Lebensweise anzupassen, fast als ob ich lernte, eine Rolle in einem Stück zu spielen. Als ich begann, automatisch anders zu sitzen und zu sprechen, zu gehen und zu essen, stellte ich mir vergnügt vor, dass sich auch ein Chamäleon so fühlen muss, wenn es seine Farben wechselt. Erst jetzt konnte ich verstehen, warum Magda in der Schule so begeistert darüber war, dass sie selbst ihr Bett machen und selbst ihre Sachen aufräumen konnte. Hier war ich erstaunt, dass wir uns wenigstens die Zähne selbst putzen durften; alles andere wurde diskret für uns erledigt.

Wir Mädchen hatten unsere eigenen Räumlichkeiten in einem hellen, geräumigen Teil des Hauses. Fünf Zimmer: Eine Kinderbibliothek, gerammelt voll mit Klassikern, Büchern, die Wissen jedweder Art vermittelten, und Reihen von Photobänden über alle Gebiete der Erde. Auch eine ganze Sparte über Kunst und Musik war vorhanden. Dann gab es ein Spielzimmer, angefüllt mit antiken Schaukelpferden von alten Jahrmarktkarussellen, Porzellanpuppen, Puppenhäusern, die aufwendig möbliert und mit elektrischem Licht ausgestattet waren, exquisitem Spielzeug, modernen ferngesteuerten Autos und Flugzeugen... Ich hätte ewig dortbleiben können.

Es gab ein riesiges Badezimmer aus rosa Marmor mit Spiegeln an der Decke und an allen Wänden und zwei Schlafzimmer, so gross wie ein ganzes Appartement. Und was für wunderschöne Kleider und Schuhe Magda hatte! Trotzdem hasste sie alles, was mit ihrem Zuhause und ihrer Familie zu tun hatte. Alles, wovon sie träumte, war ein einfaches Leben, ein Häuschen auf dem Land mit ihrem Klavier und einem Mann, den sie liebte. Oft versank sie in Tagträumen und war dann wie in Trance. Wenn es mir gelang, sie daraus hervorzulocken, konnte sie auf einmal sehr lebhaft werden, in Lachen und Weinen ausbrechen und ausgelassen sein bis an die Grenze zur Hysterie. Ihre Eltern nannten sie unausgeglichen. Entweder schenkten sie uns überhaupt keine Beachtung, oder sie überschütteten uns mit einem solchen Übermass an Aufmerksamkeit, dass mir ganz unbehaglich dabei wurde. Dann sassen Magda und ich stockgerade auf unseren Stühlen, die Hände im Schoss und die Augen sittsam niedergeschlagen, bis so ein lauter Ausruf *«Ah! Mais que les demoiselles sont adorables!»* uns das irreale Gefühl gab, dressierte Äffchen im Zirkus zu sein, denen man nach einem Kunststück Applaus und einen Leckerbissen schenkt.

Paris! Wir zwanzig Mädchen zogen durch den Louvre. Pflichtgemäss stiessen wir die Ohs! und Ahs! vor der ‹Mona Lisa›, den Renoirs, Manets und Lautrecs aus, um unseren Aufpassern und uns selbst unsere ausserordentliche Kultiviertheit zu beweisen, während wir verstohlen das Gähnen unterdrückten. Versailles. Wie schön! Les Invalides. Wen interessierte es schon, wo Napoleons Nieren, Leber und Herz begraben lagen?

Der Eiffelturm machte schon mehr Spass. Dort oben auf der Spitze verstand ich wenigstens auf einmal, warum jeder so begeistert ist von Paris. Da unten lag es, mit den Boulevards, die sternförmig in jede Richtung gingen, einer davon die berühmten Champs Elysées. Ich konnte den Arc de Triomphe sehen, la Place de la Concorde, Notre Dame, die Seine, Sacré Cœur und Les Bois. Dann, wieder unten, gab es all die Geschäfte, die Mode, die Bistros und die Boulevardcafés. Dort konnte man sitzen und die Leute beobachten, die vorbeigingen, besonders die Jungen und Männer, die sich nach uns umdrehten, nach diesen zwanzig jungen Damen *de l'Angleterre*.

Ich dachte fast nicht mehr an Ivo. Ich meine, er war hier für mich nichts anderes als für alle anderen auch, nämlich mein Lehrer. Ich wollte so gern einfach eines der Mädchen sein und sorglos wie alle anderen diese aufregende Zeit geniessen. Nach drei Tagen war er eingeschnappt und begann, mich zu ignorieren. Das alte, bleierne Gewicht legte sich wieder auf mich. Er nahm mich in einem Restaurant beiseite, als die anderen ihren Kuchen auswählten. «Man könnte denken, ich sei Luft für dich», stiess er hervor. «Heisst dieser Trip nach Paris nichts anderes für dich, als mich zu vergessen und mich nicht mehr zu beachten? Dann musst du aber eine Menge für mich übrig haben.»

«Ivo, sei doch nicht so. Es ist alles nicht leicht für mich. Schon allein mit Magda, die so verliebt ist in dich. Sie und ihre Mutter sprechen nur noch von dir, und das ist unangenehm genug für mich. Ich fühle mich schrecklich dabei. Warum können wir nicht ganz normal wie alle anderen unseren Spass haben, einfach Mädchen mit ihren Lehrern sein?»

«Ach so! Diese Snobs bedeuten dir also mehr als ich? Und es ist dir wichtiger, von ihnen akzeptiert zu werden, nicht wahr?»

«Ivo, bitte nicht. Du bist ungerecht und tust mir weh. Und du bist unlogisch. Ich bin von ihnen eingeladen worden, und Magda ist meine Freundin. Wir sind auf einer Gruppenreise unserer Schule, also sollten wir uns dementsprechend verhalten und vorsichtig sein. Mach es mir nicht noch schwerer, als es ohnehin ist. Du weisst, dass ich dich liebe und mit dir zusammensein möchte.» Aber es tut auch gut, von ihm wegzukommen und nur ich selbst zu sein, dachte ich überrascht.

«Nun gut, ich werde mir eine Entschuldigung ausdenken und es einrichten, dass wir einen Tag ganz für uns allein haben. Überlass das nur mir.» Er ging. Ich schlich zu meinem Tisch zurück und sagte, dass ich keinen Kuchen wolle. Warum war mir, als habe er auf einmal alle Lichter in Paris ausgelöscht? Warum war ich nicht froh, dass er mich so liebte und mich vermisste?

«Du siehst aber wütend aus. Was ist denn los?» fragte Magda. Sie hatte uns miteinander sprechen sehen. «Er scheint immer dich auszusuchen. In der Schule war es wegen deinem Französisch, Yoga und Mathe, aber wieso denn hier?»

«Er hat anscheinend immer etwas auszusetzen. Ich weiss es auch nicht. Ich hasse Lehrer.» Ich schämte mich für uns beide.

Am folgenden Tag kam Magdas Mutter in unser Zimmer, um mir mitzuteilen, dass sie einen Anruf von meiner Lehrerin Patsy O'Neill bekommen habe. Meine Mutter lasse mir ausrichten, doch einige französische Artikel für sie einzukaufen. Ein Taxi würde mich abholen, um mich zu Madame Baumont zu bringen.

Das Taxi brachte mich in ein kleines Hotel in einer Nebenstrasse.

Ivo stand hinter der gläsernen Eingangstür. Er strahlte über das ganze Gesicht wie ein kleiner Junge, und ich befahl mir, mich zusammenzureissen. Er führte mich eilig zum Aufzug, einem scheppernden Eisenungetüm, und dann in ein kleines Zimmer mit einem Bidet.

«Na, wie hab ich das gemacht? Komm her, mein Schatz. Es tut mir so leid, dass ich gestern so eklig zu dir war. Ich liebe dich so sehr, und ich hab'dich so vermisst.» Er umarmte mich stürmisch. Ich fühlte mich gut. Draussen sang eine Amsel ihr einsames Lied, und ich schloss die Augen, um die Schäbigkeit des kleinen Hotelzimmers zu vergessen. Ich kam mir billig darin vor, wie die Prostituierten, die wir auf den Bürgersteigen von Paris gesehen hatten. «Du bist so schön», sagte er. «Es ist grausam, dass ich nicht in aller Öffentlichkeit den Arm um dich legen kann.»

«Ja, die ganze Zeit muss man sich zusammenreissen.»

Er setzte sich aufs Bett und zog mich auf seinen Schoss. Ich trug ein Paar von Magdas schönen, hochhackigen Schuhen und einen ihrer besten Tailleurs. Ich fand mich todschick. Er sagte: «Warum schälst du dich nicht aus deiner lächerlichen Kostümierung und kommst in meine Arme? Du siehst darin aus wie ein kleines Mädchen, das sich anziehen will wie seine Mutter.» Er lachte. «Wir haben ganze vier Stunden.»

Entrüstet sagte ich: «Gefällt es dir nicht? Ich finde es sehr schön. Du bist schrecklich!»

«Erstens werde ich mir diesen modischen Plunder nie leisten können; fang also besser gar nicht damit an, dich von diesem Snobismus anstecken zu lassen. Zweitens liebe ich dich als das einfache, natürliche Mädchen, das du bist. Ohne diese dummen Luxusfetzen, die ihren Wert erst durch ein Namensschild von Dior oder sonstwem kriegen, was sowieso der grösste Quatsch ist. Und drittens brauchst du keine Kleider. Du bist am schönsten ohne.»

«Wie schön wäre es, Hand in Hand mit dir durch die Stadt zu spazieren. Können wir nicht ins Kino oder etwas trinken gehen oder einen Einkaufsbummel machen, nur wir zwei? Paris ist doch gross genug. Es wäre so wundervoll, nur wir zwei allein, ganz frei.»

«Und wie wäre es damit, miteinander zu schmusen, ganz frei und allein?»

Ich wusste, es wäre normal gewesen, wenn ich dies genauso gewollt hätte wie er, aber ich fühlte mich lustlos und war nicht in Stimmung. Warum war der Sex oft so etwas Unangenehmes für mich? Alle Mädchen sprachen und träumten doch immer davon.

«Was ist denn so toll daran, durch die Strassen zu laufen oder in einem Café oder Kino zu sitzen, wenn wir doch jetzt endlich nahe und ungestört beisammensein können?»

Was war bloss los mit mir? Ich war dabei, seine Gefühle zu

verletzen. Ich setzte ein kokettes Lächeln auf, liess meinen Rock auf die Erde gleiten, zog meine Jacke aus, schlüpfte aus meinen Schuhen und setzte mich, nur noch mit meinem zarten Unterrock bekleidet, neben ihn aufs Bett. Er gab mir einen bewundernden Kuss auf die Wange und ging summend hinüber zum Waschbekken. Errötend versuchte ich, mich seiner Stimmung anzupassen. Bald kam er zurück, und zum erstenmal sah ich seinen schönen, muskulösen Körper. Er kletterte hinter mir ins Bett und krabbelte unter die Decke. Er trug immer noch seine Unterhosen. Steif sass ich da.

«Ist dir nicht kalt?»

«Ich habe kalte Füsse.»

«Nun, dann wärmen wir diese armen kleinen Füsse einfach.» Er lehnte sich herüber, um zu fühlen. Dann zog er mich zu sich und deckte mich zu. Ich kuschelte mich an ihn, und dann wagte ich nicht mehr, mich zu bewegen. Hier liege ich, dachte ich, wieder gegen meinen Willen, und tue wieder nicht das, was ich will. Warum ist das, was ich will, niemals so wichtig, dass ich es auch tue? Ich hatte einen solchen Spass gestern in Paris. Eine harmlose, unbeschwerte Freude. Ein ekliges Würgen stieg meine Kehle hoch, etwas, was mich drängte zu brüllen, zu treten und zu schreien: ‹Ich will nicht! Ich will nicht! Ich weiss nicht warum und wieso, aber ich will nicht!› Wie dumm, wie unreif von mir und verletzend. Ich hatte kein Recht dazu, sondern musste mich fügen.

Ich fühlte, wie er dort steif wurde – und plötzlich war er mein Vater! Immer, wenn ich nur auf ein bisschen Zärtlichkeit und Wärme gehofft hatte, wurde auch diese ‹Bedrohung› zuckend wach. Sie erhob ihr hässliches Haupt gegen mich, um mich zu zerreissen und mich wundzureiben. Oh, wie ich diesen Teil hasste; wie schwer war es, ihn in Kauf nehmen zu müssen für etwas Nähe und Wärme.

Ich schloss die Augen, wie so viele elende Male zuvor. Und als er begann, sich zu nehmen, was er wollte, entfloh ich meinem Körper. In Gedanken war ich mit den anderen Mädchen im Kino, in Geschäften, kaufte schöne Dinge ein, herrlich unnützen Kram, ritt in einem perfekt geschneiderten Reitanzug im Bois de Boulogne – lebte, liebte, ohne Sex. Und während der ganzen Zeit machte ich mechanisch die erwarteten Geräusche, Bewegungen und Gesten. Aber ich war es nicht wirklich.

Wund und wie auf Eiern fuhr ich mit einem Taxi zurück zu

Magdas Elternhaus. Ich war froh, dass ich Gstaad bald verliess. Ich würde die Berge vermissen und das so schön gelegene hübsche alte Chalet – diese heitere Welt aus den Heidibüchern. Ich würde die Schule vermissen und das Gefühl meines ersten Verliebtseins. Die Erregung, die Atemlosigkeit, wenn er plötzlich auftauchte, das Beben, wenn ich seine Stimme hörte. Den Ausdruck der Liebe in unseren heimlichen Blicken. Zu wissen, dass ich es war, die er liebte, dass ich es wert war, bedingungslos geliebt zu werden. Aber jetzt engte seine Nähe mich ein und erstickte mich; ich war ihr nicht mehr gewachsen. Ich wollte ihn, und er fehlte mir, aber ich war noch nicht so weit. Wann würde ich es sein? Würde ich je normal sein? Oder war ich etwa verrückt oder frigide?

Zwei Tage später verliessen wir Paris. In der letzten Nacht vor der Abfahrt waren wir alle ins Cabaret *Lapin Agile* gegangen. Wenn die Künstler sangen, klatschte das ganze Publikum mit. Magda war ein wenig beschwipst und rief immer: «*Egalité, égalité!* Ich suche ein einfaches Leben! Das wünsch ich mir, das wünsch ich mir, doch klappt es doch nie in *réalité! Réalité!*» Sie sah schon ein wenig verrückt aus an diesem Abend mit ihrem Gesang, ihrem Händeklatschen, ihrem Lachen und auch ihrem Weinen darüber, dass wir Paris am nächsten Tag verlassen würden.

Wir kehrten zu den Bergen zurück.

Im Zug fing ich Ivos Blick auf und zwang mich zu einem Lächeln. Im monotonen Stampfen der Räder sang es in mir: «Ich liebe dich und werde dich vermissen, doch ich muss fort, ich liebe dich und werde dich vermissen, doch ich muss fort.» Bevor ich auf meinem Ecksitz einschlief, an seinen Mantel gelehnt, der über mir hing und köstlich nach ihm roch, füllten sich meine Augen mit Tränen. Ich war müde und völlig durcheinander.

Paris lag hinter mir und mit ihm meine erste Nacht in einem Pariser Theater. Ich hatte mich irrsinnig darauf gefreut, doch dann hatte es mich ziemlich kaltgelassen, denn immer und überall war da Ivo mit seinen Forderungen und Erwartungen, die alles andere überdeckten und auf mir lasteten. Alle hatten von dem Stück *Le dialogue des Carmelites* geschwärmt. Ich hatte dabei nur mit Schrecken festgestellt, wie wenig ich wusste und was ich in Geschichte und an Allgemeinwissen nachzuholen hatte.

Ich ging noch eine Woche lang zur Schule. Es war eine traurige Woche, und dann verbrachte ich meine letzte Nacht in Gstaad.

11

Die *Ecole de Commerce* in Neuchâtel ist weltberühmt. Mit dem Zug fuhren Mutter und ich dorthin. Züge erinnerten mich meist an Grosspapa und das glücklichste Jahr meines Lebens, das ich mit ihm verbracht hatte. Es betrübte mich, an diese Zeit zurückzudenken, darum schob ich die Erinnerung weg.

«Neuchâtel», sagte meine Mutter, und ich erblickte den See, das kleine Städtchen, das beeindruckende Schloss und die alte Stadtmauer.

«Sieht schön aus», meinte ich gleichgültig. Ich fürchtete mich immer noch vor Wechseln.

Wir gingen die breite Strasse, die zur Stadt führte, hinunter, stiegen den Hügel zum Schloss hinauf und gelangten schliesslich in die Rue Jeanne de Hochberg, wo sich mein neues Zuhause befand. Es war ein hohes Haus und schaute streng auf mich herab, wie die zwei alten Fräulein, die auf mich aufpassen würden. Sie waren preussisch in lange, schwarze Röcke eingehüllt und ihre welken Hälse waren in Rüschen und schwarze Samtbänder gezwängt, als ob sie die ausgetrocknete Haut zusammenhalten und die Ähnlichkeit mit einem Truthahn mildern sollten. Ich durchschaute sofort, dass eine der beiden eine Perücke trug. *Une peruque!* Was wäre, wenn sie sie verlöre? Sie führten uns in den Salon, einen Raum mit schweren Samtvorhängen, der mit seiner protzigen Polstergarnitur aus grünem Samt überladen wirkte. Unter Mutters eisernem Blick sass ich steif da und versuchte, einen guten Eindruck zu machen. Wir wurden in mein Zimmer geführt, einen hohen, dunklen Raum, in dem alle Geräusche dumpf widerhallten.

Nachdem meine Mutter ihnen erklärt hatte, dass mich mein älterer, verantwortungsbewusster Verlobter alle drei Wochen besuchen käme, verliess sie mich. Wir küssten uns zum Abschied, und sie drückte mich fest an sich. Ich sass in meinem Zimmer – von fünf bis sieben Uhr, eine Ewigkeit.

Die Glocke, die die Mahlzeit ankündigte, ertönte, und ich ging in den Speiseraum. Dort warteten schon zwei alte Frauen, ein greiser Mann und sechs Mädchen in meinem Alter. Ein stämmiges Mädchen hatte ein freches Grinsen aufgesetzt, zwei der Mädchen waren sehr hübsch, und den Rest fand ich uninteressant. Wir setzten uns. Mademoiselle Clara schöpfte die Suppe, Mademoiselle Agathe servierte den nächsten Gang, und nach einer kurzen Auseinandersetzung darüber, wer am Abend zuvor die Nachspeise verteilt habe, entschloss sich Mademoiselle Clara, zu bedienen. Ein dickes Mädchen mit einem Gesicht voller Pickel brachte das Essen herein und räumte die Teller dann wieder weg. Sie absolvierte ihr ‹Haushaltsjahr› in der Welschschweiz. Ich beneidete sie nicht darum und uns war nahegelegt worden, mit dem Küchenpersonal keinen Umgang zu pflegen.

Die Zähne des alten Mannes klapperten, während er ass. Das stämmige Mädchen fing meinen Blick auf, schielte ostentativ zu ihm hinüber und tat so, als ob sie jeden Moment losprusten müsse. Ich sah weg. Mademoiselle Clara stellte mich allen vor. Das grinsende Mädchen namens Violette machte mich auf eine der Frauen aufmerksam, die eine Haarnadel aus ihrem Dutt zog und begann, damit verstohlen in ihren Zähnen herumzustochern. Ich warf einen Blick auf Violette, und wir mussten nun beide das Lachen unterdrücken. Diese Stille beim Essen machte mich nervös.

Danach luden mich die Mädchen in ihre Zimmer ein, und wir wurden vertrauter miteinander. Ausser mir war noch ein anderes Mädchen neu angekommen, und Violette verriet mir, dass alle Jungen hinter ihr her waren und sie ihre letzte Unterkunft habe verlassen müssen und hier auf Probe wohnte. Sie trug eine Bluse mit gewagtem Dekolleté, was Mademoiselle Clara dazu veranlasste, sie in den Salon zu bitten, um mit ihr unter vier Augen zu sprechen. Von da an trug sie nur noch bis unter das Kinn hochgeknöpfte Blusen.

Die Schule hatte einen ausgezeichneten Ruf und gutes Lehrpersonal. Es begann eine Zeit harter Arbeit. Stenographie, Geschäftsbriefe, Buchhaltung, und das alles auf Französisch! Der Lehrstoff war langweilig, und ich fühlte mich im Nachteil, weil fast alle anderen Studenten Kinder von Firmenbesitzern und Geschäftsleuten waren. Sie wussten, worum es hier ging und welchen Weg sie einschlagen wollten. Für mich war das alles Chinesisch. Viele Nächte lang blieb ich auf und jonglierte mit Zahlen, in der Hoffnung, meine Buchhaltung würde endlich stimmen, aber trotzdem unterliefen mir Fehler, die dann in der Bilanz meiner erfundenen Firma einfach nicht zu finden waren. Für mich waren Geschäfte und Zahlen, Einkauf und Verkauf,

Gewinn und Verlust Dinge, die keinen Sinn ergaben. Vermutlich fehlte mir dieser Teil des Gehirns. Wie ein Papagei lernte ich alles auswendig, und nach zwei Jahren sollte ich wie durch ein Wunder die Prüfung bestehen und mein Diplom erhalten.

Ivo kam mich regelmässig besuchen. Die neun Mädchen und ebenso viele Jungen meiner Klasse bewunderten mich wegen meines Verlobten. Neidisch blickten sie uns nach, wenn wir Hand in Hand durch das Städtchen und den See entlang flanierten und dann zu seinem Lieblingscafé, dem ‹Café Hemmler› gingen. Es erinnerte uns an ‹Charlie's› in Gstaad, mit dem Unterschied, dass wir hier nebeneinander sitzen konnten. Anfangs fanden wir diese neue Freiheit aufregend, und unsere Freude, zusammenzusein, war ungetrübt. Am Tag vor seiner Ankunft platzte ich fast vor Glück. Sonnabends, eine Stunde vor seiner Abfahrt, mussten wir uns zusammennehmen. «Wir ertrinken noch in deinen Tränen», meinte Ivo, und im Hintergrund spielte der Pianist: *In einer kleinen Konditorei, da sassen wir zwei, bei Kuchen und Tee.* Kurz darauf winkte ich ihm vom Bahnsteig zum Abschied zu und schlug tränenblind den Weg nach Hause ein.

Ich musste Nachhilfestunden nehmen, als in der Schule der Lehrstoff immer schwieriger wurde. Ivo schrieb philosophische Abhandlungen, und wenn er mich besuchen kam, wollte er mir stundenlang daraus vorlesen. Ich verstand nichts von all dem und schaffte es nicht, mich auf seine langwierigen Monologe zu konzentrieren. Seine Gesellschaft wurde allmählich zu einer Belastung für mich, und im Gegensatz zu mir schätzte er es gar nicht, dass uns keine Möglichkeiten für Sex offenstanden. Unsere Küsse und Liebkosungen wurden seltener.

An einem Wochenende kam Ivo mich nicht besuchen, und auch am nächsten blieb er fern. Er schrieb mir, in der Schule würden gerade Prüfungen abgehalten, und er stecke bis zu den Ohren in Arbeit. Es war das erste Mal, dass seine Arbeit ihn davon abhielt, mich zu besuchen. Ich war betrübt und machte mir Vorwürfe. Jeden Tag eilte ich zum Briefkasten, doch wenn endlich ein Brief von ihm in seiner schönen Handschrift ankam, war er mit solch komplizierten philosophischen Gedankengängen gefüllt, dass ich ihn wieder beiseite legte. Es waren keine Liebesbriefe.

Die Zeit verging, er war immer noch nicht gekommen, und ich begann, ihn sehr zu vermissen. Da beschloss ich, nach Gstaad zu fahren und ihn mit meinem Besuch zu überraschen. Genügend Geld für die Bahnfahrt hatte ich gespart. Nachdem ich mit meiner Mutter telefoniert und sie über mein Vorhaben orientiert hatte, gab sie den beiden Mademoiselles ihre Einwilligung, und ich konnte abreisen.

Auf der Hinfahrt kehrten die Erinnerungen zurück. Die Bäume, die Berge, die Häuser und Cafés, alles war vertraut und gehörte zu den schönsten Abschnitten meines Lebens.

Den Tränen nahe ging ich zur Schule hoch.

Hier hatte ich gelernt, über mich selbst zu sprechen, hatte meine Ängste und Wünsche kennengelernt, hatte sich mein Wissensdurst entwickelt, und hier war ich mit klassischer Musik und Literatur, mit Dichtung, Spiritualität und auch mit der Liebe in Berührung gekommen. Ich hatte Einblicke in Philosophie und Psychologie erhalten. Hierher gehörten die Freude am Schnee und den Bergen, dem Skifahren und Rodeln, die nächtlichen Abfahrten mit Fackeln und den Skilehrern, die neben uns herfuhren und die Piste beleuchteten, und die Fondueparties in den gemütlichen Berghütten.

Ich entsann mich der Bälle im Palace-Hotel und daran, wie mich der Herzog von Kent zum Verdruss aller englischen Mädchen, die meinten, eine Schweizerin hätte beim Adel nichts zu suchen, zum Tanzen aufgefordert hatte. Einmal hatte Yehudi Menuhin nach einem Konzert in der Kirche den Tee bei uns genommen und sich dabei wie ein Freund mit uns über Musik unterhalten. Dann war da noch die ‹Käserei›, ein Nachtlokal, in dem ich Elizabeth Taylor sah, wie sie Richard Burton neckte. Ihre Augen waren wirklich veilchenblau, und als sie sich in einem kleinen Taschenspiegel musterte und ihr Make-up auffrischte, fragte ich mich, wieso sich eine so schöne und berühmte Frau um ihr Aussehen sorgte. Bo-Bo Rockefeller hatte mich in das Palace-Hotel zum Essen eingeladen, und voll Ehrfurcht war ich hingegangen. Ich hatte in Erfahrung gebracht, wieviel Geld ihr bei der Scheidung zugesprochen worden war. Millionen! Und ich hoffte damals, dass ich mich niemals würde scheiden lassen müssen. Auch mit dem grössten Vermögen könnte man sich keinen Menschen kaufen, der zu einem gehört, wie mein Ivo, und nicht das Leben, das man mit ihm verbringen, und auch keine Kinder, die man von ihm haben will.

Ich dachte zurück an unsere ersten Küsse in der Hütte. Ivo! Dachte an meine Schulkameradinnen, die mir nach unserer Paris-Reise die kalte Schulter gezeigt hatten. Und jetzt stand ich auf der Schwelle zu dieser rätselhaften Erwachsenenwelt.

Als ich das Schulhaus erblickte, schlug mein Herz schneller.

Bald würde ich ihn sehen und überraschen können. Ich würde in seinen Armen liegen und ihn wie nie zuvor lieben. Zusammen würden wir all unsere Lieblingsorte aufsuchen.

Die Tür zu seinem Arbeitszimmer war angelehnt. Er sass auf einem Stuhl, und zu seinen Füssen hockte ein Mädchen, das bewundernd zu ihm hochblickte. Sie steckte sich eine Zigarette zwischen die Lippen, und er gab ihr Feuer. Die Art, wie er sie ansah, erklärte alles. Deswegen kam er mich nicht mehr besuchen und deswegen waren seine Briefe so lau!

Wie angenagelt stand ich da. Schmerz überwältigte mich. Ich stiess die Tür auf und starrte sie beide an. Sie rührten sich nicht.

Dann sprang er jäh auf. «Welche Überraschung, Olivia! Wo kommst du denn her?»

«Du hast mir gefehlt, darum entschloss ich mich, dich zu besuchen.» Ich ging auf ihn zu und küsste ihn demonstrativ auf den Mund. Er wich zurück, und mir war, als hätte er mich geschlagen.

«Helene, darf ich dir Olivia vorstellen. Das ist Helene.»

Sie war vollkommen gelassen. Ihr Verhalten erboste mich so, dass ich wie ein Kind herausplatzte: «Ich wollte nur schauen, wie es meinem Verlobten geht.» Sie schien zu ahnen, in welcher Verfassung ich mich befand. Widerwillig bemerkte ich, wie hübsch sie war.

«Wo wirst du wohnen? Weiss Madame, dass du hier bist?» fragte er.

«Meinst du nicht, dass das nur uns etwas angeht? Sicherlich kannst du es dir leisten, mich in einem Hotel unterzubringen; denk nur an das viele Geld, das du gespart hast, seit du mich nicht mehr in Neuchâtel besucht hast. Und falls du es vergessen haben solltest, jetzt, wo ich nicht mehr deine Schülerin bin, können wir uns ohne weiteres zusammen sehen lassen.»

Ich war ganz stolz auf meinen schroffen Ton. Ich war zu schockiert gewesen, um selbstsicherer auftreten zu können, aber Wut schien zu helfen. Ivo war perplex. So etwas war er von mir nicht gewohnt.

Helene stand auf. «Ich muss wieder in den todlangweiligen Unterricht», seufzte sie und verliess das Zimmer. Ich setzte mich, kämpfte mit den Tränen und zitterte am ganzen Körper.

«Du hast also ein neues kleines Mädchen?»

«Darüber müssen wir noch sprechen. Ich habe sie sehr gern, aber dich liebe ich noch immer. Nichts hat sich daran geändert.»

«Das ist wohl ein Scherz! Soll ich das etwa glauben?»

«Du wirst es mir glauben, wenn wir darüber gesprochen haben. Geh doch jetzt erst einmal ins Dorf und reserviere dir ein Zimmer im ‹Edelweiss›. Nach meiner letzten Schulstunde können wir uns dort zum Mittagessen treffen.»

Ich stand auf, um zu gehen. Er versuchte, mich auf die Wange zu küssen, doch ich drehte mich weg und verliess das Zimmer.

Als ich ins Dorf zurückkehrte, sah ich die Berge nicht und stand plötzlich in der Empfangshalle des Hotels. In meinem Zimmer schritt ich auf und ab. Tränen liefen mir übers Gesicht und wurden zu einem hilflosen Schluchzen, wie das Winseln eines Welpen. Zur Mittagszeit sah ich fürchterlich aus – ich sah kaum noch aus den Augen.

Im Restaurant suchte ich die dunkelste Ecke, bestellte mit gesenktem Kopf ein Glas Tomatensaft und wühlte in meiner Tasche nach der Sonnenbrille. Ausgerechnet jetzt, wo ich mit einem anderen Mädchen rivalisierte, musste ich so aussehen! Wieso tat er mir das an? Er hatte darauf bestanden, der erste Mann in meinem Leben zu sein, er hatte mich bändigen wollen (was für eine Art, es auszudrücken!). Er hatte mich entjungfern wollen (das hörte sich noch schlimmer an). Wieso liebäugelte er mit diesem Mädchen? Jetzt, wo die Gefahr bestand, ihn zu verlieren, wollte ich ihn um alles in der Welt. Ich liebte und brauchte ihn. Ich tastete nach dem Mondsteinanhänger, der an meinem Hals hing, und wieder kamen mir die Tränen.

Plötzlich stand er vor mir.

Ich zerknüllte das Taschentuch, wischte mir die Tränen weg, die unter der Sonnenbrille hervorkullerten, und versuchte, den Klumpen in meinem Hals herunterzuschlucken.

«Wenn ich die Sonne liebe, heisst das nicht, dass ich nicht auch den Mond lieben kann», sagte er, während er sich neben mich setzte und seine Hand auf die meine legte. «Du weisst, dass ich dich liebe, aber ich werde doch für andere Menschen Zuneigung empfinden dürfen, oder?»

«Ganz raffiniert machst du das. Ich war sicher, du würdest mit einer guten Ausrede kommen. Du warst schon immer gut im Sprechen. Mit uns kannst du ja alles machen, du bist älter und hast viel Erfahrung. Sammelst immer noch fleissig, wie ich sehe! Was meinst du, wie ich mich gefühlt habe, als ich sah, wie du dieses Mädchen angeschaut hast? Ich habe euch beobachtet!»

«Ist es denn ein Verbrechen, wenn wir Sympathie für einander empfinden? Jetzt, wo du nicht mehr hier bist und ich einen Haufen verwöhnter Gören am Hals habe, kann man es mir nicht verübeln, dass ich erfreut bin, wenn ein nettes Mädchen auftaucht.»

«So hat es mit uns auch angefangen. Sie wird kaum anders können, als sich in dich zu verlieben, aber ich nehme an, es schmeichelt dir. Es muss schon ein tolles Gefühl sein, von so vielen Mädchen umschwärmt zu sein. Sicherlich ist dir nicht entgangen, welchen Eindruck du auf Frauen machst, wieso zum Teufel musst du dir deine Unwiderstehlichkeit immer wieder beweisen? Man könnte denken, du wärst derjenige, der unter einem Minderwertigkeitskomplex leidet!»

«*Touché!* Du bekämpfst mich mit meinen eigenen Waffen!»

An seiner Antwort wurde mir auf einmal klar, dass Tränen bei ihm nichts nützen würden. Sie machten mich nur unattraktiv. *L'esprit,* das war es, was diesen Mann beeindruckte. Was immer auch geschehen würde, ich musste versuchen, geistreich zu sein. Musste so tun, als würde mich das Ganze nicht berühren. Ich brachte die Energie zu einer völligen Kehrtwendung in meinem Verhalten auf und lächelte ihn an.

«Du hast recht, Ivo, vielleicht ist es gut so. Helene ist sehr nett. Ich kann es ihr nicht übelnehmen. Vielleicht sollten wir drei uns verabreden und darüber sprechen.»

«Willst du das wirklich? Das wäre wunderbar! Ich wusste, dass ich dich nicht unterschätzt habe. Du bist etwas ganz Besonderes für mich, Kleines.»

Diese Worte trafen mich wie ein elektrischer Schlag, doch ich lächelte. Ich ging auf die Toilette, spritzte mir eiskaltes Wasser ins Gesicht, holte tief Luft und beschloss, diesen Kampf mit Würde auszutragen. War es weiblicher Instinkt, oder waren es die Hollywood-Filme, die ich gesehen hatte?

Ich bat ihn, Wein zu bestellen.

Nach einer Stunde schmuggelte ich ihn in mein Hotelzimmer, und wir liebten uns wie nie zuvor. Zum ersten Mal war es so schön, dass ich nicht einmal simulieren musste.

Er war zärtlich und leidenschaftlich zugleich, und es lag eine gewisse Trauer darin. Als wir den Höhepunkt erreichten, fingen wir beide an zu weinen, als ob wir uns für immer trennten. Ich war ein wenig erwachsener geworden.

«Mein Liebes. Mein Liebes. Mein Kleines!» seufzte Ivo. «Du solltest vorher immer Wein trinken.»

Die Vorhänge waren zugezogen. Im hohen Schrankspiegel sah ich unsere Körper im Kerzenschein. «Ich liebe den goldenen Schimmer deiner Haut. Sie sieht aus wie Kupfer. Du hast Glück, eine samtene, schöne Haut zu haben. Was für herrliche Beine und Brüste du hast, perfekte Proportionen. Du hast mir so gefehlt, mein Liebes. Vergib mir. Vergib mir.»

Nie waren wir einander so nahe gewesen und hatten uns so geborgen gefühlt. Ich sonnte mich in jeder seiner Berührungen und in jedem Wort, das er sprach.

Am selben Abend kam er in Begleitung von Helene zum Abendessen. Sie sah erstaunlich schön und erwachsen aus, war grösser als ich und wirkte damenhafter. Ihr Selbstbewusstsein nahm mir fast das Gleichgewicht, doch die Erinnerung an den Liebesnachmittag gab mir meine Entschlossenheit wieder. Ihm bedeutete es wohl gleich viel wie mir?

Doch die Art, wie er ihr die Zigarette anzündete, raubte mir wieder Sicherheit. Ich überwand meinen Widerwillen gegen das Rauchen, zog mit einer damenhaften Geste, oder was ich dafür hielt, eine Zigarette aus dem Päckchen und hielt sie ihm entgegen. Belustigt hob Ivo die Augenbrauen und zündete sie mir an. Ich hätte mich in den Hintern treten können. Helene rauchte mit der Grazie einer Dame, wie ich sie gerne gewesen wäre. Ich hatte den Rauch zu tief eingezogen und musste husten. Meine Augen brannten und füllten sich mit Tränen. Ich hatte ein Kratzen im Hals, und je mehr ich die Hustenanfälle unterdrückte, desto schlimmer wurden sie. Ich drückte die Zigarette aus, tat so, als sei nichts geschehen, sprach über etwas Belangloses und kam mir absolut idiotisch vor.

Es half nichts, dass Ivo tat, als hätte er nichts bemerkt. Der ganze Abend war eine Katastrophe, alles schien verkrampft und gekünstelt – und ich war die Verliererin.

«Kommt, gehen wir spazieren!»

Der Mond schien, und Ivo ging in der Mitte. Von Gstaad nach Saanen, von Saanen wieder zurück nach Gstaad; diese Strecke legten wir in dieser Nacht mehrmals zurück. «Meine Berge», schluchzte ich innerlich, in einem Anflug von Gefühlsduselei, «wie traurig, euch so in Erinnerung behalten zu müssen.»

Als wir nach längerem Schweigen ruhig miteinander zu reden begannen, stellte sich heraus, dass sie ihn wirklich liebte. Sie war neunzehn, ich sechzehn. Ivo hätte zwar den Mond und die Sonne gleichzeitig lieben können, aber er fand an ihr einen anderen Gefallen als an mir. Es schlug mich fast um, als er meinte: «Helenes Becken ist breiter. Sie ist eher ein mütterlicher Typ. Du darfst mich nicht missverstehen, Olly. Ich liebe deinen Verstand, deine Gedankenfülle, deinen Witz und deine Bereitschaft zu lernen und zu verstehen. Ja, ich liebe deinen *Esprit,* aber ich habe nun entdeckt, was dir fehlt. Du siehst nicht aus, als könntest du sechs Kinder auf die Welt bringen. Helene schon. Es ist das Mütterliche an ihr, das mich so unwiderstehlich anzieht.»

Der Schmerz zerriss mich, ich hatte verloren. Ich durfte nicht zeigen, wie weh es mir tat. Plötzlich flammte ein solcher Hass gegen die beiden in mir auf, dass ich mich kaum unter Kontrolle halten konnte. Er, der mir geholfen hatte, mein Selbstvertrauen aufzubauen, hatte mich mit einem Satz mehr verletzt und mehr in mir zerstört als jemals jemand zuvor.

Nach diesen bedeutsamen letzten Worten verabschiedeten wir uns. Sie nahmen an, mich am nächsten Tag zu sehen, doch ich schlich in mein Zimmer, erblickte unsere zerknitterten Laken auf dem Bett – und packte meinen Koffer. Im Morgengrauen schlich ich fort. Auf dem kleinen Bahnhof von Gstaad setzte ich mich auf eine Holzbank und wartete auf den ersten Zug, der mich von dort wegbringen würde.

12

Von da an war alles für mich anders geworden, das Leben ging traurig weiter, bis zur Basler Fasnacht!

Ich verbrachte ein wunderschönes Wochenende mit meiner Familie im neuen Haus. Am Sonntag gingen alle früh schlafen, denn am nächsten Morgen mussten wir schon um drei Uhr aufstehen, um beim Morgenstreich dabeizusein. Bisher wusste ich von diesem Fest nur, dass meine Mutter in Bradford an jedem Fasnachtsmontag um vier Uhr früh aufgestanden war, um die traditionelle braune Mehlsuppe und die Zwiebel- und Käsekuchen zuzubereiten und sich dabei die Augen auszuweinen.

Jetzt standen wir mitten in der Menge, die auf den Trottoirs den Basler Strassen entlang auf das grosse Ereignis wartete. Es war ein so besonderer Augenblick für mich, dass ich mir wünschte, die Zeit stünde still. Ich fühlte mich frei und glücklich, und es lagen ganze drei Tage und Nächte voller Spass und Freude vor mir. Ich war siebzehn und voller Erwartung.

Es schlug vier. Alle Lichter der Stadt gingen aus. In genau jenem Moment erklangen die Trommeln und die Piccolos der Fasnachtscliquen; der Morgenstreich hatte begonnen.

Und dann erschienen sie. Von allen Seiten sah man sie kommen. Laternen, Piccolos, Trommeln, bunte Kostüme und Larven, die riesigen Figuren, die sich die Tambourmajore übergestülpt hatten, und hie und da blitzten auch Lämpchen auf den phantastischen Köpfen und Perücken auf. Sie kamen aus allen Strassen und Gassen, trommelten, flöteten und trompeteten, und der herrliche ohrenbetäubende Klang ging durch Mark und Bein. Es war die reinste Ekstase. Tränen rollten und Herzen barsten vor Glück. Für mich gab es nichts Vergleichbares auf Erden.

Als sie an uns vorbeimarschierten, gesellten sich die Zuschauer zu ihnen, wie es die Tradition vorschrieb. Es war ein heilloses Gedränge, und ich war mittendrin. Wir gingen hinter einer Clique her, wurden Teil einer sich vorwärtsbewegenden Masse, die sich Schritt für Schritt im Takt der alten Märsche wiegte – eine Tradition vereinte die ganze Bevölkerung einer Stadt.

Mutter, Andreas und ich hakten uns ein. Es war wohl der

schönste Tag, den wir je zusammen verbracht hatten.
An diesem Tag tauchte Tobias auf.

Um zwei Uhr am nächsten Nachmittag standen wir wieder in der Menge und schauten dem Umzug der Wagen, Fuhrwerke, Kutschen, den Trommlern und Guggenmusikern zu. Die phantastische Szenerie nahm uns gefangen. Mimosensträusschen, Orangen und Bonbons wurden den Frauen zugeworfen. Von Zeit zu Zeit zerrte eine traditionelle Figur aus dem Elsass, der ‹Waggis›, mit einer riesigen roten Perücke und Nase, Holzpantinen, weissen Hosen und blauer Bluse, ein ‹Opfer› in den Wagen. In elsässischem Dialekt nimmt er die Leute auf den Arm und löst damit die grössten Lachsalven aus.

Ich traf Tobias im Weinlokal ‹Liesettli› wieder. Es war nach der respektierten und beliebten Besitzerin benannt, einer bekannten Basler Persönlichkeit, die sich nicht scheute, ihr unsympathische Gäste aus dem Lokal zu werfen. All dies und noch viel mehr über die Sitten in Basel erfuhr ich an jenem Abend. Tobias und ich mochten uns auf den ersten Blick. Er sagte mir, ich sei sein ‹Fasnachts-Schätzeli›, dies sei das ‹Fasnachtsfieber›, alles nur harmloser Spass.

Ich war gerade siebzehn geworden und hatte nach dieser Fasnacht noch ein Jahr in der Kaufmännischen Schule in Neuchâtel vor mir.

Die Prüfungszeit rückte bedrohlich näher. Ich erzählte Tobias von meinen Sorgen, als er mich am letzten Fasnachtsmorgen zum Bahnhof begleitete.

Mein Zug ging um sechs. Wir wateten knöcheltief in Konfetti. Der graue Dunst, der über Basel lag, hob noch die Farben der Papierschnitzel hervor, die wie Schnee auf den Strassen lagen: rosa, türkis, gelb, grün, hellblau. Das Kreischen und Quietschen der Trams wirkte nach drei Tagen Fasnacht deplaziert und bildete einen unschönen Kontrast zu den Klängen einzelner, noch unermüdlich musizierender Trommler und Piccolospieler. Hie und da schlenderten verloren kleine Gruppen von Pierrots, Clowns oder ‹Alten Tanten› durch den morgendlichen Verkehr. Wie in Zeitlupe tauchten aus dem Nichts Masken auf, die sich schwankend auf unwirklichen Körpern bewegten. Es war ein trauriger Abschied von der Fasnacht und meiner Fröhlichkeit.

Tobias stand mir gegenüber, als der Zug in den Bahnhof einfuhr.

Zwei Milchtrichter aus Stahl waren an seiner Brust befestigt und sahen aus wie spitze Brüste, zwei Kupferpfannenputzer lagen wie flache Epauletten auf seinen Schultern. Sein übriger Körper war mit Hunderten von kleinen Fetzen grüner, goldener und silberner Folie bedeckt; es sah aus, als trüge er eine schimmernde, klirrende Rüstung. Das bunte Kostüm betonte seine dunklen Haare und Augen. Er drückte mich ganz fest an seine prächtige Ausstattung, gab mir einen feurigen Kuss und winkte mir zum Abschied zu. Verwirrt winkte ich zurück, bis ich ihn in der aufgehenden Morgensonne nicht mehr sah. Verschwunden, ein Traum!

Irgendwie schaffte ich das letzte Jahr in der Schule und machte mein Diplom. Jetzt hiess es, mich wieder von einer vertrauten Umgebung zu verabschieden und mich in Basel niederzulassen. Voller Sorgen sah ich der Arbeit in einem Büro entgegen, denn es war Zeit, dass ich meinen eigenen Lebensunterhalt verdiente.

Zu meinem Ärger sah ich so jung aus, dass mich die Verkäuferinnen in den Läden immer noch duzten. In den Kinos, wo der Eintritt ab sechzehn gestattet war, wurde ich oft zuerst einem Verhör unterzogen, bevor man mir eine Karte verkaufte. Ich war achtzehn Jahre alt und sehnte mich immer noch danach, bei meiner Mutter bleiben zu können und flehte sie an, bei ihr wohnen zu dürfen. Ich versprach ihr, mich nach einer Arbeit umzuschauen, doch insgeheim zögerte ich es solange wie möglich hinaus. Als ich bei ihr und Andreas einzog, waren sie immer noch nicht verheiratet, hatten sich aber an ihr Zusammenleben gewöhnt und waren immer noch glücklich und verliebt. Andreas verwöhnte meine Mutter. Nie kam er nach Hause, ohne einen Strauss Blumen, Schokolade oder Illustrierte mitzubringen. Im Bett lasen sie dann die Zeitschriften und liessen sich dabei die Schokolade schmecken. Rex schlief in einem Körbchen neben ihrem Bett. Abends setzte ich mich gewöhnlich auf das Bett meiner Mutter und erzählte ihr, wie ich den Tag verbracht hatte. Es waren glückliche Stunden. Andreas gab Mutter zärtliche Kosenamen. Sie hielten Händchen, neckten sich und lachten viel.

Es war ein fröhlicher Haushalt, und doch gab es manchmal Ausnahmen. Mutter bekam häufig und unerwartet schlechte Laune, und diese schien ich heraufzubeschwören. Es handelte sich meist um Banalitäten; Krümel, Staub oder Wassertropfen im Waschbecken, eine ungewaschene Tasse oder ein Kleidungsstück, das nicht weggeräumt war. Nach dem Abendessen musste ich mich beeilen, den Teppichroller zu holen und um den Tisch herum alle Krümel aufzukehren. Wenn ich nach dem Essen sitzenblieb oder irgendwo einen Krümel übersah, verfiel sie an gewissen Tagen in eine solche Wut, dass sie während Stunden oder Tagen nicht mehr mit mir sprach.

Die Versöhnung fand meist wie folgt statt: Ich fühlte mich völlig gedemütigt von meiner Mutter, die mich ignorierte und einen strengen, kalten, beleidigten Blick aufsetzte. Zuerst tat ich so, als merkte ich es nicht. Dann tat ich so, als machte mir ihr Verhalten nicht im geringsten etwas aus. Schlussendlich aber weinte ich die ganze Nacht hindurch, bis Andreas um drei oder vier Uhr morgens an mein Bett kam, mich tröstete und bat, mich bei meiner Mutter zu entschuldigen. In der Stille danach hörte ich ihn dann auf meine Mutter einreden. Am nächsten Tag ging ich zu ihr und entschuldigte mich; wir umarmten uns, und ich weinte dabei. Wenn ich Glück hatte, blieben wir für ein oder zwei Wochen Freunde, doch dann begann das Ganze wieder von vorn. Ich war immer diejenige, die sich zu entschuldigen hatte, aber ich tat es ungern und verstand nicht, wieso mich meine Mutter wegen solcher Lappalien unglücklich machen musste. Ich hasste die Macht, die sie über mich ausübte. Und obwohl ich gern bei meiner Mutter lebte, fand ich es schwierig, mit ihr auszukommen.

Eines Abends waren wir zu einer Party eingeladen. Einer von Basels populärsten Malern, Charles Hindenlang, feierte seinen sechzigsten Geburtstag. Seine Frau war die Besitzerin eines kleinen Cafés, dem ‹Hollywood›, in dem wir oft vor oder nach dem Kino einen kleinen Imbiss zu uns nahmen. Erst nach und nach war Basel zu meinem Zuhause geworden, die lockere, entspannte Atmosphäre der Fasnachtstage war eine Ausnahme gewesen. Zudem kannte ich nur sehr wenige Leute, und meine ehemaligen Schulkameraden, Yvette und Peter, wohnten nicht mehr da.

Als wir in Charles' Atelier eintraten, sah ich Tobias.

Wir waren beide angenehm überrascht und plauderten den ganzen Abend lang miteinander. Eine Woche danach lud er mich in die rustikale ‹Walliser Kanne› zum Essen ein.

Es war mein erstes richtiges Rendezvous mit einem Mann. Ivo war mein Lehrer gewesen, und es hatte sich einfach ergeben, dass wir miteinander ausgingen. Dies aber war eine richtige Einladung, und ich hoffte, Ivo für einige Stunden vergessen zu können. Ich war ganz aufgeregt und brachte Mama und Andreas zum Lachen, weil ich mindestens zehnmal meine Kleider wechselte, nur um schlussendlich das Kleid anzuziehen, das ich von Anfang an im Sinn gehabt hatte. Mein langes, glattes, dunkelblondes Haar trug ich in einer Pagenfrisur, die im Nacken etwas länger war. Den Scheitel entlang schimmerte es hellblond, als wäre es getönt. Ich schminkte mich nur sehr wenig, denn ich erinnerte mich daran, wie Ivo mein natürliches Aussehen geschätzt hatte. Weil ich klein war, trug ich hohe Absätze, und das blaue Kleid betonte meine Augen.

Als er mich abholen kam, sah ich, wie er die Gartentreppe hocheilte, dabei zwei Stufen auf einmal nahm, in seinen Händen Blumen für Mutter und mich. Er war grösser als ich, und seine schwarzen Haare bildeten ein ‹V› auf seiner hohen Stirn. Er hatte eine ausgeprägte, wohlgeformte Nase und viele kleine Lachfalten, die sich bis zu den Ohren zogen. Sie waren das erste, was mir an ihm aufgefallen war.

Er sah kräftig aus. Unbefangen sprach er mit Mutter und Andreas, während ich nervös war. Nach dem Aperitif gingen wir.

In dem gemütlichen Restaurant legte er ein kleines Päckchen neben meinen Teller. Es war mein erstes richtiges Parfum – Madame Rochas.

Ich bestellte nur Bündnerfleisch, denn wenn ich aufgeregt war und jemanden noch nicht gut kannte, konnte ich kaum essen. Ich hatte einen Kloss im Magen und mein Hals war wie zugeschnürt – wie damals im Kinderheim. Ich erklärte ihm, dass ich eine kleine Esserin sei. Aber wir sprachen über so vieles, dass wir kaum bemerkten, was wir assen. Unser erstes Gesprächsthema war die Fasnacht, und er erzählte mir, dass er einer Clique vorstand und dass Cliquen ursprünglich Handwerkszünfte waren.

Seine anderen grossen Leidenschaften waren Segelfliegen und Fussball. Ich hörte ihm gebannt zu, als er vom Fliegen schwärmte, gestand ihm jedoch nicht, dass ich nicht begreifen konnte, wenn Tausende von Menschen sich heiser schrien vor Begeisterung, wegen einer Handvoll Männer, die einem Ball hinterherjagten. Ich sagte ihm nur, dass ich viel lieber selbst Fussball spielen würde und erzählte ihm, wie ich einmal an Weihnachten Tränen vergossen hatte, weil man mir gesagt hatte, dass es keine Fussballvereine für Frauen gebe. Wir lachten beide.

Die Zeit verging viel zu schnell. Wir schlenderten durch die Stadt, gingen zum Münster hoch und setzten uns auf die Platzmauer, von der wir einen schönen Ausblick auf die beleuchtete Stadt und den Rhein hatten. Bald danach fuhr er mich nach Hause.

Als ich ihm lächelnd für den schönen Abend dankte, sagte er: «Ich begleite dich noch bis zur Tür.» Mitten auf dem Gartenweg blieben wir stehen, und er sagte: «Du siehst sehr, sehr schön aus im Mondschein. Gute Nacht.» Und wie er sprach, strich er mir sanft übers Haar und fügte hinzu: «Ich mag den blonden Schimmer in deinem Haar.» Er rannte zu seinem Wagen zurück und rief mir zu: «Ich rufe dich morgen an.»

Wie im Traum ging ich zu Bett. Ich hatte einen wunderschönen Abend verbracht, und mir fiel damals nicht auf, dass wir wenig gemeinsam hatten. Er möge keine klassische Musik, hatte er mir gesagt, und Konzerte seien nur für ein paar beschränkte Individuen da, die mit wichtigtuerisch geschlossenen Augen langweiliger Musik lauschen wollten. Später meinte er, es sei etwas anderes, wenn man selbst ein Instrument spiele, er bewundere mich, dass ich Klavier spielte und würde gern neben mir sitzen, um mir zuzuhören. Dies beschwor alle möglichen romantischen Familienszenen in mir herauf. Nein, Zeit zu lesen oder ins Kino zu gehen habe er nicht. Zeitvergeudung! Er sei ein sehr beschäftigter Mann. Voller Sehnsucht dachte ich an Ivo, als ich feststellte, wie verschieden Tobias von ihm war. Immer wieder brach meine Sehnsucht nach Ivo durch, obwohl ich ihn aus meinem Gedächtnis zu verbannen suchte. Ich sagte mir dann, dass dieser dunkelhaarige Mann mit beiden Beinen auf der Erde stehe und zuverlässig sei. Ivo war ein sorgloser Luftikus gewesen und schwebte in geistigen Welten, wogegen Tobias ein Rationalist war, der sich vermutlich viel besser in der Realität zurechtfand. Wieso nur dachte ich über solche Sachen nach? Liebte ich diesen Mann? Liebte? Ach! In dieser Nacht kam ich zu der Überzeugung, dass ich nie wieder jemanden lieben würde. Niemals wieder würde es so sein wie mit Ivo. Ich wusste, ich müsste mich mit weniger zufriedengeben und war entschlossen, mich nie mehr so verletzen zu lassen. Und eine Zukunft mit Tobias schien mir weniger schreckenerregend als die Vorstellung, in einem Büro arbeiten zu müssen.

Er rief mich jeden Tag an. Stundenlang hingen wir an der Strippe und sprachen über Belanglosigkeiten. Ich genoss unsere Unterhaltung, aber irgendetwas fehlte.

Er schickte mir Zeichnungen und Geschenke, und wir gingen oft aus. Er nahm mich zum Segelfliegen mit, und ich verbarg meine Furcht davor. Für mich war die Angst vor dem Fliegen etwas für dumme und hysterische Frauen, das waren Vaters Worte! Ich musste den Männern zeigen, dass Frauen besser sind.

Seine Flugakrobatik, die Loopings, die er vollführte, stand ich heroisch durch, und er war sehr zufrieden mit mir. Er nahm mich auch mit zu Fussballspielen, wo ich meine Langeweile kaum verhehlen konnte. Ich traf seine Freunde an Gesellschaftsabenden und war plötzlich Teil dieses Kreises von wichtigen Leuten. Auf Bällen und Festen merkte ich, wie respektiert er war als Präsident des Karnevalvereins, als bester Fluglehrer im Aeroklub, in seiner Firma wurde er bewundert, dass er ein ‹Self-made-Man› und in den Staaten geschult war. Er war mehr als zehn Jahre älter als ich, ein vielversprechender junger Mann in den Dreissigern. Er hatte immer hart gearbeitet und für sein Alter vorgesorgt. Er war charmant, klug und gutaussehend, und ich dachte, ich sei verliebt.

Das erste Mal verführte er mich auf dem Rücksitz seines Autos. Wir waren schon verlobt, und ich dachte, ich hätte kein Recht, nein zu sagen. Meine Beine waren unbequem und in grotesker Stellung über den Vordersitz gezwängt, als er mich nahm. Er schien von solch heftigem Verlangen geplagt, dass ich mir grausam vorgekommen wäre, hätte ich mich geweigert. Für mich hatte es seit Vater immer absoluten Vorrang gehabt, dass ein Mann seine Bedürfnisse befriedigen konnte, als ob mir eine Katastrophe bevorstünde, wenn ich gegen diesen Grundsatz handelte. Wieso schmeichelte es mir nicht, so begehrt zu werden? Warum wurde ich das Gefühl nicht los, mit Liebe hätte dies nichts zu tun? Er wollte mich doch heiraten, oder nicht? Oder wollte er nur Sex mit mir? Was war denn nur verkehrt an mir?

Am nächsten Tag schleppte ich mich durchs Haus, als ob er alles Fröhliche an mir erdrückt hätte. Er war ein schwerer Mann, alles tat mir weh, und ich war deprimiert. Was konnte ich noch vom Leben erwarten, wenn sich in der Ehe nur alles darum drehte? Es war einfach ungerecht. Da hatten Männer diesen sagenhaften Drang, diese intensiven Gefühle, die sie dazu brachten zu stossen, zu stöhnen und zu keuchen. Und ich, ich war dagegen voller Groll, fühlte mich im Stich gelassen, mir war übel, und ich war wund, kam mir gegen meinen Willen missbraucht vor und war unfähig, dagegen etwas zu unternehmen. Und das bis ans Ende meines Lebens? In den Hunderten von Romanen, die ich gelesen hatte, liebten die Frauen den Sex. Sie lechzten sogar danach, brauchten ihn und hatten genausoviel Spass daran wie die Männer. Von dem Tag an, wo man in sie eingedrungen war, hatten sie Orgasmen in Hülle und Fülle. Entweder ich war anormal, gefühllos und frigide, oder die Schriftsteller waren

Männer gewesen oder die Frauen logen. Es war genauso scheinheilig wie in den Filmen, wo verheiratete Paare morgens aufwachten, blendend aussahen und sich gleich leidenschaftlich küssten. Wie stand es mit schlechtem Atem und Zähneputzen? Wieso gingen die Schauspieler auf der Leinwand nie auf die Toilette, litten nicht an Hautausschlägen, Verstopfung und Ausfluss? Und wieso waren sie danach niemals wund? Diese Filme mussten jeden unglücklich machen, der anders war.

«Olly, was beschäftigt dich so sehr? Hast du keinen schönen Abend mit Tobias verbracht? Ich hoffe, ihr habt euch nicht zerstritten? Er ist so nett.» Mama kam auf mich zu.

Ich dachte an meine Verlobungsfeier zurück. Tobias schien es sehr zu schätzen, dass alle unsere Bekannten Ärzte, Anwälte und Künstler waren. Er bewegte sich ungezwungen unter ihnen und hatte seinen Vater nicht einladen wollen, als ob er sich seiner schämte. Sein Vater war Arbeiter, was in diesem Land fast eine Schande schien. Er liebte seine Mutter sehr, nannte sie eine wirkliche Dame. Sein Vater trinke zu viel und habe es im Leben zu nichts gebracht, aber meine Mutter beharrte darauf, dass auch er eingeladen wurde. Ich mochte diesen Mann mit seinen traurigen, blutunterlaufenen Augen. Seine Mutter mochte ich auch, obwohl sie mich ein wenig einschüchterte.

«Mama, gestern Abend... muss ich... muss ich es mit ihm... jetzt schon?»

«Ach, wollte er denn? Jetzt wo du seine Verlobte bist, wüsste ich nicht, wie du es ihm verwehren kannst.»

«Aber Mama, muss es denn hinten im Auto sein?»

«Oh! Ich nehme an, dass jetzt, wo du verlobt bist... Meinst du nicht auch?»

«Mama, es tut mir weh, und ich empfinde überhaupt nichts dabei.»

«Weiss er denn nicht, wie und wo man eine Frau berührt? Viele Männer haben keine Ahnung davon und glauben an den Mythos des vaginalen Orgasmus. Du wirst es ihn lehren müssen.»

«Willst du damit sagen, dass es auch anders sein kann...?»

«Na ja, Frauen sollten durch ein Vorspiel stimuliert werden. Du kannst das in Büchern nachlesen. Es gibt keine frigiden Frauen, nur ungeschickte, unwissende Männer. Es hängt vom Mann ab, wie sinnlich eine Frau ist. Vielleicht solltest du ihm ein Buch darüber empfehlen.»

Ich wüsste nicht, wie ich so ein Gespräch beginnen sollte. Mit Ivo war es immer schön gewesen, bevor er in mich eindrang.

Dann hatte es mir oft nicht mehr gefallen, ausser an dem traurigen Tag, an dem wir zum letzten Mal zusammen gewesen waren.

Bald nach diesem Gespräch wurde mir morgens immer übel. Andreas schickte mich schnell zu einem Freund, der Gynäkologe war und bestätigte, dass ich schwanger war. Ich begriff nicht, dass Mutter, Andreas und Tobias dermassen schockiert waren. Schliesslich hatten es alle schweigend bejaht, dass wir ‹es taten›, und nun jammerten sie darüber, welche Schande es sei. Ich erinnerte mich noch an Ivos Worte: «...Helenes Becken ist breiter gebaut... Es ist das Mütterliche an ihr, das mich so unwiderstehlich anzieht... Du siehst nicht so aus, als könntest du sechs Kinder auf die Welt bringen...». Die Angst, dass ich niemals ein Kind haben könnte, hatte mich seitdem verfolgt.

Wenn ich mich nicht gerade übergab, war ich jetzt nur noch am Weinen. In mir sagte es: «Ich will mein Baby! Ich will mein Baby! Ich will mein Baby!» Aber die drei behaupteten immer wieder, dass es eine Schande, eine Entwürdigung für die Familie sei, dass die Leute mit dem Finger auf uns zeigen und sich über uns lustig machen würden. ‹Sie mussten heiraten›, würde es heissen, und Tobias bestand darauf, dass Andreas seine Beziehungen nutzen und eine Lösung gefunden werden müsse.

Der imposante Professor in seinem weissen Kittel überzeugte mich, dass ich für mein Alter zu klein und nicht genügend entwickelt war, dass meine Gebärmutter zu klein sei und ich das Kind ohnehin nicht austragen könne. Das Risiko sei zu gross. Ich wurde in ein Krankenhaus gebracht, und ein anderer Freund, ein Psychiater, unterschrieb die notwendigen Papiere. Sie operierten. Die Nonnen schienen es zu missbilligen, oder bildete ich mir das nur ein? Jetzt hatte ich wirklich Angst davor, nie wieder Kinder bekommen zu können.

Tobias kam mich besuchen. Er brachte mir einen grünen Pullover. Ich hasste Grün. Er schenkte mir auch einen orangefarbenen Lippenstift, weil ihm die rosaroten, die ich benützte, nicht gefielen. Ich fand seine Geschenke scheusslich, aber ich dankte ihm überschwenglich dafür, um meine tiefe Enttäuschung zu verbergen. Als er wieder gegangen war, atmete ich auf. Wieder war ich ein ‹braves Mädchen› gewesen. Ich schien Tobias nur lieben zu können, wenn alles von Romantik verklärt war und ich seine Hände halten und in seine schönen Augen schauen konnte.

In der Nacht vor der Hochzeit hatte ich solche Angst, dass ich betete: «Bitte mach, dass es heute nacht ein Erdbeben gibt!»

13

Die Überraschungen, mit denen mein neuer Ehemann aufwartete, waren kaum weniger erfreulich als jene, die ich mit meinem Vater erlebt hatte. Die ersten drei Wochen unserer Ehe waren ein Schock. Jeden Abend liess er mich bis spät in die Nacht allein. Ich sass herum. Ich wartete, ging auf und ab, war zornig und ging schliesslich kochend vor Wut und enttäuscht ins Bett. Ich war isoliert und einsam und konnte mich an niemanden wenden, denn alle nahmen an, dass wir ‹jungverheiratet und glücklich› seien.

Das tägliche Putzen, Einkaufen und Kochen – mittags hatte ich ein Menü mit drei Gängen zu servieren – erschöpfte mich. Es fiel mir schwer, das Haushaltsgeld einzuteilen. Seine Mutter fragte mich einmal: «Lüften englische Hausfrauen denn auch jeden Morgen ihre Betten? Schweizer Duvets müssen geschüttelt werden wie von Frau Holle persönlich. Kennst du das Märchen? Auch die Kissen müssen aufgeschüttelt werden. Eine Schweizer Hausfrau hat ihr Bettzeug über dem Fenstersims, bevor ihr Mann zur Arbeit geht. Und Staub unter den Betten oder in den Ecken gibt es nicht. Du musst eine Menge lernen. Du solltest in eine Hauswirtschaftsschule gehen, denn Tobias legt grossen Wert auf perfekte Hemden und rasierklingenscharfe Bügelfalten in seinen Hosen – er muss an seine Karriere denken.»

«Wie lange brauchen Sie, um ein Hemd zu bügeln?», wurde ich in der Hauswirtschaftsschule gefragt. «Nur eine Viertelstunde? Das ist nicht genug; und nichts, worauf man stolz sein kann.» Mir wurde genau gezeigt, wie ein Hemd zu bügeln sei, und ich brauchte mehr als zwanzig Minuten dafür. Man meinte, dass ich es nur mit sehr viel Übung in weniger Zeit und doch perfekt schaffen könne! Ich gab mir grosse Mühe, die vielen neuen Fertigkeiten zu erlernen, die von mir erwartet wurden.

Ich rief seine Mutter an, um sie nach seinen Lieblingsgerichten zu fragen. Um 12 Uhr kam er nach Hause, steuerte schnurstracks auf den Esstisch zu, setzte sich und wartete. Ich hastete herum, um den Missgeschicken Herr zu werden, die gewöhnlich in letzter Minute passierten. Sein stummes Warten machte mich nervös. Er beschwerte sich über die Suppe, wenn es eine Fertigsuppe war, und rühmte die Suppen seiner Mutter. Wenn ich das Dessert servierte, bat er, ich solle mich mit dem Kaffee beeilen, denn er sei spät daran wegen mir. In der Küche betete ich darum, dass der Kaffee weder zu dünn noch zu stark geriete, sondern so, wie er ihn mochte. Später stand ich vor dem unglaublichen Durcheinander in der Küche, das es aufzuräumen und abzuwaschen galt, alles fing beim Abendessen von vorn an, nach dem er erneut davonlaufen würde, um sich mit seinen Freunden zu treffen.

Warum konnte er nicht mit einem Lächeln auf den Lippen heimkommen? Oder mir einmal Blumen, Schokolade oder ein Buch oder sonst eine Überraschung mitbringen? Eine kleine Aufmunterung hätte mir Mut gemacht, hatte ich doch nie zuvor gekocht und all diese Hausarbeiten gemacht. Warum konnte er nicht zu mir in die Küche kommen und mit mir plaudern, die Teller auf den Tisch tragen, um uns Zeit zu sparen, es mit Humor nehmen, wenn mir etwas missraten war, anstatt mit mir zu schimpfen? Oder mit mir über seine Arbeit sprechen, diesem Teil seines Alltags, der mir unbekannt war? Warum konnte er die langweilige Zeitung nicht beiseite legen, die ihn auch in den wenigen kostbaren Minuten, die wir für uns hatten, in Anspruch nahm? Warum zog er mich, seit wir verheiratet waren, nie mehr auf die Couch, um mich zu küssen und zu umarmen, bevor er zur Arbeit eilte?

Ich träumte davon, auszubrechen, und fragte einmal, ob wir nicht trampen gehen könnten wie andere junge Leute meines Alters. Er wurde spöttisch und machte sich über meine kindischen Einfälle lustig. Verglichen mit mir war er alt und schrecklich vernünftig.

Immer noch war die Erinnerung an meinen Vater sehr lebendig, und nachts dachte ich an die schrecklichen Dinge, die er mir angetan hatte. Ich hatte immer gehofft, eine Ehe bedeute ein sorgenfreies Leben, ein Leben mit geteilten Freuden und wachsender Nähe und Vertrautheit, weniger Einsamkeit. Nachdem ich wieder einmal ein Wochenende allein verbracht hatte, sagte ich mir, dass ich lernen müsse, seine Interessen zu teilen, und bat darum, in seinem Club das Segelfliegen zu lernen. Er flog an jedem Wochenende und gab selbst Flugstunden. Bei meinem ersten Alleinflug starb ich fast vor Angst. Doch noch sieben weitere Male überwand ich mich. Dann wurde ich schwanger und konnte mit dem Fliegen aufhören, ohne mein Gesicht zu verlieren.

Er ging weiterhin allein aus, und ich war weiterhin einsam.

Einmal bat ich ihn, mit mir zum Essen auszugehen – es schien eine Ewigkeit her, dass wir das letzte Mal essen waren. Er nahm die Zeitung mit, und ich sah den ganzen Abend nichts mehr von ihm. Ich ging zur Toilette und dann nach Hause. Als er in dieser Nacht heimkam, hatten wir unseren ersten grossen Streit.

Beim zweiten schlug er mich. Wir waren bei meiner Mutter und Andreas eingeladen gewesen. Es waren auch einige Freunde von ihnen da, die Archäologen waren. Während wir versuchten, ein zivilisiertes Tischgespräch zu führen, hörte sich Tobias in aller Lautstärke ein Fussballspiel im Radio an. Auf dem Weg in unsere Wohnung beklagte ich mich über sein Benehmen. Er kam mit zornsprühenden Augen auf mich zu und fing an, mich mit der Handkante auf meinen Kopf, meinen Kiefer, die Augen und den Mund zu schlagen, bis ich auf dem Steinboden zusammenbrach.

Als ich zu mir kam, sass er auf der Couch im Wohnzimmer und las die Zeitung. Aus meinem Mund tropfte Blut. Ich versuchte, meine Mutter anzurufen, doch er schraubte die Sprechmuschel des Hörers ab und schloss mich ins Schlafzimmer ein. Ich kletterte aus dem Fenster und lief mit geschlossenen Augen auf die Hauptstrasse und hoffte, das mich ein Auto überfahren würde. Doch es passierte nichts; also ging ich verzweifelt zu Freunden, die mir rieten, meinen Zustand von einem Arzt feststellen zu lassen – für den Fall einer Scheidung. Ich tat es nicht, weil ich Angst hatte und das Scheitern unserer Ehe nicht eingestehen wollte und auch aus einer unklaren Loyalität heraus.

Als ich schwanger wurde, hoffte ich auf eine Tochter, die vielleicht unser Leben verändern würde. Er wünschte sich einen Sohn, mit dem er fliegen und Fussball spielen wollte. Ich verstand nicht, wieso der Gedanke an einen Jungen mich erschreckte. Mein Vater hatte mir meine Minderwertigkeit als Mädchen zu spüren gegeben. Tobias verstand es, mir die gleichen negativen Gefühle für mich einzuflössen. Wenn ich als kleines Kind einen Penis gehabt hätte, hätte mich mein Vater nicht so missbrauchen können. Wenn er keinen gehabt hätte, hätte er mich damit nicht so grausam anwidern können. Vielleicht war dies der Grund, warum ich während meiner Schwangerschaft oft von Babys träumte, deren Penisse abgeschnitten wurden, und schluchzend aufwachte. Mein Mann hatte ähnliche Macht über mich; und er hatte auch ‹dieses Ding›. Ich hatte Angst vor Männern, Jungen, Penissen, aber ich versuchte verzweifelt, ‹normal› zu werden.

Ich sehnte mich fortwährend nach Ivo. Mein Körper, mein

Geist, mein Herz verlangten nach ihm. Noch einmal eine solche Zugehörigkeit, dieses Einssein spüren. Wenn er meine Hand gehalten hatte, während wir Mozart oder Hindemith hörten, überkam mich ein Gefühl des Friedens. Noch einmal diese geistigen Höhenflüge erleben! Denken, diskutieren, wach sein! Ich hatte das Gefühl, tot zu sein, als ob die Zeit für mich in dem Augenblick stehengeblieben wäre, als ich in diese kostbar ausgestattete Wohnung trat, die mit dem Geld meines Vaters möbliert war. Ich fühlte mich lebendig begraben in diesen vier Wänden, von einem Augenblick auf den andern aller Freuden und meiner Jugend beraubt. Ausser für mein Kind, das in mir wuchs, hatte das Leben keine Bedeutung mehr für mich. Es gab weder Nähe noch Zärtlichkeit.

Die Geburt! Ich hatte das Gefühl, ich zerreisse. Ich schrie und presste. Und dann hatte ich auf einmal eine wunderschöne Tochter. Ein reizendes, gesundes kleines Mädchen. Jetzt konnte mir nichts mehr geschehen. Als ich sie an mich drückte, war ich verwirrt darüber, wie fremd sie mir war. Ich hatte nicht gewusst, dass man seine eigenen Babys kennenlernen muss. Ich lachte und sagte zu ihr: «Hallo, kleiner Fremdling! Ich bin entzückt, deine Bekanntschaft zu machen.» Tobias meinte: «Du und dein komischer englischer Humor. Herzlichen Glückwunsch. Du warst sehr tapfer.»

Er brachte mir blaue Kornblumen, die ich mochte, einen weiteren orangefarbenen Lippenstift und einen grünen Plisséerock, der zu dem grünen Pullover passte, den er mir nach der Abtreibung geschenkt und den ich noch nie getragen hatte. Sein Vater schenkte mir ein Armband aus Gold, und ich war tief gerührt.

Ob ich von jetzt an den Liebesakt mit Tobias geniessen könnte? Bisher war ich zu dem Schluss gekommen, dass Frauen den Männern als ‹Reibeisen› dienten, wenn sie auf ihnen lagen, bis ein Stöhnen ihren Höhepunkt anzeigte. Dann rollten sie sich herunter und schliefen sofort ein, während die Frauen alleingelassen dalagen. Zärtliche Berührungen gab es nur, wenn sie Sex wollten. Waren dies die ‹Freuden›, auf die mein Vater mich trainiert hatte, waren sie in den schnellen nächtlichen Tätscheleien eines Ehemanns, die er wie ein Pflichtübung absolvierte?

Im Krankenhaus lernte ich, wie ich mein Baby, das wir Arlette nannten, richtig zu pflegen hatte. Wieder zu Hause, lief ich jede Sekunde an ihr Bettchen, um zu schauen, ob sie noch atmete. Ich war sehr nervös und angespannt und hatte Angst, etwas falsch zu machen. Nach einer Woche liess mein Milchfluss nach, und ich war sehr erschöpft. Ich ging mit Arlette für zehn Tage zu meiner Mutter, die genauso unerfahren und nervös war, aber dann kam eine befreundete Nachbarin und half uns. Sie zeigte uns, dass Babys ziemlich robuste Wesen sind. Es half mir enorm zu sehen, wie sie mit Arlette umging, und mit sehr viel mehr Selbstvertrauen ging ich wieder nach Hause.

Es erfüllte mich mit Freude, diese unvergleichliche Verantwortung zu übernehmen. Ich genoss jede Minute mit meiner Tochter, aber ich war den neuen Anforderungen, dem ständigen Druck und den grossen Erwartungen von Tobias und seiner Familie kaum noch gewachsen.

Ständig hatte ich ihre Tüchtigkeit und ihren Perfektionismus vor Augen und wurde fast rasend dabei. Sie hatten ihre privaten Waschmaschinen in ihren eigenen Häusern, ich konnte die gemeinschaftliche Waschmaschine des Appartmenthauses, in dem ich lebte, nur alle zwei Wochen benutzen. Und das mit den vielen Windeln, denen nicht gerade Wohlgerüche entströmten! Berge von Wäsche, die zu waschen und zu bügeln waren, zerrten an meinen Nerven. Das Baby verlangte meine ständige Aufmerksamkeit, auch in vielen schlaflosen Nächten, so dass ich tags kaum noch Energie aufbrachte für all die Fertigkeiten, die ich auf der Hauswirtschaftsschule erlernt hatte. Mein Haushalt glitt mir mehr und mehr aus den Händen, war nicht mehr auf der Höhe der schweizerischen Massstäbe, und ich wurde gescholten. Niemand ausser meiner Mutter half mir – und schliesslich hatte sie auch ihr eigenes Leben.

Eines Abends setzte sich Tobias zu mir und richtete lauter kleine Umschläge, in die er das Haushaltsgeld für jeden einzelnen Tag aufteilte. Also gab ich mir noch grössere Mühe, ordentlich zu haushalten. Sobald ich aber gleich für drei Tage auf einmal einkaufte und mir das Geld aus den folgenden Umschlägen vorschoss, geriet ich wieder in Schwierigkeiten. Ich war ein hoffnungsloser Fall. Je weniger ich zurechtkam mit dem Haushalt, desto müder, lustloser, apathischer und niedergeschlagener wurde ich.

Ich wusste, dass Tobias lieber mit Männern Umgang pflegte. Dies warf mich wieder auf meine alten Gefühle zurück, eine wertlose Frau zu sein. Er zeigte auch kein grosses Interesse an dem Baby, und ich war mir sicher, das kam daher, dass es ein Mädchen war. Wir waren den Männern gut genug zum Dienen und Schuften und wurden wieder beiseite gestossen, nachdem wir für ein bisschen Sex, für ihre Selbstbefriedigung an uns stillgehalten hatten. Wir hatten kein Recht dazu, unsere Wünsche und Bedürfnisse anzumelden, die waren uninteressant und langweilig. Wenn er mir nachts diese drei kleinen Klapse auf den Kopf oder auf die Schulter gab – seine Art, mir ‹Gute Nacht› zu sagen –, drehte ich mich um und weinte leise. Es war viel schlimmer, sich in Gesellschaft von jemandem einsam zu fühlen, als wirklich ganz allein zu sein.

Ich fing an, Babysitter zu nehmen und ins Kino zu gehen. Mutter und Andreas wollte ich nicht zu oft stören. Yvette ging mit mir aus, und gelegentlich verbrachten Tobias und ich auch einen Abend zusammen auswärts, doch es tat mir weh, andere Pärchen zu sehen, die Hand in Hand gingen.

Das Schlimmste war, ohne ihn in die Wohnung zurückzukehren. Manchmal wartete ich hinter dem Haus, bis Tobias heimkam, damit auch er einmal sah, wie es war, in der leeren Wohnung zu sitzen. Aber es machte ihn böse, wenn ich allein ausging, und unserer Ehe half es auch nicht weiter.

Die vielen Telefonanrufe für ihn gaben mir das Gefühl, überflüssig und unerwünscht zu sein. Er hatte einen Bruder und eine Schwester und eine traditionsbewusste, konservative Schweizer Familie. Er hatte eine wichtige Funktion in seiner Fasnachtsclique, dem Aeroklub und an seinem Arbeitsplatz. Er war gefragt, und vor mir lagen leere Abende, wenn ich mit der Hausarbeit und meinen Mutterpflichten fertig war.

Mein Spiegelbild sagte mir, dass ich noch jung war und nicht hässlich, und doch schien mein Leben mit zwanzig zu Ende zu sein. Nichts als Langeweile und Hoffnungslosigkeit türmten sich vor mir auf. Oft sass ich am Kinderbett und sprach zu meiner kleinen Tochter. Sie war noch zu jung, als dass sie mir Trost und Gesellschaft geben konnte, und Tobias liess mich keinen Anteil an seinem Leben nehmen. Waren wir eine Familie? Ich hatte nicht das Gefühl, einer Familie anzugehören.

Die Zeit schien stillzustehen, und ich dachte, es wäre besser, tot zu sein. Mit der Zeit wurde es mir egal, ob Tobias ausging oder zu Hause blieb. Ich erreichte einen solchen Tiefpunkt, dass ich mich immer wieder vor dem Badezimmerschrank wiederfand, in meiner Hand sämtliche Tabletten, die ich finden konnte. Ich erinnere mich, wie ich einmal in den Spiegel sah und zu mir sagte: «Nicht doch. Du hast kein Recht dazu. Du hast eine kleine Tochter.» Aber das Spiegelbild antwortete: «Sie ist viel besser dran ohne dich. Dich braucht niemand.»

Danach lief ich zu ihr und nahm sie auf meinen Arm. Sie sah so süss aus mit ihren grossen Augen und ihren Pausbäckchen. Warum teilte niemand diese Freude, sie anzuschauen? Ich kuschelte sie an mich und sagte: «Ich werde dich nie verlassen, mein Kleines.» Ich küsste sie. «Ich habe dich lieb, aber ich fühle mich so nutzlos. So hilfslos und allein.» Ich legte sie wieder hin und entdeckte ein Loch in ihrer wollenen Strampelhose – ein Loch, das nicht gestopft war. Dies erinnerte mich an all die Dinge, die ich eigentlich tun sollte – stopfen und nähen und bügeln und waschen und einkaufen und saubermachen und kochen und backen und vorbereiten... Ich nahm drei Schlaftabletten und ging ins Bett, denn ich wusste, dass ich sonst doch nur wachliegen und auf Tobias warten würde, bis er, spät wie üblich, heimkam. Ich würde mich aufregen, immer wütender und neidischer und frustrierter werden.

Am nächsten Morgen verschlief ich, und Tobias war schlecht gelaunt. Wir zankten uns. Ich nahm mein Baby mit ins Bett, blieb dort für den Rest des Tages und las Schundromane. Flucht. Vergessen. Zum Mittagessen kochte ich eine Beutelsuppe und öffnete eine Büchse Ravioli. Wie vorauszusehen war, beklagte er sich bitter darüber. Ich sagte, dass ich mich nicht wohl fühle, und bekam zu hören, dass er zum Abendessen eine vernünftige Mahlzeit erwarte. Wieder allein, weinte ich, dann bestellte ich einen Babysitter und ging in die Stadt.

Wie betäubt lief ich durch die Strassen. Ich sehnte mich nach jemandem, irgendjemandem, der mit mir sprach, mich berührte, mich mochte, mich liebte.

Und jemand tat es!

Er war Ungar. Nicht besonders nett, sogar schmutzig, aber er schenkte mir ein Lächeln, und ich fühlte mich wieder wie ein Mensch. Er sprach mit mir und machte Annäherungsversuche. Ich war unfähig, nein zu sagen. Danach fühlte ich mich so schlecht, dass ich nach Hause ging und Tobias alles erzählte. Er zwang mich, ein schriftliches Geständnis zu unterschreiben.

«Wenn du dich jemals scheiden lassen willst, wirst du das Kind verlieren, und von mir wirst du keinen Rappen sehen. Du bist nicht nur eine hundsmiserable Hausfrau und schlechte Mutter, du bist auch eine Schlampe und eine Hure.» Er war ausser sich vor Wut und Abscheu.

Oft legte ich ihm Briefe auf sein Kopfkissen, in denen ich ihm sagte, dass ich ihn lieben wollte, und ihm erklärte, wie ich mir eine Ehe vorstellte. Ich sagte ihm, wie minderwertig und ungeliebt ich mich fühlte. Bat ihn, doch seine Interessen mit mir zu teilen, etwas Gemeinsames mit mir aufzubauen, etwas, irgend etwas, zusammen mit mir zu tun. Für ihn waren die Briefe etwas komplett Idiotisches. Er schrie mich an, ich ersticke ihn. Er arbeite den ganzen Tag für uns, während ich tun und lassen könne, was mir passt, deswegen wolle er an den Abenden und Wochenenden seine Freizeit haben. «Vergiss all diesen typisch englischen, romantischen Blödsinn. Du bist in der Schweiz und mit einem Schweizer verheiratet.» Ich sagte, wenn dies so sei, würde ich ihn verlassen, denn eine solche schweizerische Ehe passe mir nicht. Seine schwarzen Augen bekamen einen furchterregenden Ausdruck, auf seiner Stirn schwoll eine Ader. Ich war vor Angst wie gelähmt.

«Niemand wird mich verlassen. Niemals!» Er sprach mit sehr leiser, sehr kontrollierter Stimme. «Ich kann das gleiche tun wie die Frau von Andreas. Ich kann dich für immer hier festhalten, so lange es mir passt. Du wirst nie die Scheidung bekommen und schon gar nie dein Kind. Und jetzt wirst du lernen, dich anzupassen, oder ich werde sehr ungemütlich.»

«Ich hasse dich», sagte ich. «Du bist kein Ehemann, du bist ein Monster! Warum habe ich gerade dich unter allen Männern der Welt treffen müssen?»

Er tat das gleiche, was einst mein Vater getan hatte. Mit ausgestrecktem Arm kam er auf mich zu. Er wusste, ich würde zurückschlagen, also liess er mich nicht an sich herankommen. Ich zappelte wie ein Fisch an der Angel. Und dann schlug er mich. Ich taumelte gegen die Wand. Er sagte: «Ich habe meinen eigenen Vater zu Boden geschlagen, weil er betrunken war.» Dann ging er. Arlette schlief. Ich lief zu ihr und weinte.

Tagelang war ich nur noch ein heulendes Elend. Ich hatte grosse Mühe, die täglichen Mahlzeiten zuzubereiten. Mir fehlte es an jeglicher Phantasie dafür. Und dann kam der Tag, wo ich fühlte, dass ich am Ende war. Ich stand einfach da und sagte: «Gott, bitte lass es nicht zu, das diese vier Wände mich ein für allemal begraben.» Ich drückte mein Baby an mich. «Bitte, mach dem ein Ende, hilf mir hier heraus. Ich ertrage es keinen Tag länger, hier zu sein und diese Wände anzustarren.» An diesem Tag kam mir immer wieder die Erinnerung daran, wie mein Vater meine Maus getötet hatte. Ich hatte sie auf dem Nachhauseweg von der Schule für einen Sixpence auf dem Tiermarkt gekauft. Die Sehnsucht danach, etwas Warmes, Kuscheliges zu besitzen, was nur mir allein gehörte, war so stark gewesen, dass ich nicht widerstehen konnte. Ich durfte es niemandem sagen. Da ich einen engen Gürtel um die Taille meiner Schuluniform trug, steckte ich sie mir vorne in die Bluse. Es war ein ganz trauliches Gefühl, und sogleich fühlte ich mich nicht mehr so einsam. Zu Hause huschte ich schnell auf mein Zimmer, um sie in einer Schuhschachtel in meinem Kleiderschrank zu verstecken. Ich schmuggelte auch etwas Nahrung und Wasser hinauf, bevor Vater heimkam.

Zwei Tage lang ging alles gut. Heimlich las ich die kleinen, schwarzen Kügelchen auf und schüttelte sie aus dem Fenster. Und dann, eines Nachts, passierte es. Vater war in mein Bett gekommen und hörte die Maus scharren. Er stand auf und öffnete den Kleiderschrank. Als er sah, was es war, schaute er mich mit einem schrecklichen Blick an, zog seinen Pyjama an und sagte: «Ich habe dir gesagt, ich dulde keine Haustiere.» Er ging nach unten und kehrte mit einer Zange zurück. Mit einer Hand packte er mich beim Genick und mit der anderen packte er die Maus mit der Zange am Schwanz. Sie quietschte schrecklich. So ging er mit uns die Treppe hinunter, stiess mich vor den Kamin und zwang mich zuzusehen, wie er mein Tierchen über die rotglühende Asche hielt. Ich wagte nicht, etwas zu unternehmen. Ich konnte niemals etwas tun. Nicht einmal, als er mich dort zwang, ihn mit der Hand zu reiben, bis meine Schulter mir weh tat, und er mir dann sein Ding in den Mund steckte. Ich musste fast erbrechen, dann immer noch sah ich meine Maus vor mir, hörte ihr Qietschen, und alles war so traurig und entsetzlich, und meine Tränen, mein Rotz und sein Zeug liefen mir übers Gesicht.

Ich rieb mir auch jetzt die Schultern und den Nacken. Sie waren immer steif und taten mir oft weh. Ich blickte mich um und merkte, dass ich weder eingekauft noch gekocht hatte – ausser Arlettes Brei –, und brachte nicht die Kraft auf, noch einmal zu kochen. Was wohl Tobias sagen würde, wenn das Essen nicht fertig war? Ich drehte das Radio an. Panik überkam mich. Er würde mich verprügeln. *Tea for two and two for tea, a boy for you and a girl for me,* sang eine Stimme, und ich setzte mich und dachte: Wer wünscht sich schon ein Mädchen? Wie konnte ein Mann voller Glück singen, ‹ein Mädchen für mich›? In Gedanken sah ich die weiblichen Geschlechtsteile vor mir und wurde ganz krank dabei, so entsetzlich und schmutzig fühlte ich mich. Mädchen waren schlecht, rochen schlecht, hatten Blutungen und stanken dann, sie wurden von Männern benutzt, von ihnen wundgerieben und sollten das gern haben, sollten sinnlich sein und jede Nacht gar nicht genug davon bekommen. Aber wo war die Liebe? Ich war ein Mädchen, und dies war der Grund für all meine Probleme, doch ich hatte ein Mädchen gewollt, um mir selbst zu beweisen, dass Mädchen nichts Schlechtes waren.

Ich schaute mein Baby an: Alles an ihr war schön und vollkommen, sauber und liebenswert, und ich fragte mich, warum dies nicht auch bei mir so sei und warum meine Eltern mich nicht genauso entzückend und vollkommen gefunden hatten wie ich meine kleine Tochter.

Er würde mich verprügeln. Ich hatte Angst. Dieser Schmerz in mir! Oh, dieser Schmerz, diese Verwirrung, die Einsamkeit. Wie wild begann ich auf einmal zu packen. Ich war auf solch autoritäre Weise, mit solchen Einschränkungen erzogen worden, dass ich immer geglaubt hatte, keine Rechte geltend machen zu dürfen. Dass ich kein Recht hätte, eigene Entscheidungen zu fällen. Wie konnte ich es wagen, selbst zu denken? Ich hatte nur zu tun, was man mir sagte. Ich drehte das Radio ab. Es brauchte Kraft und Mut, eine Entscheidung zu fällen. Ich erinnerte mich, wie ich in der Nacht vor meiner Hochzeit gebetet hatte, ‹bitte lieber Gott, mach, dass ein Erdbeben kommt›.

Sobald wir hier in unserer neuen Wohnung eingezogen waren, war mir klar geworden, dass Tobias lediglich seine Mutter für eine Frau eingetauscht hatte. Im Grunde hatte er sein Junggesellenleben weitergeführt. *Er* hatte sein Leben nicht verändert. Für mich jedoch hatte sich *alles* verändert.

Ich wollte eine Entscheidung fällen. Was würde Mutter dazu sagen? Was würden seine Eltern, seine Schwester, sein Bruder sagen? Wie würde Tobias reagieren? Was sollte ich tun? Was würde geschehen? Damals, als ich das erste Mal in meinem Leben eine eigene Entscheidung getroffen hatte, hatte dies den Selbstmord meines Vaters ausgelöst.

Ich packte Windeln und Sachen für mein Baby in einen Koffer. Steckte meine Zahnbürste ein. Es war gleich sechs. In einer Stunde würde er heimkommen. Ich bestellte ein Taxi. Da Tobias immer den Borgward-Isabella fuhr, den ich auf Mutters Rat von Vaters Erbe gekauft hatte, hatte ich nie ein Auto zur Verfügung gehabt. Ich brachte Arlette zu Mutter, erzählte ihr alles und fuhr dann mit einem Taxi in die Friedmatt. Das ist eine Irrenanstalt. Inzwischen sagt man ‹Psychiatrische Klinik›; das hört sich zwar nicht mehr ganz so diskriminierend an, flösst einem jedoch noch genausoviel Angst ein. Aber diese Angst wog nichts im Vergleich zu der erschreckenden Vorstellung, wie ich, lebensmüde, mit all den Tabletten in der Hand im Bad gestanden hatte, wo ich doch die Mutter eines Babys war.

Als ich an den Blumenbeeten vor der Anstalt vorbeilief, kam mir in den Sinn, wie ich in England in unserem Sandkasten gesessen und welche Verzweiflung ich verspürt hatte. Ich dachte, erst jetzt, mit dreiundzwanzig, war schliesslich ‹etwas› in mir zerbrochen, unwiderruflich. Merkwürdig. Damals, als ich klein war und im Sand spielte und meine Mama vermisste, dachte ich, ich würde sterben, doch ich starb nicht.

Gegen acht Uhr traf ich in der Friedmatt ein und wurde in einen riesigen Raum geführt. Da ich keine ärztliche Überweisung besass, begegnete man mir mit gewissem Misstrauen. Ich fühlte mich wie eine Kriminelle, als man mir sagte, ich müsse als erstes gebadet und abgeschrubbt und meine Haare müssten gewaschen werden. Nach dieser erniedrigenden Prozedur, die meiner elenden Verfassung kaum zuträglich war, wurde ich in die Allgemeine Abteilung gebracht. Schüchtern sagte ich, dass ich gerade meine Periode bekäme. Daraufhin drückte man mir eine altmodische, handgestrickte Binde und einen Gürtel von der Sorte in die Hand, die jedes Mal gewaschen und wieder benutzt werden. Anscheinend lebte man hier wirklich noch hinter dem Mond, aber ich hatte im Moment andere Probleme.

Ich kam in einen Saal mit vielen Betten an jeder Seite, die mit Frauen jeden Alters belegt waren; langhaarige, kurzhaarige, rothaarige, schwarzhaarige und blonde Frauen. Einige starrten vor sich hin, andere schliefen. An den Fenstern waren Gitter. Die Tür wurde hinter mir zugeschlossen. Als ich unter die Laken kroch und mich fragte, worauf ich mich eingelassen hatte, fingen meine Krämpfe an...

Ich wurde von einer Stimme geweckt. «Was um Himmels willen machen Sie hier?» Es war ein Professor, der Andreas und Mutter kannte. Er ordnete sofort an, dass ich in ein anderes Zimmer gelegt wurde, und ich erhielt ein reichhaltiges Frühstück, bevor er mich zu sich rufen liess.

Ich muss ziemlich wirr geredet haben, denn ich wusste nicht, was mich eigentlich quälte. Tobias hatte mir immer wieder eingeredet, wie gut wir es doch hätten mit unserer schönen Wohnung, einem Auto, einem Kind, Kleidern, gutem Essen und allem.

«Du musst verrückt sein oder schlichtweg undankbar, dass du nicht mit dem zufrieden bist, was wir haben. Was willst du denn mehr?» Ich wusste es nicht.

«Einfach mehr zusammensein», hatte ich unbestimmt geantwortet. Und er hatte gerufen: «Selbst wenn ich mir alle Haare einzeln für dich ausreissen würde, wärst du noch nicht zufrieden!»

Jetzt, aus der Distanz, wusste ich nicht, wovor ich davongelaufen war. Ich meinte, er hatte mich ja nur zweimal wirklich geschlagen, und wahrscheinlich hatte ich ihn provoziert, hatte es sogar verdient. Hatte ich denn nicht ein schönes Leben? Meine Schwägerin wurde so gut mit allem fertig, und sie hatte zwei kleine Kinder. Warum also ich nicht? Was um alles in der Welt war los mit mir? Ich begann zu weinen, denn nichts, was ich sagte, ergab einen Sinn. Ich sah nur noch, wie ich Ivo verloren und jetzt auch noch in der Beziehung mit Tobias alles kaputt gemacht hatte. Ich war eine Schlampe und Hure und war nun in einer Irrenanstalt gelandet, statt bei meinem Kind zu sein. Ich würde es nie schaffen, mein Leben zu meistern. Ich war eine Versagerin, Vater hatte es schon immer gesagt. Immer und immer wieder versagte ich bei allem, was ich anpackte. Es geschah einfach. Ich merkte nie, wie ich es anstellte, in einen Schlamassel zu geraten. Es geschah einfach.

Der Arzt benutzte viele medizinische Fach- und Fremdwörter, die ich nicht verstand. Da ich mir keine Blösse geben wollte, nickte ich die ganze Zeit. Dann verordnete er mir eine Insulin-Behandlung. Sie bestand aus Tabletten und einer furchtbar süssen Flüssigkeit, die ich morgens trinken musste. So sass ich in meinem Zimmer oder sonstwo in der Anstalt herum. Ich ging zum Essen in den Speisesaal, sass dann im Aufenthaltsraum und fragte mich die ganze Zeit, was ich hier suchte.

In einem Käfig im Garten sass ein schwarzer Rabe.

Man legte eine alte Frau zu mir ins Zimmer. In der Nacht fing sie zu schreien an. Mitten im Zimmer kniete sie sich auf den Boden, riss sich den Pyjama vom Leib, schlug sich gegen ihre welken Brüste und jammerte: «Oh, Heilige Mutter Maria, hab' Erbarmen!» Sie schrie und schlug um sich, als man sie aus dem Zimmer schleppte.

Am nächsten Tag brachten sie ein junges Mädchen. Als ich schlief, stieg sie zu mir ins Bett und kuschelte sich an mich. Sie weckte mich und erklärte mir, dass sie Wärme und Körpernähe brauche; sie sei lesbisch. Ich erwiderte höflich, um ihre Gefühle nicht zu verletzen, dass ich keine Lesbierin sei und lieber allein schlafen würde.

In der darauffolgenden Nacht spürte ich ein starkes Jucken in meinen Schamhaaren. Es brachte mich fast zum Wahnsinn. Ich ging auf die Toilette, um nachzusehen, und fand lauter kleine schwarze Fleckchen. Entsetzt zog ich eines heraus und setzte es auf ein Stück weisses Toilettenpapier. Das Ding bewegte sich! Es hatte Beine! Ich hatte mir Filzläuse geholt von der handgestrickten Binde, die nicht sauber gewesen war – sagte der Gynäkologe, den ich konsultierte. Er meinte, in der Binde müssten Nissen gewesen sein. Ich starb fast vor Scham und Ekel. Er gab mir eine weisse Salbe, und bald war ich diese widerliche Plage los.

Mutter und Andreas besuchten mich und erzählten mir, dass Tobias in ihr Haus gestürmt sei, Arlette aus den Armen meiner Mutter gerissen und sie mit sich genommen habe. Er habe gesagt, er wünsche, dass sie bei seiner Schwester aufwachse. Ich bekam einen Schock, als ich das hörte. Ich war mir nicht bewusst gewesen, dass mein Handeln diese Folgen haben könnte.

Sie sagten, sie würden mir einen guten Anwalt besorgen, den ich kurz darauf traf. Ich sagte naiv: «Ich habe nichts Schlimmes gegen meinen Mann vorzubringen. Ich möchte mich scheiden lassen. Wir sind wie Öl und Wasser, die sich auch nicht vermischen lassen. Er ist ein netter Mensch. Ich bin ein netter Mensch. Also sollten wir uns in Freundschaft und mit Anstand einigen können. Wir haben einen Fehler begangen mit unserer Heirat, und jetzt sollten wir nach einer Lösung suchen.»

Der Anwalt machte mir klar, dass ich auf diese Weise nie zu einer Scheidung käme. Ich würde sie nur erreichen, wenn ich bereit wäre, in aller Öffentlichkeit schmutzige Wäsche zu waschen.

Es war eine langatmige, quälende Prozedur. Mein Anwalt war kalt, knapp und exakt. Da war kein Platz für Gefühle, für einen Schimmer von Menschlichkeit. Ein Trommelfeuer von Fragen prasselte auf mich nieder, und meine Antworten verärgerten ihn, sie waren nie knapp und genau genug. Jedesmal ging ich voller Widerwillen die dunkle Steintreppe hoch zu seiner schäbigen, alten Kanzlei.

Ich blieb drei Monate in der Friedmatt. An Weihnachten und Neujahr brach mir fast das Herz, so einsam fühlte ich mich dort. Mein kleines Mädchen war jetzt anderthalb Jahre alt und machte ihre ersten Schritte. Am Weihnachtstag kam Louise, Tobias' Schwester, mich mit ihr besuchen. Als meine Arlette mich sah, streckte sie beide Arme nach mir aus. Ich rannte zu ihr und drückte sie an mich. Mir liefen die Tränen übers Gesicht. Sie schmiegte ihr kleines Gesicht in meine Halsbeuge und wollte mich keine Sekunde loslassen. Die ganze Zeit hielt ich sie fest an mich gedrückt auf meinem Stuhl in dem nüchternen Besuchsraum. Als die Besuchszeit vorbei war und Louise ihr ihren roten Mantel anziehen wollte, fing Arlette an zu schreien, bis sie blau im Gesicht wurde, und machte sich stocksteif. Sie mussten sie von mir wegzerren.

Als an diesem Abend alle Insassen um den Weihnachtsbaum sassen, sah ich mir diesen zusammengewürfelten Haufen von rührenden Geisteskranken, Spastikern, stöhnenden, kreischenden, sich windenden Menschen an; später dann, in meiner Abteilung, die Depressiven, Stillen, Apathischen. Ich fragte mich, was passiert war mit Gottes Schöpfung, ob es wohl anders wäre, wenn man Ihn nicht ans Kreuz genagelt hätte. Weihnachten! Die Schwestern und Pfleger tanzten am Silvesterabend um den Weihnachtsbaum, an dem ungefährlicher, harmloser Papierschmuck hing. Einige Frauen küssten und umarmten sich und fummelten aneinander herum. Wäre ich doch nur bei meinem kleinen Mädchen!

Ich hatte keine Ziele, keine Richtung, keine Motivation. Was hatte es für einen Sinn, hier zu sein? Was hatte es für einen Sinn, wieder hier herauszukommen?

14

Ich hatte schon zwei Monate in der Anstalt verbracht, als Mutter mir bei einem ihrer Besuche erzählte, dass ein Freund von ihr an einer der Basler Schaubühnen in einem Dialektstück mitwirke. Für eine noch unbesetzte Rolle suche die Gruppe nach einem jungen Mädchen. Da es für mich ein leichtes war, wie vierzehn auszusehen, fragten sie sich, ob ich an der Rolle interessiert wäre. Mir wurde ganz mulmig bei dem Gedanken, auf einer Bühne zu stehen, aber ich hatte mir immer gewünscht zu schauspielern, und so sagte ich zu und erhielt von der Anstalt die Erlaubnis, zu den Proben zu gehen.

Ich fühlte mich von den anderen Menschen isoliert und war mir sicher, dass sie durchschauten, wie daneben ich war, und als Krönung des Ganzen kam ich auch noch aus dem Irrenhaus. Jedenfalls fügte ich mich allen Anweisungen, die Premiere verlief reibungslos. Ich musste ein Fahrrad von rechts nach links über die Bühne schieben und «Guten Abend, Vater» sagen. Im zweiten Akt musste ich das Fahrrad von links nach rechts schieben und «Auf Wiedersehen, Vater» sagen. Ich bildete mir ein, es sei eine der besten Rollen, die je einem Anfänger zugeteilt worden war, und alle meinten zu mir, ich habe einen sehr natürlichen Gang.

Mutter kam, um mir zu sagen, dass ich in einem Monat wieder bei ihr wohnen dürfe. Sie sagte mir auch, dass Louise die Wohnung geputzt und meine schmutzige Wäsche mit nach Hause genommen hätte, um sie zu waschen. Gott, wie untauglich ich mir neben diesen wunderbaren Schweizerinnen vorkam. Louise kümmerte sich neben ihren zwei Kindern jetzt auch noch um meines. Mutter hatte vernommen, dass das Mobiliar zu einem späteren Zeitpunkt aufgeteilt werden würde. Ich bereute nichts. Wenn ich an meine Ehe zurückdachte, gab es nichts, was mir fehlen würde. Jetzt bedrückte mich nur noch die Zukunft von Arlette, aber der Anwalt sagte mir, er werde sich um alles kümmern. Dafür wurde er schliesslich auch bezahlt, und wenn Andreas ihn empfohlen hatte, musste er ja der richtige Mann für diese Aufgabe sein. Glaubte ich.

Während des letzten Jahres meiner Ehe hatte ich mich oft gefragt, welchen Beruf ich gewählt hätte, wenn ich mich frei hätte entscheiden können. Am liebsten wollte ich mit Musik und Bewegung arbeiten. In der Schule war ich immer die Beste im Turnen gewesen. Da entdeckte ich eine Annonce in der Zeitung, in der für eine Gymnastikschule geworben wurde, und schrieb mir die Telefonnummer auf. Nach meinem Erfolg auf der Bühne – in den Kritiken stand, ich sei ein ‹erfrischend natürliches, junges Mädchen› – begann ich wieder, mein Selbstvertrauen aufzubauen. Als man mir erklärte, dass die Ausbildung zur Gymnastiklehrerin drei Jahre dauere und man mit dem Diplom an Schulen unterrichten, Privatstunden erteilen oder Fortbildungskurse geben könne, ging ich mich vorstellen und wurde aufgenommen.

Von nun an war ich dauernd in Bewegung, als ob ich vergessen wollte, wie sehr mir meine Tochter fehlte. Zu der Zeit durfte ich Arlette nur einmal im Monat besuchen, weil man behauptete, dass häufigerer Kontakt sie zu sehr belasten würde und sie dann Mühe hätte, sich in ihrem neuen Zuhause einzuleben. Für uns beide war diese Regelung eine Qual. Nach den Besuchen gingen wir weinend auseinander, und ich stürzte mich wie eine Wilde in Aktivitäten.

Ich begann meine Ausbildung am Basler Konservatorium für Musik, wo auch der Gymnastikunterricht stattfand. Dort verbrachte ich vier bis fünf Stunden täglich. Man hatte mir auch eine Rolle im Basler Fautcuil-Theater angeboten, und ich hatte sie gespannt angenommen. Ich bat Tobias via Anwalt, mir den Wagen zu überlassen, doch er war dazu nicht bereit, weil er meinte, er habe in den letzten zwei Jahren für die Instandhaltung aufkommen müssen. Mir blieb gerade genug Geld aus Vaters Nachlass, um mir die Ausbildung, Kleider und einen gebrauchten Topolino zu bezahlen. Ich rechnete aus, dass wenn ich sorgfältig mit dem Geld umginge, es für meinen Lebensunterhalt reichen würde. Das erste Jahr musste ich für meine Unterkunft bei Mutter nicht bezahlen. Dafür schenkte ich ihr des öfteren Blumen und Schokolade, besorgte Fleisch oder lud sie und Andreas zum Essen ein.

Die Premiere am Fauteuil war grossartig. Ich lebte meine Rolle geradezu. Ich spielte Monika, ein junges, unglückliches Mädchen. Die Kritiker waren ganz begeistert, und ich war ausser mir vor Freude. ‹Olivia war grossartig und spielte ihre Rolle mit Feingefühl. Beeindruckend war sie vor allem in den langen, wortlosen Sequenzen, wo ihre Präsenz auf besonders berührende Weise spürbar wurde. Für ihren ersten Auftritt war sie vielversprechend...›

Ich zeigte die Kritik meiner Mutter und tanzte vor Freude.

«Damit zeigen wir es diesen hochnäsigen Snobs, die auf uns herumtrampeln», sagte sie. Damit meinte sie auch Tobias, der ihr mitgeteilt hatte, er könne seine Tochter nicht bei Leuten lassen, die in Sünde miteinander lebten.

Nach diesem Erfolg bot man mir die Hauptrolle in dem Stück ‹Der Steinbruch› an, welches während dreier Monate in der Schweiz und in Deutschland aufgeführt wurde. Die Bezahlung war gut, und alle Reisekosten wurden übernommen. Da fast die ganze Tournee in meinen Semesterferien stattfand, nahm ich die Rolle an.

Auf der Gastspielreise machte ich die Bekanntschaft von Leopold Biberti, Maria Shell und Maria Becker, Alfred Rasser war mein Partner. Ich lernte sehr viel unter Kohlunds Regie. Allerdings war es manchmal schwierig, mich gegenüber den Leuten aus der Theaterwelt zu behaupten. Meine Freundin Helene brachte Arlette an unseren Wocheneden zu mir oder ich fuhr vor oder nach den Aufführungen stundenlang Auto, um sie zu sehen.

Es war eine grosse Ehre für mich, auf Bühnen wie dem Schauspielhaus in Zürich zu spielen, und ich bekam gute Kritiken. In einem Dorf, wo wir gerade auftraten, kam eine Frau zu mir hinter die Kulissen und sagte, sie sei mein Kindermädchen in Basel gewesen. In Zürich traf ich ‹Grossmamas› Tochter, der mein Name auf einem Plakat aufgefallen und die daraufhin ins Theater gegangen war, um das Stück anzuschauen. Sie kam zu mir in die Garderobe und umarmte mich stürmisch. Jetzt hatte sie schon drei eigene Töchter. Die Schweiz schien voll von meinen ehemaligen Kindermädchen und Bekannten zu sein.

Später wurde das Theaterstück im Fernsehen übertragen, und ich erschien auf der Titelseite von zwei Illustrierten. Die Aufnahmen zeigten mich auf einer Leiter mit vielen Ballons, die über meinem Kopf schwebten, und darüber stand: ‹Die vielversprechende neue Schauspielerin der Schweiz, Olivia. Mit Glück und Charme begann sie das neue Jahr. Wir wünschen ihr weiterhin viel Erfolg.› Aber der Erfolg dauerte nicht an. So wie meine begehrte Schauspielerkarriere wie durch ein Wunder begonnen hatte, so schnell war sie auch schon wieder vorbei. Ich wurde nicht mehr zum Vorsprechen bestellt. Niemand hatte mehr das

Geld, ein Stück auf die Beine zu stellen. Ich schloss daraus, dass meine Schauspielerkarriere, wie vieles andere in meinem Leben, nur ein Zwischenspiel gewesen war.

Alles, was ich damals wirklich wollte, war, meine kleine Tochter bei mir zu haben. Meinen Liebling Arlette, die jedesmal, wenn man ihr am Ende des Besuchs den Mantel anzog, zu schreien anfing, bis ihr Gesicht ganz blau anlief und sie kaum noch atmen konnte. Um mit ihr sein zu können, hätte ich alles aufgegeben und ein neues Leben angefangen. Wie ich sie liebte und wie sehr sie mir fehlte! Ich tröstete mich mit dem Gedanken, dass wenn die Scheidung ausgesprochen wäre, wir zusammensein würden. Ich war davon überzeugt, dass meine Tochter mir zugesprochen werden würde.

Louise und ihr Gatte empfingen mich höflich und kühl und behandelten mich herablassend, wenn ich an jedem dritten Wochenende meine Tochter bei ihnen abholte. Wir gingen zusammen in den Zoo oder unternahmen sonst etwas Aufregendes und gingen nachher bei meiner Mutter vorbei. Mutter und Andreas vergötterten sie, und Arlette fühlte sich bei ihnen wohl. Mir wurde bewusst, wie schnell aus Babys kleine Leute werden, und dass es auch noch ein Leben ausserhalb der Ehe gibt. Die Zeit stand nicht mehr still. Wenn ich zurückblickte, fragte ich mich manchmal, wieso ich dermassen blockiert gewesen war und ob unsere Ehe nicht doch gutgegangen wäre, hätte ich mich zum Bleiben entschlossen. Hatte ich das Richtige getan?

Ich erhielt einen Brief von Val Arnolds. Sie hatte immer noch meine Uhr. Sie schrieb mir, dass ich ihr fehle und dass das Leben in England ihr sehr gefiele. Es war mir, als käme ihr Brief von einem anderen Planeten. Engländer wussten das Leben zu geniessen. Sie erzählte von Partys, Freunden, Vergnügungen und Sport. Sie ritt noch viel auf ihrem Pferd. Ich dachte an Yorkshire und fragte mich, was dort wohl aus mir geworden wäre. Hätte ich nur dort bleiben können! Hier war alles immer so ernst; es lag keine Musik in der Luft, an den Gesellschaftsabenden wurden keine Spiele organisiert, man machte keine Komplimente, trieb fast niemals Schabernack und zeigte sich nie erkenntlich für etwas. Sogar in der englischen Sprache ist der Unterschied deutlich zu erkennen: *Jolly good! Keep it up! Good show! Well done! Sorry about that*... und *you do look lovely!* Dort tönt es so viel höflicher und fröhlicher. Hier war das Wort ‹Spass› suspekt. In den Jahren, die ich in der Schweiz verbrachte, kam ich mir die meiste Zeit vor wie ein Fisch auf dem Trockenen – aber ich wusste, dass ich wegen Arlette nie wieder nach England zurückkehren würde.

Val schrieb mir, dass einer ihrer besten Freunde, Ashley Brown, für die gleiche Chemiefirma arbeite wie einst mein Vater und jetzt nach Basel versetzt würde. Ob er mich anrufen dürfe, und ich ihm Basel zeigen würde? Ich freute mich darauf, wieder einmal jemanden aus England kennenzulernen und mit ihm Englisch sprechen zu können.

Ashley rief mich an. Er hatte eine angenehme Stimme. Wir verabredeten uns vor dem Polizeirevier am Aeschenplatz. Es war Frühling, und ich hatte ein neues blaues Kleid mit einer weissen Schleife an. Ich trug meine Haare kurz und gewellt und sah erholt aus. Die Gymnastikstunden hatten mir sehr gutgetan; ich machte Fortschritte, und meine Muskeln waren durchtrainiert. Von weitem sah ich ihn auf dem Platz auf mich warten. Er stand mit dem Rücken zu mir und wirkte sehr gross. Mir gefielen die klassische Form seines Hinterkopfs und der englische Haarschnitt. Er drehte sich um, wir strahlten uns an – und mochten uns auf den ersten Blick. Wir fuhren aufs Land hinaus, um Mutter zu besuchen. Sie hatte ein grossartiges Menü vorbereitet und Kerzen auf den Tisch gestellt. Über die englischen Witze lachten wir während des Essens Tränen.

Ein Jahr lang war unsere Beziehung sehr glücklich, und Ashley hatte Arlette sehr gern. Wir unternahmen viel Lustiges zusammen; wir schwammen, zelteten, wanderten, gingen ins Kino und sahen uns mit Arlette Kinderprogramme an. Wir waren sehr ineinander verliebt. Er verreiste für eine Woche nach England und kehrte ein paar Tage, bevor ich geschieden wurde und mein Diplom erhielt, zurück.

Ein Jahr lang hatten Tobias und ich nun in Trennung gelebt. Es war eine grosse Belastung für mich gewesen. Ich erhielt die Scheidung fast gleichzeitig mit meinem Diplom. Die Prüfung umfasste Kenntnisse in Anatomie, Rhythmik, Vortanzen zu Musik, eine Gymnastikstunde mit einer Klasse und eine Einlage mit Ball, Seil und Reifen. Ich bestand sie!

Doch die Scheidung war verheerend. Mein Anwalt sagte mir, ich selbst dürfe nicht sprechen – er würde mich verteidigen, für mich kämpfen. Aber Mutter und Andreas lebten immer noch im Konkubinat, und es erschien ihnen wichtig, dass sein Kampf nicht zuviel Staub aufwirbelte. Bei den Sitzungen in dem alten Gerichtssaal musste ich mir schreckliche Anschuldigungen anhören und konnte mich selbst nicht dagegen wehren. Ich sei eine Schlampe. Ich vergass immer, die Zahnpastatube zuzuschrauben. Ich hätte sogar einmal einen Waschlappen für den Abwasch benutzt, als mir saubere Spüllappen ausgegangen waren. Ich sei keine tüchtige Schweizer Hausfrau und keine ordentliche Mutter. Unreif. Schlecht, schlecht, schlecht. Zudem hatte ich noch Ehebruch begangen. Ich sei unfähig, ein Kind zu erziehen, die Folge davon, dass Menschen in Sünde zusammenlebten. Da das Haus meiner Mutter aber das einzige Heim war, wo ich mit Arlette hätte leben können, weil Tobias sich weigerte, für unseren Unterhalt aufzukommen, und er sich gleichzeitig dagegen verwahrte, dass seine Tochter in einem Haus der Sünde grosswerde, wurde sie seiner Schwester Louise anvertraut. Es sei denn, die Sachlage würde sich ändern. Ich werde den triumphierenden Blick, den Tobias mir beim Verlassen des Saales zuwarf, niemals vergessen.

Ich traf Mutter, Andreas und Ashley in einem Restaurant. Mutter sagte: «Mach dir nichts draus. Wir haben dem Anwalt gesagt, dass wir Arlette so oder so nicht hätten bei uns aufnehmen können, weil wir zu alt für so ein kleines Kind sind. Mach dir keine Sorgen. Es ist doch gut so. Du wirst frei sein, deinen Beruf auszuüben und so zu leben, wie du es für richtig hälst, und Arlette wird gut versorgt sein und zudem mit zwei anderen kleinen Kindern aufwachsen. Du siehst sie ja alle drei Wochen.»

Ashley unterbrach sie mit finsterer Miene: «Hören Sie auf, so mit ihr zu sprechen! Können Sie sich denn nicht vorstellen, wie das ist, wenn man soeben sein Kind verloren hat?» Ich liebte ihn dafür. Nach dem Essen, das ich sowieso nicht angerührt hatte, gingen wir zwei lange spazieren. Ich weinte an seiner Schulter. Er war lieb, zärtlich und verständnisvoll. Er drückte mich fest an sich, tröstete mich mit leiser Stimme und wischte mir mit seinem Taschentuch die Tränen weg.

Zu meinem Erstaunen ging das Leben weiter.

Ich lebte nur noch für die Wochenenden mit Arlette. Sie wuchs schnell, wurde älter, aber die Trennung war nie minder schmerzlich geworden.

Samstags um zwölf holte ich sie ab und fürchtete jedesmal die kühle Begegnung mit Louise. Ich machte schnell, dass ich wieder fortkam, um sie ganz für mich zu haben. Wir umarmten uns und hatten viel zu sagen. Wir genossen jede Sekunde unseres Zusammenseins, und nachts schmiegten wir uns aneinander und erzählten uns Geschichten. Doch am Tag danach stand uns der Abschied wieder bevor, und wir konnten uns kaum in die Augen sehen, ohne loszuweinen. Die Sonntage waren bitter.

Mein liebes kleines Mädchen. Ich hatte mir so gewünscht, ihr ein sorgenfreies und glücklicheres Leben bieten zu können, als ich es gekannt hatte, und jetzt machte ich es ihr um so schwerer. Was Tobias uns damit antat, dass er uns, ausser für ein Wochenende, jeden Monat trennte, war unmenschlich. Er bestrafte mich dadurch, dass er sich grausam an seinem unschuldigen Kind rächte. Wie ich ihn hasste!

Ich lebte für die Ferien, die Arlette und ich zusammen verbrachten. Die Schulferien waren die einzige Gelegenheit, einander ungestört nahe zu sein. Nachdem ich mein Diplom erhalten hatte, nahmen Ashley und ich Arlette mit nach Lugano. Wir verbrachten eine herrliche Zeit miteinander. Ashley kehrte nach England zurück, und ich sparte bis zu den nächsten Ferien genug, um mit Arlette reisen zu können. Wir flogen nach Mallorca. Während des Fluges rieb sich Arlette das Bein an der Armlehne des Sitzes auf und sagte: «Ich habe mir die Orangenschale am Bein aufgerieben.» Wir lachten noch Jahre später darüber. Der Flug und Mallorca waren für uns ein grosses Abenteuer. Wir hatten ein Zimmer mit Blick auf den Strand und den Garten und sahen zum ersten Mal in unserem Leben Bougainvilleas. Arlette war ganz fasziniert von den kleinen lila ‹Laternen›. Wir fanden eine streunende, halb verhungerte schwarze Katze und fütterten sie insgeheim aus der Küche. Wie viele Tränen wurden vergossen, als wir sie zurücklassen mussten! Wir machten die Bekanntschaft von Pierre, der mich sofort heiraten und Arlette adoptieren wollte. Er kam aus Paris, arbeitete jedoch in der Sahara. Ich sagte ihm, dass ich nie wieder heiraten würde, für mich sei die Ehe die schlimmste Erfindung. Wenn ich mich lebendig begraben wolle, könne ich dies auf einfachere Art tun. Er nahm es mir nicht übel und wurde mir ein guter Freund. Er fuhr uns in seinem Wagen spazieren, wir unternahmen Bootsfahrten und besichtigten Grotten.

Im Winter fuhr ich mit Arlette zum Skifahren in die Berge. Wir gingen nach Mürren, Kandersteg, Lenk, Zermatt und Gstaad. Nach Mallorca verbrachten wir Sommerferien in Ascona, Italien, Frankreich, Österreich und am Comersee. Wir zelteten oder buchten eine Pauschalreise. Aber immer hatten wir es schön zusammen.

An die Abschiede mag ich nicht denken. Mein Leben lang waren es stets andere gewesen, die Abschied von mir nahmen, und jetzt war es genau umgekehrt. Früher war ich es gewesen, die immer von der Mutter getrennt wurde, nun geschah dasselbe meiner Tochter. Wieso musste mir das passieren? Wieso ihr? Ich wünschte mir, mit Tobias einen freundschaftlichen Umgang pflegen zu können. Wir waren nicht das erste geschiedene Paar. Aber vor dem Verhör im Gerichtssaal hatte er damals verkündet, ich sei von jenem Tag an, wo ich ihm weggelaufen war, für ihn gestorben gewesen. Er hatte sich geschworen, nie wieder mit mir zu sprechen, und er hielt seinen Schwur.

All meine beruflichen Tätigkeiten und Freizeitunternehmungen richtete ich nach den Wochenenden mit Arlette aus. Nur ein Wochenende musste ich ausfallen lassen, weil ich die Grippe hatte. Später erzählte sie mir, wie enttäuscht sie gewesen sei. Sie habe wie immer ungeduldig auf mich gewartet, und als man ihr sagte, dass ihre Mama sie nicht abholen käme, hätte die Sonne für sie aufgehört zu scheinen.

Einmal vor Weihnachten bekam Arlette Fieber, als sie bei mir war, und Andreas meinte, sie müsse im Bett bleiben. Ich rief Louise an, die mir misstrauisch entgegnete, sie müsse zuerst mit Tobias darüber sprechen. Sie rief zurück, um mir zu sagen, dass Tobias befohlen habe, sein Kind um die festgesetzte Zeit wieder abzuliefern, sonst käme er es mit der Polizei holen.

Wir lernten, tapfer zu sein und den Schmerz zu unterdrücken. Viel Kraft und Trost erhielt ich von Ashley. Er hatte sich wieder für drei Monate nach Basel versetzen lassen und verbrachte jede freie Minute mit mir. Jedes dritte Wochenende unternahmen wir etwas Besonderes mit Arlette, die für Ashley schwärmte. Es hätte ewig so weitergehen können, doch dann hielt er um meine Hand an – und ich bekam Angst. Ich lief einfach fort und liess ihn im Zimmer sitzen. Ich ging nach Hause, sperrte mich in mein Schlafzimmer ein und wusste nicht, was ich machen sollte.

Er rief bei uns an, und meine Mutter kam an die Tür und sagte: «Das kannst du ihm nicht antun. Er war immer grosszügig und gut zu dir. Was hast du schon wieder?»

«Ich weiss es nicht.»

«Er will dich heiraten.»

«Ich weiss.»

«Du hast dich stets beklagt, dass dir England und die Engländer fehlen, und nun, wo du alles auf einem silbernen Tablett serviert bekommst, spielst du verrückt. Olly, weisst du überhaupt, was du willst?»

«Nein! Ich habe Angst.»

«Wovor! Du hast *den* Mann gefunden! Er will mit dir nach Yorkshire fliegen, war mit dir in London, in Ausstellungen und in den besten Restaurants der ganzen Stadt. Ihr seid am Flughafen bekannt dafür, dass ihr euch beim Wiedersehen in die Arme fliegt. Alle finden, ihr seid ein schönes Paar. Du hättest es nicht besser treffen können. Er verwöhnt dich, hat viel Humor, liebt Arlette, ist liebenswürdig und sieht gut aus. Was um Himmels willen willst du mehr?»

«Ich weiss nicht. Ich will einfach nie mehr heiraten. Die Ehe ist etwas Schreckliches. Es ist das Schlimmste, was man erleben kann. Von der Minute an, wo man verheiratet ist, wird das Leben zum Alptraum. Ich habe meine Erfahrung gemacht.»

«Olly, und was ist mit mir und Andreas? Eine Ehe würde nichts ändern bei uns.»

«Ich habe dich und Vater gesehen.»

«Aber sieh doch, wie es jetzt ist», schrie sie fast durch die Tür.

«Das ist etwas anderes. Es ist anders, weil ihr nicht heiraten könnt. Ich würde ewig mit Ashley leben, aber nie wieder werde ich mich einem Mann oder dem Gesetz unterwerfen. Ich glaubte, ich sei ein freier Mensch, und im nächsten Augenblick kam das Gesetz und sagte mir, was ich tun dürfe und was nicht und ob *mein* Kind bei mir sein dürfe oder nicht. Nein! Nie, nie wieder werde ich eine Ehe eingehen, und wenn er es nicht ertragen kann, mit mir ohne Ring zu leben, dann muss er eben gehen.»

«Olivia, du weisst nicht, was du sagst. Geh das Risiko nicht ein, ihn zu verletzen und zu verlieren. Er ist einmalig. Ich bin noch nie einem so wunderbaren Menschen begegnet. So eine Chance kriegst du nicht wieder. Und dazu ist er noch Engländer! Ich kann dich einfach nicht verstehen!»

«Ich habe mich selbst nie verstehen können, also gib es auf. Ich bin zu nichts nutze. Ein fauler Apfel. Gib es auf, ich bin ein hoffnungsloser Fall.» Ich öffnete die Tür. «Oh, Mama, ich fühl mich so elend! Ich liebe ihn so und will ihn nicht verletzen.»

Sie ging ans Telefon, wählte seine Nummer und hielt mir den Hörer hin. «Olly?»

«Ashley», schluchzte ich. Er sagte nur: «Ich komme sofort rüber. Ich liebe dich.»

Er kam, und wir sprachen stundenlang miteinander. Ich heulte, bis meine Augen zuschwollen. Er konnte einfach nicht begreifen, wieso seine Liebe mir nicht genügte, wieso ich nicht bereit war, bis ans Ende der Welt mit ihm zu gehen. Ich hätte es gerne getan, doch meine Angst hinderte mich daran.

Er zeigte mir die Ringe, die er von einem Goldschmied hatte anfertigen lassen, kleine Efeukränzchen. Nie zuvor habe ich die Liebe so sinnig symbolisiert gesehen. Ich brannte danach, ihn mir an den Finger zu stecken, doch ich wusste, dass dies nicht möglich war. Diese Angst war grösser als meine Liebe, grösser als mein Wille, und ich hasste mich deswegen.

Einen Monat später kehrte er nach England zurück. Er fehlte mir sehr. Wir schrieben uns während drei Jahren. Ab und zu schickte er mir ein Flugticket. Ich musste fliegen. Ich hatte das Bedürfnis, ihn zu sehen. Wenn ich in London ankam, lief ich ihm in die Arme, und er wirbelte mich herum. Wir lachten und sprachen viel miteinander und liebten uns. Wir gingen zum Essen aus und sahen uns *My fair Lady, Salad Days* und *The Boyfriend* an. Wir assen bei Vera *Swamis* – es war das erste Mal, dass ich indisch ass. In einem Jazzlokal trafen wir den englischen Gesandten von Ghana mit seiner Frau. Nachher wurde uns in ihrer Hotelsuite ein Magnum Champagner serviert. Die Tage, die ich in London verbrachte, waren märchenhaft. Er sprach nie wieder von Heirat, doch jedesmal, wenn wir uns in die Augen blickten, kam ich mir vor wie eine Verräterin.

Unsere Beziehung ging während drei Jahren so weiter, paradiesisch und die Hölle zugleich. In der Zwischenzeit gab ich in Basel Gymnastikunterricht und spielte kleine Rollen in Theaterstücken. Ich ging mit anderen Männern aus und versuchte mir zu beweisen, dass ich die gleiche Einstellung haben könne wie sie. Dass ich Sex ohne Liebe haben, Männer in ihrem eigenen Spiel schlagen und mir nehmen könne, wen oder was ich wollte, und dabei frei und unabhängig bliebe. Doch die ganze Zeit wusste ich, dass ich Ashley und mich selbst betrog.

Bei meinem nächsten Besuch in England verbrachten wir die ersten zwei Wochen in seiner neuen Wohnung in Yorkshire. Wir suchten all die Orte auf, die ich als Kind so geliebt hatte. Wir standen vor Vaters Haus, meinem ehemaligen traurigen Zuhause. Ich bekam eine Migräne. Das Haus von Miss Abbott war leer. Ihre Nachbarn sagten mir, dass sie gestorben sei. Sie hatte nie auf meine besorgten Briefe geantwortet. Am nächsten Tag flog ich zurück, um das Wochenende mit Arlette zu verbringen. Es wurde mir klar, dass es so nicht weitergehen konnte. Ich liebte Ashley sehr, und doch verletzte ich ihn, den ich ausser meinem Kind am meisten liebte. Arlette fragte unaufhörlich nach ihm und vermisste ihn. Ich schrieb ihm, dass ich ihn niemals heiraten würde, weil Tobias das Sorgerecht für Arlette habe und ich nicht ohne sie nach England ziehen wolle. Er schrieb zurück, dass wir das schon hundert Mal besprochen hätten; er könne in Basel arbeiten, und wenn wir verheiratet seien, würde er versuchen, das Sorgerecht für Arlette zu bekommen.

Noch einmal reiste ich nach England. Ich traf seine geschiedenen Eltern, und wir verstanden uns gut. Wir sassen vor dem Kaminfeuer und liessen uns *Muffins* und *Scones* schmecken. Wir verkehrten in den besten Pubs und Restaurants in meinen geliebten Ikley Mooren. Die englische Lebensart war mir in Fleisch und Blut übergegangen. Wir schliefen in einem riesigen Doppelbett und konnten uns nicht nahe genug aneinanderkuscheln. Aber ich durfte nicht dortbleiben. Unsere Liebe war harmonisch; es schien nichts zu geben, was diese Eintracht hätte zerstören können.

Seine Eltern hofften, wir würden heiraten, meine Eltern hatten mich die ganze Zeit bestürmt, und seine Augen sahen mich immer fragend an.

An unserem letzten Abend nahm er mich zu meinem ersten Promenadenkonzert mit. Es wurde von Sir Malcolm Sargent dirigiert, und am Ende des Konzerts sang er mit dem Publikum und seinem Orchester *Land of Hope and Glory*. Ich begriff, dass ich England hingebungsvoll liebte, weil es Tradition hatte und ein Ganzes war wie kein anderes Land. Doch ich würde niemals dorthin gehören.

Beim Abschied am Flughafen wusste ich, dass wir uns nie wieder sehen würden. Ich dachte, mir bricht das Herz und war mir sicher, dass er begriff.

Bei meiner Rückkehr in die Schweiz hasste ich es, wieder zum Basler Dialekt wechseln zu müssen. Er war mir fremd, ich merkte, dass die Sprache mir nicht lag. Ich war empört über die grobe Art, mit der Leute sich vordrängelten, statt in der Schlange zu stehen. Ich hasste die ewige Hetzerei, die hier herrschte, statt der gelassenen Ruhe und Höflichkeit, mit der der Engländer durch die Welt geht. Ich hasste dieses Schweizerische auch an mir selbst. Und ich wusste, dass ich ungerecht war.

Ich reagierte nicht auf Ashleys Briefe. Ich nahm mir eine neue Wohnung und sagte Mama, falls er Kontakt mit ihr aufnähme, solle sie ihm ausrichten, dass es endgültig vorbei sei mit uns. Eines Tages kam sie mit einem Telegramm zu mir. Darin stand: ‹Die Verlobungsfeier wird im Averard Hotel stattfinden. Deine und meine Familie sind dazu eingeladen. Es ist mein letzter Versuch. Komm zu mir, mein Liebling.› Bis zu dem Termin waren es noch drei Wochen. Ich telegraphierte: ‹Ich liebe Dich, aber ich werde niemals heiraten. Es ist vorbei.›

Ohne Halt war er zwei Tage lang unterwegs durch Frankreich, um mich zu sehen. Es war mir, als spürte ich, wie er sich Kilometer um Kilometer näherte. Ich stieg in meinen alten Topolino, verriet niemandem, wohin ich fuhr, und reiste zu Freunden nach Mainz. Sie gehörten einem Kabarettensemble namens ‹Arche Noah› an, das politische Sketche aufführte. Ihr Textschreiber Hans Dieter Hüsch war genial. Seine Texte waren lyrisch und voller Weisheit und Humor. Ich hatte das Ensemble bei der Premiere ihres Stückes *Kinder von Nagasaki* im Fauteuil-Theater entdeckt. In Basel hatte die Gruppe begeistert. Vor unseren Augen entrollten sie die Bilder unserer Gesellschaft und Tragikomisches aus dem Leben. In den lustigen Szenen konnte man sich mit den Schauspielern und den komischen Situationen identifizieren, und vor Verzweiflung hätte man weinen können, wenn sie uns klarmachten, in welchem Desaster die Welt steckte. Hüsch begleitete sich selbst auf dem Spinett, und ich fand seine Mimikry und die kritischen Texte grossartig. Die Schauspieler müssen gesehen haben, wie ich in jeder Vorstellung zuvorderst sass. Bald kannte ich das Programm auswendig. Eines Abends nach der Aufführung lernten wir uns kennen und wurden Freunde. Eines der Paare lud mich nach Mainz ein.

In Mainz dachte ich, das gefunden zu haben, wonach ich immer gesucht hatte: Denkanstösse und anspruchsvolle Diskussionen, die Brillanz von Menschen mit grosser künstlerischer und rhetorischer Begabung. Ich sass in verrauchten Räumen und bekam zu wenig Schlaf; in einer Minute konnte mich eine Einsicht treffen wie ein Blitz, und in der nächsten fiel sie durch ein besseres Argument schon in sich zusammen. Wieder einmal wurde mir vor Augen geführt, dass ich nichts wusste. Je länger ich blieb, desto verunsicherter wurde ich. Die Evolutionstheorie stand auf schwachen Füssen, die Existenz Gottes konnte nicht bewiesen werden; kein Wunder, dass einige der intelligentesten Menschen und grossen Denker verrückt geworden und reiche Männer bankrott gegangen waren oder sich selbst zugrunde gerichtet hatten. Die Welt und das Leben, die ich mir irgendwo dort draussen vorgestellt hatte – man müsste sich ja nur auf sie einlassen, um ihre Wirklichkeit festzustellen – schienen gar nicht zu existieren.

Die Realität war hart wie Stein, und die Ansichten, die ich so leichtgläubig vertreten hatte, waren Träume gewesen. Nur in den einfachen Geschehnissen des Alltags liege das Wahre, aber damit es sich offenbare, müsste ich die einfachen Geschehnisse des Alltags erfassen und bewusst erleben lernen. Ich wollte das nicht gelten lassen. Ich glaubte an die grosse, weite Welt, die darauf wartet, erobert zu werden, ich wollte Spuren hinterlassen, in meinem Leben etwas beweisen – was, wusste ich selbst nicht.

Während ich in Mainz faustische Nächte verbrachte, kam ein verzweifelter Ashley in Basel an. Später erzählte mir Mutter, dass sie ihn kaum trösten konnte. Er habe wie ein Kind geweint und sich nicht damit abfinden können, dass er mich aufgeben müsse. Ich wollte von seinem Leiden nichts wissen.

Nach zehn Tagen in Mainz fuhr ich wieder einmal ein Stück desillusionierter und einsamer nach Hause zurück.

Meine Mutter betonte, wie kalt und unmenschlich ich mich verhalten habe. Nach allem, was Ashley in den letzten Jahren für mich getan habe, hätte ich ihn mit einem Schlag vernichtet, als hätte ich mit einem Messer sein Herz durchbohrt. Ich erwiderte, ich könne nichts dafür. Ich würde ihn vermissen, aber es sei vorbei.

Arlette vermisste ihn auch. Sie war zu einem wunderschönen kleinen Mädchen herangewachsen. Ihr Haar war in zwei Zöpfe geflochten, sie hatte Grübchen, rote Wangen, eine lustige Zahnlücke und strahlend grüne Augen. Wir spielten und lachten viel zusammen, doch die Sonntage endeten in Tränen. Der Schmerz dieser abendlichen Trennungen liess mit den Jahren nicht nach. Nachdem ich sie wieder in ihr Zuhause gebracht hatte, stand ich vor der geschlossenen Tür, hörte ihr Weinen und eine verärgerte Louise, die schnippisch sagte: «Ich muss die schmutzige Arbeit verrichten und die Tränen ertragen. Sie bekommt das Sonntagskind und braucht mit ihm nur zu spielen. Iss jetzt! Iss, damit ich fertig werde mit der Arbeit! Wir sind nicht hier, um dich zu bedienen. Iss, damit du rechtzeitig ins Bett kommst!»

Oh, wie weh das tat! Dieser Ton. Mein kleines Mädchen.

15

Ich stürzte mich in die Arbeit. Von sieben Uhr morgens bis nachmittags gab ich an mehreren Schulen Sport- und Gymnastikunterricht. Das war eine Tortur, denn die meisten meiner Schüler im Teenageralter waren grösser als ich, und es brauchte einiges, sie ins Schwitzen zu bringen und die Disziplin aufrechtzuerhalten.

An einigen Nachmittagen ging ich in Altersheime, um mit alten Menschen Fitnessübungen zu machen. Im Sitzen liessen wir zu Musik unsere Hand- und Fussgelenke kreisen, streckten und beugten uns, rollten oder warfen uns gegenseitig einen Ball zu oder standen im Kreis, um uns gegenseitig Rücken und Nacken zu massieren. Diese Übungen machten ihnen grossen Spass. An den Abenden gab ich Rhythmikkurse an Weiterbildungsschulen, und samstagmorgens erteilte ich in dem Studio, das ich gemietet hatte, Privatunterricht. Eine Zeitlang gab ich zweiundfünfzig Turnstunden die Woche.

In der Ferienzeit verreiste ich jedesmal mit Arlette. Das Beste war gerade gut genug. Den Rest des Jahres war ich zu beschäftigt und meist zu erschöpft, um gross nachzudenken. Ich kaufte mir Unmengen von Kleidern und ging nur zu den teuersten Coiffeuren. Ich hatte das Bedürfnis nach schönen Dingen, das Bedürfnis, mich selbst zu verwöhnen. Doch trotz allem fühlte ich mich leer.

Ich ging zu Fasnachtsfesten und -bällen, spielte in Guggenmusiken und gewann Preise für die originellsten Kostüme. Ich tanzte und flirtete und war immer die ausgelassenste, und doch war da eine innere Stimme, die ich nicht zum Schweigen bringen konnte. Ich wollte mir nicht eingestehen, dass ich alles andere als glücklich war. Was war das überhaupt, Glück? Wie kam ich auf die lächerliche Idee, dass wir alle ein Anrecht darauf haben? Das Leben war doch eher ein Unglück; eine Schicksalsspanne, eine Aneinanderreihung von mal besseren, mal schlechteren Zufällen, durch die man sich irgendwie durchbeissen musste.

Also machte ich mir zehn weitere Jahre lang vor, dass ich frei sei und es mir deswegen doch gut gehen müsse. Ich hatte Hochs und Tiefs, focht innere Kämpfe aus, in denen ich mein Gewissen mehr und mehr zurückdrängte. Ich blickte auf meine Kindheit zurück und auf all die Scherben in meinem Leben und gab meiner Mutter die Schuld dafür. Warum hatte sie nicht gemerkt, was Vater tat? Warum hatte sie mich immer fortgeschickt? Warum hatte ich keine liebevolle Familie wie jeder, den ich kannte? Warum fühlte ich mich immer noch überall ausgestossen? Warum?

Ich war voller Groll gegen meine Mutter; ich ärgerte mich, dass ich immer noch das ‹brave Mädchen› für sie spielen, mich immer noch nach ihren Erwartungen richten musste, zu tun oder zu lassen hatte, was sie wollte oder nicht wollte, wenn ich bei ihr war. Immer noch warf sie mir ihren pikiert-strengen ‹Lass das, Olivia!›-Blick zu und kriegte mich klein damit. Sie hatte mich immer noch vollkommen in der Hand. Ich und frei? Was war Freiheit? Mein Leben war voller Begrenzungen, und ich war in mir selbst gefangen. Manchmal hätte ich meinen Kopf gegen die Wand schlagen können. Wohin trieb es mich?

Die Kunst war etwas, worin ich vollkommen aufgehen konnte. Wenn ich einen guten Film sah, wie *La Belle et la Bête* von Cocteau oder *Les Enfants du Paradis,* war es, als ob ein Feuer in mir brannte, etwas aus mir herausbrechen wollte. Die Gewalt, die in der Welt herrschte, die allgegenwärtige Kriegsgefahr trafen mich. Ich hasste jeden Mangel an Feingefühl und fand es schrecklich, was Tobias und ich uns gegenseitig und unserem Kind angetan hatten. Und was hatten sich Menschen in Kriegen zugefügt, was hatten sie mit hilflosen Kindern und Tieren gemacht! Warum konnte es nicht nur Liebe geben und Schönheit, Humor und gute Gefühle? Warum Neid und Besitzgier, Illusionen und Rivalität? Wenn ich Mozarts *Zauberflöte* lauschte, kamen mir die Tränen; dass ein Mensch ein Werk von solcher Grösse und Reinheit schaffen konnte! Für mich stand Mozart mehr als jeder andere Komponist dafür, ‹das Leid besiegt› zu haben.

Nach solchen Höhenflügen prallte ich gewöhnlich wieder hart auf den Boden der Realität, fand eine unbezahlte Rechnung in der Post oder hatte mich mit einer ungezogenen Schulmädchenklasse herumzuschlagen. Oder ich gab mir besondere Mühe beim Waschen von Arlettes Kleidern, denn ich wurde immer noch schief angeguckt wegen meiner fehlenden hausfraulichen Fähigkeiten – und prompt ging sie mir ein oder ich verfärbte sie. Das Bügeln ihrer Sachen wurde zur Nervenprobe. Ich hatte immer noch die Stimme des Richters im Ohr: «Sie lässt die Zahnpastatube offen liegen. Benützt einen Waschlappen als Spüllappen.» Oder hörte noch meine angeheirateten Verwandten: «Lüften die Frauen in England denn nicht ihre Betten, achten sie nicht auf tadellos eingeschlagene Laken?» Die Erinnerung daran konnte mich immer noch aus der Fassung bringen. Und ich verachtete mich dafür, dass ich nie einen Spüllappen oder eine Zahnpastatube in die Hand nehmen konnte, ohne dass die Erinnerung daran schmerzlich hochkam!

An einer der Abendschulen, wo ich unterrichtete, lernte ich eine wundervolle Frau kennen, die an meinem Kurs teilnahm. Sie war im Sternzeichen der Fische geboren wie ich selbst, und wir mochten uns auf Anhieb. Sie hiess Claire. Sie war älter als ich und trug einen langen, rötlich-braunen Pferdeschwanz. Sie bewegte sich anmutig, und wir begannen, zusammen Volkstänze einzuüben. An meinen freien Wochenenden verbrachten wir viele fröhliche Stunden damit. Das war meine erste wirklich kreative Erfahrung. Wir traten gemeinsam an Familienfesten, Hochzeiten und Abendveranstaltungen auf und ernteten viel Applaus. Es war ein neues Betätigungsfeld, das mir Freude machte und mir mehr Geld einbrachte.

Ich befreundete mich mit vielen meiner anderen Kursteilnehmer und -teilnehmerinnen und begann, mich langsam in Basel zu Hause zu fühlen. Als mein Stundenplan zu anstrengend für mich wurde und ich Rückenschmerzen bekam, fing ich an, an einigen Morgen und Abenden Englisch zu unterrichten. Der Direktor der Abendschule war auf der Suche nach Englischlehrern gewesen, als ich ihm sagte, dass ich fliessender Englisch spräche als den Basler Dialekt. Der Unterricht, den ich dann mehr als zehn Jahre lang gab, machte mir grossen Spass. Durch ihn bahnten sich viele weitere Freundschaften an. Langsam begann ich, sie zu sammeln wie Briefmarken.

Ein neuer Kollege an der Abendschule – sein Name war Roland – lud mich zum Essen ein. Danach übernachtete ich bei Claire und schwärmte ihr von ihm vor. Er war gross, hager und dunkel und hatte leuchtendblaue Augen. Claire und ich hatten an einem der nächsten Tage eine Tanzvorführung und er kam, um sie sich anzusehen. Wir gingen nun öfter miteinander aus, und dann fragte er mich, ob ich ihn nicht an Ostern auf seiner Reise nach Griechenland begleiten wolle. Da Arlette diese Ostern bei Tobias sein würde, sagte ich zu; ich war noch nie in Griechenland gewesen.

Ich war von der Schönheit des Landes überwältigt. Athen! Eine sonnendurchglühte Stadt, aus der die Akropolis hervorragte. Das Freundliche und Warmherzige der Menschen in der Altstadt und auf den vielen Inseln, die wir später besuchten, erfreute uns jeden Tag aufs Neue. Mykonos war ein Juwel von einer Insel: Weissgewaschene Häuser und Windmühlen leuchteten vor einem strahlend blauen Himmel. Ein zahmer Pelikan am Strand kam zutraulich auf alle Touristen zu, die auf die Insel kamen. Auf Ios, einer winzigen Insel mit einer Windmühle auf dem einzigen Hügel, beförderten Esel die Lasten auf und ab durch die engen Gassen. Die Leute kamen zur Begrüssung aus ihren Häusern und boten uns Essen und Unterkunft an; Kinder umringten uns und schenkten uns ihr schönstes Lachen.

Der Olymp! Immer werde ich mich an die Blumenpracht erinnern, die zwischen den weissen Säulen und Statuen der Antike erblühte, an die hochgewachsenen Zypressen, an die ehrfürchtige Ruhe dieser Stätte, an das unglaublich helle Licht, von dem alles überflutet war; man sagt, dieses Licht gebe es nirgends sonst auf der Welt. Roland und ich sassen vor dem kleinen Museum und beobachteten riesige, braune Ameisen, wie sie sich mit erstaunlicher Kraft durch den groben, gelben Sand gruben. Ein besonderes Erlebnis war das Meer für uns Einwohner der Schweiz, diesem kleinen, landumschlossenen Gebirgsland.

Und dann, mitten in den Ferien, wurde mein Begleiter wie aus heiterem Himmel verrückt.

Wir waren auf der Insel Kos. Vor meinen vor Schreck weit aufgerissenen Augen verwandelte sich dieser blauäugige, immer lächelnde, fröhliche Mann in einen finsteren, schwarzen Teufel, dem sich buchstäblich das Haar im Nacken sträubte. Er schmetterte die Kamera, die Andreas ihm geliehen hatte, gegen einen Felsen, stürmte dann in das Zimmer, das wir gemietet hatten, und zerschlug dort alles, was ihm in die Finger kam.

Ich war vollkommen fassungslos und bekam es mit der Angst. Wer war dieser Mann?

Ich floh in ein kleines Fischerlokal im Dorf und versuchte, meine Gedanken zu sammeln. Was war passiert? Nachdem wir am Morgen einen Spaziergang gemacht und uns dann gegenseitig aus einem Buch vorgelesen hatten, hatten wir am Strand gesessen und von Claire gesprochen. Ich erzählte ihm gerade, was für eine traurige Liebesbeziehung Claire durchlebt habe und dass sie sich nie recht davon erholt habe, als er plötzlich schrie: «Zum Teufel mit Claire und dem langweiligen Klatsch über ihren alten Liebhaber. Ich bin zum dritten Mal geschieden, habe drei uneheliche

Kinder und fünf aus meinen Ehen. Zum Teufel mit deinen belanglosen Geschichten! Du weisst ja gar nicht, wen du vor dir hast. Wenn du wüsstest, wie oft ich in meinem Leben gescheitert bin, würdest du nur noch heulen. Und wer, glaubst du eigentlich, bist du, dass du da diese Volkstänze mit den Griechen tanzt, ihnen allen schöne Augen machst, immer mit ihnen im Kreis – und ich gehör' nicht dazu, ich stehe abseits!» Dann hatte er zu weinen begonnen, und es hörte sich fürchterlich an, wie er unter heftigem, lautem Schluchzen auf einmal die Kamera zerschmetterte. Als er fortrannte, sagte er: «Immer stehe ich ausserhalb, ich bin wie durch gläserne Wände vom Leben abgetrennt.»

Ich war so verunsichert und bestürzt, dass ich eigentlich abreisen wollte, aber aus Mitleid ging ich zurück. In dieser Nacht nahm ich ihn, gross wie er war, wie ein Kind auf den Schoss, wiegte ihn und sprach ihm leise Trost zu.

Er erzählte mir, wie es ihm wieder und wieder passiert war. Immer war es, als ob ihm die Tür zum Leben verschlossen bliebe, und er es nur von aussen betrachten könnte. Immer wieder suchte er sich neue Partnerinnen und wurde völlig destruktiv gegen sie, wenn er sie nicht kopieren konnte. Wenn seine Partnerin Schauspielerin war, wollte er Schauspieler werden, wenn sie schrieb, wollte er Schriftsteller werden, wenn sie tanzte, wollte er ein Tänzer sein. Aber er war zu allem zu alt und hatte nichts Kreatives an sich, und so konnte er sich seine Sehnsüchte nie erfüllen. Dann entwickelte er Hassgefühle und Zerstörungslust; er konnte nichts dagegen tun. Er meinte, jetzt, wo er über sein Problem habe sprechen können, würde es sicher besser werden. Während der nächsten Tage weigerte er sich, sich zu waschen oder die Kleider zu wechseln. Er stank furchtbar und trank sehr viel. Am fünften Tag zerschlug er den Tisch und das Bett. Ich war gerade auf die Aussentoilette gegangen und hörte den Lärm. Ich versteckte mich und wartete, bis er auf dem Boden eingeschlafen war, dann schlich ich mich hinein, packte meine Sachen und ging.

An diesem Nachmittag waren wir in einem kleinen Fischerlokal gewesen. Wir hatten Salat mit Oliven und bröckligem, weissem Ziegenkäse gegessen und Retsina getrunken, den weissen Wein mit dem sonderbaren Aroma des Kiefernharzes, als nacheinander die Männer, erst einer, dann zwei, dann fünf aufstanden und zu tanzen begannen. Den Frauen hielten sie Taschentücher hin und zogen sie damit in ihren Kreis. Ein alter Fischer hatte auch mir das Taschentuch gereicht, und ich hatte mich bereitwillig in den Kreis ziehen lassen.

Dieser spontane griechische Tanz war das Wunderbarste, was ich je erlebt hatte. Es war etwas Unvergleichliches, wie die Griechen mit ihrem Sirtaki ihre Lebensfreude ausdrückten und alle Sorgen hinter sich lassen konnten. Dieses gleiche, tief verwurzelte Gemeinschaftsgefühl durch alte Traditionen hatte ich auch an der ersten Fasnacht in Basel erlebt. Alle schienen vollkommen gelöst, vom gleichen Glücksgefühl ergriffen zu sein, um das ich Anthony Quinn in *Zorba the Greek* so beneidet hatte. Wenigstens hier stand die Realität der Fiktion in nichts nach. Seit meiner Kindheit war es das, wonach ich immer auf der Suche war: unbeschwerte Freude. Ich war als Kind darum betrogen worden. Sie war so selten zu finden, und wenn ich sie einmal fand, war es so oft passiert, dass jemand alles daran gesetzt hatte, sie mir zu verderben. Daran dachte ich, als ich mich auf den Weg zum Schiff machte, das mich nach Athen bringen sollte. Ich trat meine Rückreise nach Basel an.

Nach unserer Griechenlandreise fand ich Rosen unter dem Scheibenwischer meines Autos und bekam Briefe, in denen mich Roland bat, zu ihm zurückzukehren und Vertrauen in ihn zu haben, doch ich wagte nicht, unsere Beziehung wieder aufzunehmen.

Ich konzentrierte mich ganz auf meine Arbeit und Arlette. Gerade zu diesem Zeitpunkt wurde mir die Wohnung gekündigt, und ich lebte wieder bei meiner Mutter, doch wegen ihrer mir altbekannten Putzwut hatten wir ständig Scherereien. An einem Tag ging es gut, am nächsten sprach sie wieder kein Wort mit mir. Es gab Zeiten, da konnte ich ihr nichts recht machen. Wenn ich manchmal spät nach Hause kam und mich so leise wie möglich die knarrenden Treppen hochschlich, gab sie sich besorgt um meinen guten Ruf und meinen gesunden Schlaf. Wenn ich zu Hause blieb, war sie am Nörgeln, dass ich zuviel Badewasser und Strom verbrauchte und beklagte sich, ich würde mich an ihrer Gesichtsreinigungsmilch und ihrer Watte vergreifen. In dieser Zeit fing sie damit an, Teppichschützer auf die Teppichschützer der Teppichschützer für die Teppichschützer zu legen – und über das Ganze kam dann noch ein Plastikschutz. Das Gehen in der Wohnung wurde langsam zu einem Hindernislauf.

Ich war verzweifelt auf der Suche nach einer Wohnung.

Ich war niedergeschlagen und brachte kaum noch die Kraft auf, mich zu etwas aufzurappeln. Doch wenn ich mich an meinen freien Tagen im Bett verkroch, signalisierte Mutter ostentativ ihre Missbilligung, also raffte ich mich wieder auf.

Ich setzte mich dann irgendwo hin, aber mit Schuldgefühlen, weil sie lautstark mit dem Geschirr klapperte oder mit dem Staubsauger hantierte. Nie konnte ich mich einfach irgendwohin zurückziehen. Das hatte zur Folge, dass ich alles, was ich anpackte, so lustlos machte, dass wir uns bald gegenseitig auf die Nerven gingen. Manchmal flüchtete ich mich zu Claire und schüttete ihr mein Herz aus.

«Viele Menschen sind unfähig zu lieben oder sie haben Angst davor», sagte sie mir. «Wahre Güte ist Anteilnahme, bedeutet, sich mitzuteilen und miteinander zu wachsen, doch wenn Liebe von Schuldgefühlen belastet ist, wird man bitter und gehässig und letztendlich selbstzerstörerisch. Roland muss ein Mensch voller solch unaufgearbeiteter Probleme sein, voller Ablehnung und Schuldgefühle . . . wie deine Mutter.»

Claire war wieder mal dabei, mir einen ihrer Vorträge zu halten. Trotzdem hörte ich ihr zu, als sie sagte: «Nur wenige unter uns können wahrhaft lieben. Ich besuchte einmal einen Vortrag von Senioren über die Liebe. Darin wurde gesagt, dass Liebe Selbstvergessenheit bedeute. Ist es wirklich so, dass wir uns ganz auf unseren Partner konzentrieren, nur seine oder ihre Erfüllung, sein oder ihr Glück im Sinn haben? Oder benützen wir sie, um unsere eigenen Bedürfnisse zu befriedigen? Können wir das wirklich für Liebe halten, wenn wir Menschen benutzen?

Olivia, du hast mir so viel von dir erzählt, dass ich den Schmerz kenne, den dir die Einsamkeit bringt und weiss, wie sehr du es brauchst, geliebt zu werden. Du scheinst ausgehungert nach seelischer und geistiger Nähe. Wir leben in einer Welt voller Schmerz, meine Liebe. Wenn man leidet, ist man auf sich selbst konzentriert. Wenn du leidest und auch deine Freunde leiden, ist es schwer, einander Trost zu geben. Wir können nicht selbstvergessen werden. Wir bleiben in unserem Ego gefangen und haben kein Auge für die Bedürfnisse des anderen. Du wirst so lange unglücklich und voller Sehnsucht sein, wie du deine Probleme nicht lösen, nicht vergeben und vergessen und die Vergangenheit nicht hinter dir lassen kannst, so dass sie deine Gegenwart nicht immer wieder belastet. Doch das zu lernen, ist das Schwerste in diesem Hindernislauf, dem Leben.»

Ich fühlte mich wie erschlagen. Ich würde es nie schaffen. In der Theorie schien alles so einfach zu sein, doch ich war unfähig, sie in die Praxis umzusetzen.

«Schau nicht so traurig, Olly. Du bist auf dem besten Weg, denn du bist dabei zu suchen, nachzudenken. Du stellst Fragen, du hast nicht aufgegeben. Schau, wenn wir geboren werden, sind wir wie die Knospen einer Rose. Wir sind verschlossen und zerbrechlich. Wir werden uns nur öffnen und wachsen können, vertrauen lernen und all unsere Begabungen entwickeln können, wenn wir Liebe und Wärme empfangen. Wenn nicht, können wir uns nicht normal entwickeln.

Ich habe bei meiner Geburt Fruchtwasser geschluckt. Ich konnte dann nichts bei mir behalten und wurde mit Kräutertee ernährt. Ich schrie Tag und Nacht, machte mich ganz steif und stemmte mich mit beiden Armen ab, wenn meine Mutter mich aufnehmen wollte. Mit drei kleinen Kindern am Hals und schon wieder schwanger begann sie bald, mich abzulehnen. Ich erinnere mich nicht, dass meine Mutter mich – oder ich sie – je liebkost hätte. Auch habe ich zwischen ihr und Vater nie eine zärtliche Geste gesehen. Er war ein in sich gekehrter Mann, der nur zu arbeiten und zu schlafen schien. Mutter kümmerte sich um alles. Mit meinen Geschwistern konnte sie ganz unbefangen umgehen. Ich aber fühlte mich immer ausgeschlossen. Olly, ich habe niemals lieben gelernt. Als ich einmal liebte und wiedergeliebt wurde, war ich derart abhängig, dass ich nie darüber hinweggekommen bin, als er mich vor fünfzehn Jahren wegen einer jüngeren Frau verlassen hat. Immer noch vermisse ich ihn, und immer noch tut es weh, als sei es erst gestern gewesen. Du hast auch nie dauernde Zuneigung erfahren. Immer und immer wieder wurdest du fortgestossen. Kein Wunder, dass sich deine Persönlichkeit nicht natürlich entwickeln konnte. Trotzdem ist es grossartig, was du leistest, und ich bewundere dich für deinen Mut, immer wieder darum zu kämpfen, eine Beziehung aufzubauen.»

«Claire, ich hasse Sex. Jedesmal habe ich Angst davor, doch ich zwinge mich dazu. Als ob ich dadurch lernen wollte, die Angst zu überwinden. Ich suche verzweifelt danach, ‹normal› zu werden. Jedesmal, wenn eine Beziehung scheitert oder etwas schiefgeht, habe ich das Gefühl, versagt zu haben, im Unrecht zu sein, und dann verliere ich von neuem das bisschen Selbstvertrauen, das ich habe. Ich halte mich für eine miserable Mutter, ausserstande, Arlette die nötige familiäre Wärme, Liebe und Geborgenheit zu geben.»

«Das ist eben der Teufelskreis. Wenn du nicht gelernt hast, was Liebe und Geborgenheit sind, wenn du selbst nie ein richtiges Familienleben erfahren hast, wie kannst du das alles dann weitergeben? Es ist nicht deine Schuld. Du versuchst zu lernen.

Und ich glaube, du bräuchtest eine gute therapeutische Unterstützung dabei.»

«Das habe ich schon versucht. Es war schrecklich! Ich habe gar nicht verstanden, wovon der Arzt überhaupt geredet hat. Und dann diese dummen Tests. Ich habe dabei weder gelernt, mich besser zu verstehen, noch meine Probleme besser zu bewältigen. Alles, was ich von ihnen erfahre, ist, dass ich einen unglaublich hohen IQ habe. Was nützt mir das?»

«Es gibt verschiedene psychologische Gruppen und Behandlungsansätze. Vielleicht hast du die geeignete noch nicht gefunden? Schau, bleib doch zum Tee. Ich würde gern mit dir sprechen. Es tut mir weh, dich so traurig zu sehen. Du hast gar keinen Grund, so wenig Selbstvertrauen zu haben. Ich habe gesehen, wie du mit Arlette umgehst. Du bist eine wunderbare Mutter, und sie liebt dich über alles. Unglückseligerweise sind wir Frauen in der Schweiz dieser männerorientierten und -dominierten Gesellschaft auf Gedeih und Verderb ausgeliefert. In ein paar Jahren hättest du Arlette allein aufziehen können. Abgesehen davon hätte ein reiferer Mann als Tobias seinem Kind nie so unmenschliche Bedingungen aufgezwungen und dabei in Kauf genommen, dass es dabei nicht wiedergutzumachenden Schaden nimmt. Sein Stolz und sein Egoismus bedeuten ihm mehr als das Wohlergehen seines Kindes. Er wird eines Tages dafür bezahlen müssen, doch dann ist der Schaden bei Arlette und auch bei dir vielleicht schon irreparabel. Alles, was du tun kannst, ist, ihr all deine Liebe zu geben, wenn ihr zusammen seid. Ansonsten kannst du dich nur in Geduld üben. Wenn du hart arbeitest und lernst, innerlich und äusserlich zur Ruhe zu kommen, kannst du immer vor Gericht gehen und darauf pochen, dass deine Lebenssituation sich verändert hat.»

Claire drückte mich an sich.

«Du darfst den Wandel nicht von aussen erwarten – oder von einem Mann! Versuche, selbst an dir zu arbeiten, selbst zu reifen. Lerne, dich auf dich selbst zu verlassen und hab Vertrauen in dich. Wenn du einmal Vertrauen und Selbstachtung hast, wirst du nicht mehr das Gefühl haben, andere hätten das Recht, dich zu verurteilen und herabzusetzen. Solange du von einem Partner zum anderen gehst, wirst du dich immer mehr verlieren. Nur wenn du dir selbst ein guter Freund und Partner bist, kannst du jemand anderem Freund und Partner sein. Ich bin sicher, dass du es schaffst, denn ich habe dich als einen wunderbaren, wertvollen Menschen kennengelernt. Wir müssen dich nur erst einmal aus all dem Schutt, der auf dir lastet, herausgraben! So, was möchtest du zum Essen?»

«Oh Claire! Deine Gesellschaft tut mir immer so gut. Ich habe zwar anfangs manchmal Angst davor, dass du mir die Leviten liest, aber wenn ich mich dann darauf einlasse, was du sagst, und merke, dass du mich wirklich gern hast, kann ich so viel von dir lernen. Ich habe dich lieb. Du bist der grossartigste Mensch, dem ich je begegnet bin.»

«Nun übertreib' nicht! Ich bin diejenige, die dankbar ist, dich kennengelernt zu haben. Ich komme so gern in deinen Gymnastikkurs. Du machst deine Arbeit hervorragend. Siehst du! Das ist etwas, worauf du stolz sein kannst. Ich habe schon viele verschiedene Lehrer gehabt, und ich bin dreissig Jahre älter als du. Lass mich dir sagen, dass ich bei keinem eine solche Vielseitigkeit gefunden habe. Immer wieder hast du neue, tolle Ideen.

Mit dir zu arbeiten macht grossen Spass. Deine Tänze mag ich besonders. Sollen wir heute abend an einem ungarischen Tanz arbeiten, den ich gelernt habe?»

«Ja! Nur zu gern!»

Nach einem guten, leichten Essen vertieften wir uns in unsern Tanz, bei dem wir wie immer alles um uns herum vergassen. Ich rief Mutter an, um ihr zu sagen, dass ich bei Claire übernachten würde. Wir holten ihr Feldbett hervor, und ich war viel zu müde, um darauf zu achten, dass es an Bequemlichkeit zu wünschen übrigliess. Ich schlief wie ein Murmeltier.

Claires Wohnung hatte einen riesigen Dachgarten, auf dem wir am nächsten Morgen frühstückten. Während wir unsere Croissants assen, beobachteten wir ihre Tauben, die in dem Vogelbad zwischen den Dachgartenpflanzen herumplanschten. Wir konnten von hier aus auch die Schiffe auf dem Rhein vorbeigleiten sehen. Ein heimisches Gefühl für Basel überkam mich, und ich war dankbar, eine solche Freundin zu haben. Um zwölf Uhr würde ich meine Tochter abholen, die jetzt schon zur Schule ging.

Bis zum Mittag half ich Claire in ihrem Dachgarten. Während ich ihre Pflanzen beschnitt, sagte ich: «Ich weiss nicht, wie du das machst. Die ganze Woche über arbeitest du in diesem schäbigen kleinen Büro, das du hasst, gehst jeden Mittag nach Hause, verbringst das ganze Wochenende über deinen Pflanzen und findest immer noch Zeit für so viele interessante Dinge.»

«Ich liebe meine Pflanzen und die Vögel. Sie entschädigen mich teilweise für die vierzig Jahre, die ich arbeiten muss, um mit fünfundsechzig meine Pension zu bekommen und frei zu sein. Nur noch sieben Jahre! Hier kann ich auftanken. Ich habe meine Büroarbeit immer gehasst, aber ich hatte keine Wahl nach dem Krieg. Ich musste meine Eltern unterstützen, jetzt meine Mutter und meine Schwester, aber nun habe ich es bald geschafft. Wie ich mich darauf freue! Endlich mit meiner Zeit anfangen zu können, was ich will! Ich kann es kaum noch erwarten!»

Ich war beeindruckt von ihr. Mir würde ich das nie zutrauen. Und mir ging auf, dass Claire genauso alt war wie meine Mutter.

Ich machte mich auf den Weg, winkte Claire noch zu, die sich über ihr Balkongeländer beugte, und liess das Dach von meinem Topolino herunter. Ich fühlte mich so befreit, als hätte ich all meine Sorgen dort oben gelassen. Bei einer wundervollen Freundin, die mich lieb hatte, der ich vertrauen und mit der ich sprechen konnte. Ihre Meinung war mir wichtig, und die Gedanken, die sie sich machte, erinnerten mich an jene Gespräche mit Ivo, die ich seitdem so vermisst hatte. Und jetzt hatte ich ein ganzes Wochenende mit Arlette vor mir.

16

Ich sehnte mich nach meinem kleinen Mädchen. Allein in meinem Studio begann ich, mich aufzuwärmen, und machte lustlos ein paar Übungen. Es war früh an einem Montagmorgen, der Raum im Untergeschoss war kalt. Ich bereitete meine Lektion zu Oscar Petersons *Night Train* vor – mein bestes Rezept gegen schlechte Laune. Schwerfällig durchmass ich diagonal den Raum, fing an zu improvisieren, sprang, schlitterte – dann Schritte, Hüpfer, Sprünge. Auf einer Matte in der Mitte des Raumes machte ich Bodenübungen: Rolle vorwärts, Überschlag. Ich dehnte und streckte mich. Und plötzlich floss es; mein Körper wurde zum willigen Instrument, er gehorchte nicht mehr mir, sondern dem Rhythmus der Musik. Was Rhythmus bewirken konnte für Körper und Geist! Mit den neuen Verfahren und Entwicklungen auf dem Gebiet der Rhythmik war es eine Freude, all dies meinen Schülern beizubringen, die für ihr Geld von mir ein gutes Körpertraining erwarteten, das ihnen auch Spass machen musste. Als sie nacheinander eintrafen und wir uns begrüssten, störte es mich nicht mehr, dass sie kamen, um sich bei mir aufzutanken, wo ich oft selbst so leergepumpt war, sondern jetzt brannte ich darauf, meine Freude mit ihnen zu teilen, mit ihnen in den Rhythmus einzutauchen wie in einen erfrischenden Wasserfall...

Zwölf Uhr. Die Musik hatte aufgehört, und alle waren gegangen. Ich war müde; nachdem ich Arlette gestern zurückgebracht hatte, hatte ich eine schlaflose Nacht gehabt, die ich jetzt spürte. Da ich bis vier Uhr frei hatte, beschloss ich, in das Café um die Ecke zu gehen, gegenüber dem Park. Ich wollte dort etwas essen und die Lektionen für später vorbereiten.

Ich war gerade darin vertieft, als ich von dem Lärm eines aufheulenden Motors in der Garage nebenan aufgeschreckt wurde. Ich sah einen jungen Mann im Overall in einem Ferrari; mit quietschenden Reifen kreiste er um die Tanksäulen. Die anderen Automechaniker aus der Garage standen dabei und schauten ihm zu; sicher hatten sie nicht oft ein solches Auto zur Verfügung. Der Fahrer beendete seine Vorstellung, und ich vertiefte mich wieder in meine Arbeit, als ich von neuem von diesem Lärm unterbrochen wurde. Wütend schaute ich auf, und ein junger Mann am Nebentisch bemerkte: «Ob das unbedingt sein muss?!» Ich sah ihn an.

«Wir kennen uns», sagte er, «wir haben uns vor Jahren einmal getroffen. Sie bewohnten ein Appartement mit Ihrem Mann und Ihrem Baby. Ich heisse Schmied, Sam Schmied.»

«Verzeihen Sie, aber ich erinnere mich nicht.» Es war mir peinlich, aber ich erinnerte mich wirklich nicht.

«Wir haben uns eines Abends bei einer Einladung kennengelernt. Es waren sehr viele Leute da, aber Sie sind mir in Erinnerung geblieben. Ich habe Sie seitdem des öfteren in Basel gesehen.»

«Es tut mir leid, dass ich Sie nie wiedererkannt habe. Ich hoffe, Sie haben mich nicht für unhöflich gehalten.»

Er fragte mich, ob er sich zu mir setzen dürfe, und als er aufstand und ich ihn voll anblickte, war es mir eine Sekunde lang, als sagte mir eine innere Stimme: «Das ist er. Dort ist deine Zukunft, dein Schicksal, deine Geborgenheit.» Eines dieser unheimlichen, unerklärlichen Ereignisse. War es nur Einbildung? Eine flüchtige Laune, getragen von der Hoffnung auf einfache Lösungen? Oder reines Phantasiegebilde? Ich schob diese Gedanken fort, als er sich setzte. Er war nicht viel grösser als ich, trug eine Brille und einen riesigen Schnurrbart, der sich auf beiden Seiten nach oben kringelte. Er war von stämmiger Statur und strahlte Verlässlichkeit und Freundlichkeit aus, auch Klugheit. Irgendetwas an ihm gab mir das Gefühl, als ob ich einen sicheren Hafen gefunden hätte, einen Ort der Ruhe und des Friedens im Sturm. Doch was um alles in der Welt malte ich mir denn da aus?

«Ich bin Photograph. Ich komme gerade eben von einem ziemlich anstrengenden Auftrag. Ich musste Fotos in einem Metallwerk für einen neuen Werkkatalog aufnehmen und mit den Leitern und meiner schweren Ausrüstung immer hin und her. Es war drückend heiss dort drinnen. Also dachte ich, ich genehmige mir ein kühles Bier, bevor ich raufgehe. Ich wohne in diesem Haus hier, mein Atelier ist oben im Penthouse.»

«Das hört sich sehr interessant an. Ein Photograph muss sicher sehr vielseitig sein?»

«Das stimmt, aber die Photographie kann auch reine Routine sein, Alltagsarbeit, mit der man seine Brötchen verdient. Das ist dann eher langweilig. Aber es gibt auch aussergewöhnliche Aufträge. Nächste Woche zum Beispiel fliege ich nach Nordafrika, nach Libyen. Von der Universität Michigan aus findet eine archäologische Grabung an einem Ort namens Appollonia in der Nähe von Cyrene statt. Ich bin als Photograph dorthin bestellt, und alle Spesen werden bezahlt. Auch mein Honorar ist sehr gut – das ist immer hilfreich, wenn man selbständig ist.»

«Oh! Das ist aufregend. Eine archäologische Ausgrabung? Es muss faszinierend sein, zu wissen, dass man der erste ist, der seit Hunderten von Jahren diese ausgegrabenen Gegenstände zu Gesicht bekommt.»

«So ist es. Zuerst werden Photos von diesen Gegenständen gemacht, sowie sie aus der Erde kommen, und dann später noch einmal, wenn sie restauriert sind. Doch, ich freue mich sehr darauf. Es macht immer Spass, mit Universitätsleuten aus den Staaten zu arbeiten.»

«Haben Sie das schon zuvor getan?»

«Ja, ich war Photograph für die Universitäten Michigan und Princeton bei der Expedition zum alten Sankt-Katharinen-Kloster in der Wüste Sinai. Sie dauerte fünf Monate, und wir wurden gute Freunde. Diese Zeit gehört zu den interessantesten meines Lebens.»

«Was für eine Gelegenheit!»

«Ja. Später reiste ich dann mit einem anderen Photographen durch ganz Afrika. Das war wunderbar.»

«Nun, dann haben Sie sicher einen tollen Beruf und ein abwechslungsreiches Leben. Ich beneide Menschen, die die Möglichkeit zum Reisen haben.»

«So oft ist das nun auch wieder nicht der Fall. Aber erzählen Sie mir doch etwas über sich. Wie alt ist ihr Baby jetzt?»

«Das ‹Baby› ist achteinhalb Jahre! Ich bin geschieden und arbeite als Gymnastiklehrerin. Mein Studio ist gerade um die Ecke.»

«Dann muss sich ja für Sie vieles verändert haben. Es muss auch eine interessante Arbeit sein.»

«Ja, sie gefällt mir. Obwohl ich kaum zum Reisen komme. Ich unterrichte noch Englisch an der neuen Abendschule.»

«Wie kommt denn das? Sprechen Sie gut Englisch?»

«Ja, ich ging über vier Jahre in Yorkshire zur Schule. Ich ziehe das Englische dem Deutschen vor, und auch England gefällt mir besser.»

«Warum leben Sie nicht mehr dort?»

«Weil man nicht immer so kann, wie man will.»

«Es ist lustig, ich spreche auch lieber Englisch.» Und mit einem starken amerikanischen Akzent fuhr er auf Englisch fort: «Dann könnten wir doch Englisch sprechen. Ich hatte seit Jahren nicht mehr die Gelegenheit.»

Ich stimmte in sein Lachen ein und antwortete: «Natürlich. Das ist grossartig, finde ich. Sie hören sich wie ein Yankee an.»

«Würden Sie gern hochkommen und mein Atelier sehen?»

Ich konnte mir nicht verkneifen: «Sagte der Photograph zu der Frau des Bischofs beziehungsweise zur Gymnastiklehrerin!»

Mit der Zwanglosigkeit des englischen Humors entstand ein gutes Einvernehmen zwischen uns, so dass wir beide wieder lachen mussten.»

«Ich würde gern Ihr Penthouse sehen», antwortete ich, «aber ich habe noch zwei Lektionen vorzubereiten. Danach bin ich zwar frei, aber ich habe meiner Mutter versprochen, ihr Fleisch zu bringen.»

«Ist das weit? Müssen Sie dort zum Essen bleiben?»

Ich war übervorsichtig geworden und dachte, dass ich lieber zuerst seine Wohnung sehen würde, bevor ich mit ihm ausginge – sollte er die Absicht haben, mich zu fragen –, denn ich hoffte, anhand seiner Umgebung und seines Lebensstils mehr über ihn zu erfahren.

«Nach meinen zwei Stunden könnte ich schnell bei Ihnen vorbeikommen, bevor ich das Fleisch kaufen gehe und nach Hause fahre. Mutter wohnt draussen am Binningerweg. Ich glaube, sie erwartet, dass ich zum Essen bleibe. Ich habe das Wochenende mit meiner Tochter dort verbracht, und meine Leute waren sehr entgegenkommend, also habe ich das Gefühl, ich schulde es ihnen. Sie sind sehr eigen.»

Wir brachen auf, und ich ging in mein Studio, um meine Vorbereitungen zu treffen. Die Stunden liefen gut. Ich machte neue Übungen mit Bällen und beendete sie mit neuen schwungvollen Experimenten. Ich freute mich kolossal auf das Wiedersehen mit Sam. Ich musste den Lift bis ganz nach oben nehmen, dann noch eine Treppe hochsteigen und dann auf das flache Dach hinaus. Dort zeigte ein Pfeil auf eine rote Tür: ‹Photoatelier Sam Schmied›. Ich klopfte an und öffnete strahlend. Ein starker Geruch von chemischen Lösungen hing in der Luft und vermischte sich mit dem Duft von frisch gekochtem Kaffee. Zwar verband ich Kaffeegeruch immer mit dem Gefühl von Heimeligkeit, aber von Kindheit an konnte ich keinen Kaffee trinken, ohne dass mir schlecht wurde.

Er bot mir einen Orangensaft an und führte mich herum.

Ein grosszügiger Balkon zog sich um das ganze Penthouse. Man konnte ganz Basel überblicken. Die Aussicht war herrlich, sogar die benachbarten Ziegeldächer sahen schön aus.

Das Atelier war riesengross und weiss möbliert. Überall standen Lampen, silberne Reflektoren, elektronische Blitzlichtlampen, riesige Rollen mit farbigem Kartonpapier, das als Hintergrund diente, Leitern und Stative. Irgendwo in einer Ecke stand wie verloren ein Ledersessel vor einem Fernsehapparat. Ich stellte mir Sam vor, wie er allein dort sass. Neben dem Atelier lag der Wohnbereich mit einer sehr grossen Küche und der Dunkelkammer mit den Entwicklungstischen. Im Wohnzimmer hatte er seinen Schreibtisch, Aktenordner und eine Schreibmaschine, rechts davon in einer Ecke stand sein Bett. Regale voll mit Büchern, Schallplatten und einer wertvollen Hi-Fi-Anlage zogen sich an einer Seite des Zimmers die ganze Wand entlang. Ein Totenschädel, ein ägyptischer Fez und andere Schätze standen oder hingen neben abgeschabten Teddybären und einem schlagseitigen Plüschhasen mit nur einem Ohr. Die Wand vor seinem Schreibtisch war von herausgerissenen Zeitungsausschnitten übersät. Ich konnte mir den kleinen Jungen in diesem Mann gut vorstellen. Und wieder hörte ich die innere Stimme: «Das ist er.» Wieder schalt ich mich, ich solle nicht so naiv sein.

Stolz zeigte er mir ein paar alte, mundgeblasene Glasfläschchen, die er von einem Mönch in dem alten Kloster geschenkt bekommen hatte, Beduinenarmreifen, kleine Wandteppiche, Photos – alles liebevoll gehegte Erinnerungen. Die Zeit in dem Kloster im Sinai schien ihn tief geprägt zu haben.

Bewegt sprach er von dieser heiligen alten Stätte, der Abgeschiedenheit, in der sie lag, den Felsen, der Wüste, dem Himmel, der Stille. Er beschrieb mir die Architektur, die Ikonen und Kunstgegenstände. Er erzählte, wie er jeden Morgen um vier Uhr durch das Glockengeläut aus dem Schlaf gerissen wurde, von den Gebeten und dem Singsang der Mönche, ihrem Klopfen auf dem Semantron, ihren Kabbeleien und Disputen und sonstigen nur allzu menschlichen Schwächen.

Was ihn besonders beeindruckt hatte, war die Begegnung mit der Geschichte auf Schritt und Tritt. Er erzählte mir vom Ritual des Brotbackens, von seinen Fotoaufnahmen, den Kamelritten auf dem Berg Sinai, den Wadis, Oasen und Gärten. Der vermeintliche Brennende Dornbusch und die Quelle, auf die Moses stiess, hatten die Lage des Klosters und sein Überleben seit dem

Sechsten Jahrhundert begründet. Vor dem Trinken musste das Wasser abgekocht werden. Fred, einer seiner besten Freunde, war eines Tages der Prozedur müde geworden, füllte Wasser in eine Flasche und beschriftete sie mit dem Etikett: ‹Was gut genug für Moses war, ist auch gut genug für Fred.›

Sams Schilderung war so spannend, dass ich darüber völlig die Zeit vergass und mich beeilen musste aufzubrechen. Ich kaufte das beste Steak, das ich finden konnte, was mich fast meinen ganzen Tageslohn kostete und fuhr dann nach Hause. Ich versuchte, Arlettes Abschiedstränen zu vergessen und konzentrierte mich ganz auf die schönen Stunden, die wir am vergangenen Wochenende gemeinsam verbracht hatten. Ich lief zum Haus, und da die Tür offenstand, konnte ich hören, wie Mutter am Telefon sagte: «Nun hatte sie doch diesen Doktor, den Lehrer, einen netten Mann in bester Stellung, und da geht sie hin und verdirbt wieder alles. Ich kann sie einfach nicht verstehen. Sie ist bald dreissig. Jedesmal, wenn sie jemanden kennenlernt, geht es wieder schief. Kein Wunder! Nie macht sie ihr Bett so sorgfältig, wie sie eigentlich könnte, oder reibt das Spülbecken trocken oder hängt ihr Handtuch und den Waschlappen zum Trocknen auf den Balkon, wie ich es ihr sage, und immer muss ich ihre Tasse abtrocknen, weil sie zu spät aufsteht und immer in Eile ist...» Ich muss einige Minuten so dort gestanden haben, rot vor Zorn, bis ich plötzlich das Fleisch auf den Tisch knallte, mich umdrehte und die Tür hinter mir zuschlug. Ich lief zum Auto zurück. Meine Mutter! Meine eigene Mutter, die hinter meinem Rücken so über mich sprach. Wieder diese engstirnigen Nörgeleien und Beschuldigungen! Waschlappen! Handtuch! Ich hatte sie dorthin gehängt, wo sie hingehörten, nämlich ins Badezimmer.

Am Morgen hatte ich meine Tasse abgewaschen und sie zum Trocknen auf die Ablage des Spülsteins gestellt. Ich hatte alles ordentlich hinterlassen, obwohl ich es eilig hatte, zur Arbeit zu kommen. Doch schon während ich in Eile alles aufräumte, *wusste* ich, dass es sicher wieder irgendetwas auszusetzen geben würde. Immer war ich verkrampft und angespannt in Mutters Haus, denn was ich auch tat, ich konnte es ihr einfach nicht recht machen. Wenn Arlette da war, konnte sie tun und lassen, was sie wollte, und Mutter und Andreas waren ungemein tolerant und liebenswürdig. Alle drei Wochen war ich dann überzeugt davon, dass sie einfach wunderbar und grossartig seien. Ich verwöhnte sie und versuchte, das Gefühl loszuwerden, ich stünde in ihrer Schuld. Ich kam mir ihnen gegenüber minderwertig vor und war überzeugt, sie würden mich nie ganz annehmen, und war ständig unter Druck, irgendetwas beweisen zu müssen.

Ich fuhr zu Claire und liess meinem Kummer freien Lauf. Ich erzählte ihr von den Kinderheimen, in die ich geschickt worden war, wie man mich dazu gebracht hatte abzutreiben und wie ich gedrängt worden war, Tobias zu heiraten. Wie sie mich mit einem Anwalt, den sie ausgewählt hatten, dazu überredet hatten, alles zu unterschreiben, und ich deshalb das Sorgerecht für Arlette verlor. Dass sie mir nie angeboten hatten, Arlette und mich nach der Scheidung bei sich aufzunehmen. Wie man mich früher immer zu anderen Leuten oder in Heime abgeschoben hatte, wie Mutter mich in Bradford immer mit Vater und Frau Dresden allein gelassen hatte, wenn sie nach Basel fuhr und von ihrer Ahnungslosigkeit darüber, was Vater jahrelang an mir verbrochen hatte. Dass ich immer das Gefühl hätte, undankbar zu sein oder zuviel von ihnen zu verlangen. Und dass jedesmal, wenn ich versuchte, mit meiner Mutter über all dies zu sprechen, ich nur die Antwort bekäme, ich solle mich nicht so wichtig nehmen, und sie wieder zu ihrer Putzerei überginge.

Claire meinte, ich solle zu Hause anrufen und Bescheid sagen, dass ich bei ihr schlafen würde.

Mutter war sehr kühl. Sie sagte: «Es tut mir leid, dass du mein Gespräch mit Laura mitangehört hast, aber ich mache mir doch solche Sorgen um dich. Ich kann erst in Frieden sterben, wenn ich dich in guten Händen weiss. Es geschieht doch nur aus Liebe zu dir.»

Ich sagte nur leise: «Ja, Mutter. Es ist schon in Ordnung. Gute Nacht.» Claire meinte, das sei die reinste moralische Erpressung. Sie fand, ich solle mich auf meine Arbeit konzentrieren, mir eine eigene Wohnung nehmen und dann beweisen, dass ich durchaus auf eigenen Füssen stehen könne, um Arlette so bald wie möglich zu mir nehmen zu können.

Am folgenden Tag fand ich voller Freude eine Nachricht von Sam an der Windschutzscheibe meines Topolinos. «Hoffe, Deine Lektionen verliefen gut. Schau doch bitte kurz bei mir rein. Möchte Dich etwas fragen, Sam.»

Also schaute ich kurz bei ihm rein. Das gleiche Lächeln, der gleiche Geruch hinter der roten Tür, das gleiche anheimelnde Gefühl.

«Würdest du heute abend mit mir zum Essen ausgehen?» Seit meinen Erlebnissen im Kinderheim in Fernsburg hatte ich Angst davor, mit Leuten zu essen, die ich noch nicht gut kannte. Oft brachte ich absolut nichts herunter. Immer steckte ich in einem Dilemma, denn ich wollte niemanden verletzen, und ich wollte die Einladungen auch nicht ausschlagen, denn ich brauchte Gesellschaft, aber ich wusste einfach nicht, wie ich meine Blokkierung erklären konnte.

«Das ist sehr nett von dir, aber ich habe selten grossen Hunger», sagte ich. «Vielleicht nur ein Sandwich.»

Sam lachte schallend. «Du bist das erste Mädchen, das zögert, sich zum Essen ausführen zu lassen. Bist du wegen deines Berufes auf Diät?»

«Nein, ich bin einfach keine grosse Esserin.» Ich brach in Tränen aus. «Um Himmels willen, was hast du denn? Ich lade dich zum Essen ein, und du beginnst zu weinen. Bin ich denn ein Monster?»

«Ich hatte einen schrecklichen Krach mit meiner Mutter; es passiert einfach immer wieder, und jedesmal, wenn ich denke, alles ist in Ordnung, wenn ich zuversichtlich und gelöst bin, jedes verdammte Mal passiert es dann doch wieder. Es ist schrecklich. Seit ich denken kann, geht es so.»

«Also, wenn ich du wäre, würde ich mich nach einer Wohnung umsehen und mein eigenes Leben führen.»

«Ich weiss nicht, ob ich mir das auf die Dauer leisten kann, denn meine Kursteilnehmer sind noch nicht sehr zahlreich und auch nicht sehr verlässlich. Mich schrecken die vielen fixen Kosten ab, die dann auf mich zukommen. Ich habe gerade erst die Anwaltskosten, die Kosten für die Möbellagerung und die Autoreparaturen bezahlen können. Die Miete für mein Studio ist ziemlich hoch, und ich brauche auch noch Matten, mehr Bälle und Reifen. Ich sehe meine kleine Tochter ja nur an den Wochenenden, und deswegen spare ich auf die Ferien mit ihr. Ich weiss einfach nicht, wie ich das schaffen soll.»

«Weisst du was?» Sam sah mich verständnisvoll an. «Jetzt trocknen wir schön die Tränen und werden etwas Gutes essen gehen, und bei einem Glas Wein erzählst du mir alles der Reihe nach.»

Er schaffte es, mich zu beruhigen, so dass ich auf einmal zuversichtlich war, er würde meine Essphobie verstehen, also war ich einverstanden. Er ging mit mir in die ‹Pfeffermühle›, eines der gemütlichsten Restaurants in Basel im Chaletstil. Im Kerzenschein sah sein Gesicht schon ganz vertraut aus, als ob wir uns seit langem kennen würden. Wir bestellten, ich nahm mir nur kleine Portionen, und auf diese Weise ging es ganz gut. Als wir zum

Dessert kamen, sagte ich, ich könne keinen Bissen mehr herunterbekommen. Ein Mädchen mit einem Korb Rosen machte die Runde, und er wählte die schönste Blüte für mich aus und schenkte sie mir.

Nach dem Essen machten wir einen nächtlichen Spaziergang durch die Stadt. Plötzlich blieb er stehen und sagte: «Würde es dir gefallen, auf meine Wohnung aufzupassen, bis ich aus Afrika zurück bin?»

«Soll das heissen, du würdest mich dort wohnen lassen?»

«Ja. Du würdest von zu Hause wegkommen und könntest dich in Ruhe nach eine Wohnung umschauen, und ausserdem gäbe es dann jemanden, der meine Pflanzen giesst und meinen Briefkasten leert.»

Ich war gerührt.

Wir gingen zu ihm, und er zeigte mir, was ich alles zu erledigen hätte.

Von da an hatte er viel um die Ohren. Ich bekam noch einige Kursteilnehmer und musste neue Stunden einschieben, und auf einmal war der Zeitpunkt seiner Abreise gekommen. Wir hatten uns seit jenem Abend nicht mehr gesehen, da er viel Arbeit und noch eine Menge Papierkram zu erledigen gehabt hatte. Wir machten ab, dass ich am Abend vor seiner Abreise vorbeikommen sollte, damit er mich mit dem Hauswirt bekanntmachen könne. Sam stellte mich ihm vor und sagte, er hinterliesse bei ihm eine Liste der Dinge, die ich wissen müsse, und den Hausschlüssel. Ich sollte am nächsten Tag einziehen, er breche schon frühmorgens auf.

Ich konnte es kaum erwarten. Seit meiner Scheidung hatte ich zweimal eine eigene Wohnung gehabt. Die eine war billig gewesen, dafür hässlich und unbequem, mit dem Klo im Hinterhof. Nachdem ich mir darin die Grippe geholt und die kalten Winternächte dort mit Bauchschmerzen und hohem Fieber verbracht hatte, war ich nach Hause zurückgegangen. Die zweite war einfach zu teuer gewesen, und jeden zweiten Monat stieg die Miete. Ausserdem hatte ich nachts, ganz allein in der Wohnung, immer Angst gehabt. Ich hatte mich nie daran gewöhnen können und es gehasst, abends heimzukommen. Deswegen zögerte ich es meist so lange wie möglich hinaus, ging einfach irgendwohin. Sass inmitten von Fremden. Dort fühlte ich mich genauso allein, und hinterher musste ich doch heim in die leere Wohnung – so wie in den Zeiten, als ich noch verheiratet war.

Zumindest hatte ich die Hoffnung gehabt, jemanden kennenzulernen, wenn ich mich dazu entschloss, auszugehen. Und jetzt, wo das eingetroffen war, wollte ich unbedingt meine Angst vor dem Alleinleben überwinden. Jetzt wäre die Gelegenheit dazu!

Mutter war immer noch kühl zu mir. Doch sie sagte, es tue ihr leid – was so selten geschah und ganz und gar aussergewöhnlich war, dass wir uns tränenreich versöhnten, als ich mich, bepackt mit meinen Büchern, meinem Schreibzeug und einigen Kleidungsstücken, verabschiedete. Ich sei jetzt nur noch einen Sprung von meinem Arbeitsplatz entfernt, sagte ich ihr.

Ich bekam den Schlüssel. Herr Werner, der Hauswirt, war sehr freundlich und liess mich wissen, dass er für mich da sei, wenn ich etwas bräuchte. Mir war ganz heiss vor Aufregung und Freude, als ich die rote Tür aufschloss. Ich ging hinein, liess meine Sachen fallen, breitete die Arme aus und drehte mich im Kreis. Wieviel Platz ich hier hatte, wieviel Bewegungsfreiheit, und endlich einmal wieder ungestört! Herrlich! Ich ging zum Fernsehapparat und fand dort eine Notiz.

«Zum Anstellen roten Knopf drehen. Für Programmwahl hier drücken... ich wünsche Dir eine schöne Zeit. Schau Dir eine gute Sendung für mich mit an. Alles Liebe, Sam.»

Ich lächelte und stellte den Fernseher an, ging alle Programme durch und stellte ihn dann wieder ab. In der Küche lag ein Zettel auf dem Kühlschrank: «Hallo, kleines Google-oogle! Nimm dir einen Joghurt, etwas kaltes Fleisch, ein bisschen Wein, etwas Schokolade – was immer Du möchtest. Was mein ist, ist auch Dein. Lass es dir gut gehn!» Mir wurde ganz warm. Ich drückte den Zettel an mich, als ich in das Wohn-Schlaf-Arbeits-Zimmer ging. Auf dem Schreibtisch stand ein Strauss Rosen. Auf dem Bett lag eine Schachtel Pralinen. Ich begann zu weinen – und gleichzeitig laut zu lachen. Ich lief wie eine Irre durch die ganze Wohnung, ins Bad, ins Klo, in das winzige Gästezimmer. Überall fand ich kleine Zettel. Neben der Toilette, neben der Badewanne! Was für ein Mann. Oh, was für ein Mensch! Was für ein wundervoller Junge, Mann, ich wusste nicht was, eben einfach Sam!

Es brauchte einige Zeit, bis ich meine Sachen verstaut hatte. Ich schaute mir seine Schallplatten an und sah, dass er zwar kaum klassische Musik besass, dafür aber eine beachtliche Sammlung von hervorragenden Jazzplatten, sein Geschmack war allerdings sehr viel modischer als meiner. Auch auf dem Plattenspieler lag ein Zettel: «Keine menschliche Hand hat meine Platten je berührt, nur die Kanten!» Ich machte mir eine Tasse Tee, briet mir zwei Eier, schälte eine Karotte und einen Apfel und setzte mich in das Atelier vor den Fernseher. Es war ein komisches Gefühl, der Ton hallte in dem grossen Raum wider. Ich spürte die altbekannte Angst in mir hochsteigen, also ging ich in das kleine Wohnzimmer und schloss alle Türen. Ich nahm ein Bad und beeilte mich dann, in seinem Bett unter die Decke zu kriechen, wo ich noch etwas las und dabei Pralinen ass. Morgen abend werde ich Claire einladen, beschloss ich, als ich mir die Zähne putzen ging. Ich las, bis ich fast dabei einschlief. Plötzlich wurde ich durch ein lautes Scheppern aus dem Schlaf gerissen. Ich erschrak fürchterlich, und es brauchte all meinen Mut, um nachzusehen und festzustellen, dass die Topfdeckel vom Küchenregal heruntergefallen waren. Am nächsten Morgen war ich zwar müde, aber zufrieden und stolz auf mich. Ich ging zur Arbeit und kehrte mittags voller Freude heim, um eine Kleinigkeit zu essen und zu duschen. Am Abend kam Claire. Ich kochte uns etwas, führte sie herum und zeigte stolz auf all die Zettel von Sam. Sie meinte: «Er scheint ein sehr origineller Mensch zu sein. Ich habe noch nie ein solch interessantes Mischmach aus Nippes, kostbaren Gegenständen und ganz gewöhnlichen Dingen gesehen. Mir gefällt sein Geschmack. Er muss sehr humorvoll sein.»

«Allerdings», sagte ich. «Er ist sehr, sehr nett.»

Nachdem Claire gegangen war, setzte ich mich hin und schrieb einen Brief an Sam. Ich konnte ihm gar nicht genug danken und beschrieb ihm meinen Einzug. Ich konnte seine Antwort kaum erwarten. Ich war so glücklich, als stünde Weihnachten vor der Tür.

Mein nächstes Wochenende mit Arlette dort war phantastisch. Wir lagen auf dem Boden in seinem Atelier und spielten Ball. Dann gingen wir in mein Studio, und ich brachte ihr einen Tanz bei. Wir machten einen Einkaufsbummel und gingen dann zum Rhein hinunter. Unten im Haus, in dem Sam wohnte, gab es ein Restaurant, wo wir assen. Es war für uns beide alles neu und aufregend. Für einmal waren wir ganz für uns allein und unternahmen viele Dinge, nur wir zwei. Mit Bangen sahen wir dem Sonntagabend entgegen, wenn ich sie um sechs Uhr wieder abzuliefern hatte.

Sam schrieb mir. Er wünschte mir eine gute Zeit in seiner Behausung und erzählte mir von den Gesichtsmasken, den Schilden der alten Streitwagen, den Kupfergefässen, die bei den Ausgrabungen ans Licht gekommen waren, und von seiner Aufgeregtheit bei den Photoaufnahmen. Er schrieb von der Morgendämmerung, den Sonnenuntergängen, der unendlichen Weite und hinreissenden Schönheit der Landschaft. Er freue sich darauf, mich wiederzusehen. Ich konnte nicht verstehen, dass ein Mensch wie er nicht verheiratet war.

Sam kehrte zurück, und ich bereitete mich darauf vor, wieder auszuziehen, doch er wehrte ab. Meine alte Angst, mein altes Misstrauen kamen hoch! Er sagte, ich könne in dem kleinen Gästezimmer wohnen, bis ich eine passende Wohnung gefunden habe – wie lange es auch dauere. Wollte ich das? Was wollte ich? Alles schien zu einfach. Erwartete er, dass ich ihm etwas bezahlte? «Kann ich die Miete bezahlen?» fragte ich. «Nein. Wenn du Lust hast, kannst du ja hin und wieder kochen. Ich habe eine Putzfrau, die zweimal im Monat kommt. Du bist willkommen.»

Ich machte mich auf die Suche nach einer billigen Wohnung – doch sehr halbherzig, und allzubald wurde mir alles zu alltäglich. Ich wollte ihn als eine Art ‹Mr. Wonderful› bewundern, eine Beziehung haben, eine schöne Zeit mit ihm – doch aus sicherer Entfernung.

Wir waren uns nicht im klaren, wie verstört und verwirrt ich immer noch war. Weder ich selbst, noch meine Mutter, noch Sam wusste, wie wenig es mir gelungen war, über das tiefe Leid, das ich in meiner Kindheit erfahren hatte, hinwegzukommen; und keinem von uns war bewusst, welch inneren Schaden, welchen Schmerz meine gescheiterte Ehe mir zusätzlich zugefügt hatte. Hinter dem immerwährenden Lächeln auf meinem Gesicht verbarg sich ein Mensch voller Gram, ein Gefühlskrüppel, ein Mensch im Krieg mit sich selbst. Entweder klammerte ich mich an andere Menschen oder tat so, als ob ich niemanden bräuchte in meinem Bemühen, ein Leben zu führen, das ich für normal hielt. Immer wieder fragte ich mich, warum all diese Anstrengungen in Misserfolgen endeten. Insgeheim hatte ich seltsame Gedanken, Vorstellungen und Ideen, doch nach aussen versuchte ich, zu reden, zu denken und zu handeln wie die anderen. Immer war ich verwundert darüber, dass diese ‹anderen› so mühelos zu funktionieren schienen. Es war so erschöpfend, sich ständig darum zu bemühen, den Schein zu wahren, so zu erscheinen wie alle anderen, während ich mich innerlich dafür hasste, anders zu sein und gegen den Strom zu schwimmen.

Ich lebte in einem inneren Chaos, war voller Abwehr und verurteilte mich ständig. Je mehr ich meinen Charme einsetzte und von einem Flirt zum anderen sprang, um mir zu beweisen, dass ich die beste, intelligenteste, tüchtigste, hübscheste, liebenswerteste Frau auf der Welt sei, desto überzeugter wurde ich, im Grunde eine Niete zu sein. Die fortwährende Anstrengung, meine Vorzüge unter Beweis zu stellen, pumpte mich aus und brachte mich fast um. Und ich lebte in der immerwährenden Angst, als das entlarvt zu werden, was ich zu sein glaubte: ein verdorbenes, schmutziges, eitles, oberflächliches Nichts. Ein der Liebe oder Achtung unwürdiger Mensch, ein Versager.

Ich war der Meinung, dass jeder mich schliesslich verlassen würde, also wurde es wichtig für mich, jemanden fallenzulassen, bevor man mich fallenliess. Aber vielleicht könnte ich es ein einziges Mal schaffen. Wenn mich einmal jemand lieben würde, mich, dieses ungezogene, schlechte Mädchen, dann könnte ich vielleicht besser werden. Aber nein, dies wäre gar nicht möglich, ich verstand doch nicht einmal die einfachsten Dinge. Ich war unordentlich und hatte Angst, allein zu schlafen, konnte in Gesellschaft von Fremden nicht essen. Hatte Mühe, Sachen zu lernen und sie zu behalten, konnte mich kaum konzentrieren. Es war schrecklich schwierig für mich, politische Artikel zu lesen, demnach konnte ich mich auch nicht recht an guten Gesprächen beteiligen. Zwar gelang es mir oft zu bluffen und so zu tun, als verstünde ich alles bestens, aber im Innern fühlte ich mich unglaublich dumm. Eine Zeitlang konnte ich schimmern und glänzen wie ein schöner Schmetterling, doch ich wusste, dass die Leute mich irgendwann durchschauen würden, denn ich hielt es einfach nicht aus, ein sogenanntes normales, alltägliches Leben zu führen. Ich hasste es. Ich brauchte Spannung, Veränderungen. Das Leben hatte weit mehr zu bieten als festgefahrene Schablonen. Ich war viel zu neugierig, es gab viel zu viele interessante Dinge zu entdecken. Nein! Sie waren es, ‹diese anderen›! Sie waren Schwindler, Heuchler, Spiesser; langweilige, mittelmässige, dumme, fade Menschen, die der Liebe nicht wert waren. Wahrscheinlich hatten sie niemals gelitten und massten sich an, mich zu verurteilen.

Und nun fragte ich mich schon, wieso Sam eigentlich von mir erwartete, dass mir ein solch unromantisches Leben gefiel. Er machte keinerlei Versuche, um mich zu werben. Nachdem ich drei Wochen lang für ihn gekocht und geputzt hatte, beschloss ich zu gehen. Was mir nicht gefiel, war, dass er das alles als Selbstverständlichkeit betrachtete. Was für ein Leben! Er lud mich ins Kino ein, und danach wollte er sofort nach Hause gehen. Ich wollte aber ‹sehen und gesehen› werden. Er ging sparsam mit dem Geld um und trank lieber zu Hause noch etwas. Mir aber schmeckte eine Tasse Tee im Restaurant, die ich serviert bekam und auch nicht selbst wieder abwaschen musste, viel besser. Er war langweilig und knausrig, dachte ich. Ich beschloss, mir eine Wohnung zu nehmen. Nun arbeitete ich so hart wie jede Hausfrau und verdiente ausreichend. Die alte Angst vor der Ehe stieg wieder in mir hoch. Worüber würde man all die Abende sprechen? Er schien keine Ahnung zu haben, wie man sich unterhält. Manchmal ging es gut mit ihm, doch im nächsten Moment konnte es wieder sehr langweilig werden. Ich gab an sieben verschiedenen Orten Unterricht, was zusätzlichen Stress bedeutete, und ich war immer in Eile: unterrichten, kochen, einkaufen, putzen.

Eine meiner Englischschülerinnen sagte, sie habe ein Mansardenzimmer zu vermieten. Ich beschloss, es Sam zu erzählen. «Ich möchte dich heute abend ins Kino und dann zum Essen und auf ein Glas Wein einladen», sagte ich.

«Nein, wir machen es so», antwortete er, «ich lade dich ins Kino ein, und dann lass uns heimgehen. Ich habe keine Lust, mich an verräucherten, lauten Orten aufzuhalten.»

«Oh Sam, nur dieses eine Mal! Ich bitte dich! Ich gehe so gerne aus und hab solche Freude daran, in einem netten Restaurant zu sitzen und die Leute zu betrachten. Warum müssen wir uns immer absondern? Es ist doch unsere Stadt, und es gibt so viele interessante Menschen und Orte. Ich würde dich auch gerne einmal einigen von meinen Freunden vorstellen.»

«Nein. Ins Kino ja, aber dann lass uns nach Hause gehen.»

Ich machte mir klar, dass ich diese Art von Leben nicht wollte; ich fand ihn stur, sogar tyrannisch und egoistisch. Am nächsten Tag teilte ich ihm mit, dass ich eine Wohnung gefunden hatte, und zog aus.

Er fehlte mir.

Nach zwei Wochen rief ich an, um ihn zu fragen, wie es ihm gehe. Er lud mich ins Theater ein. Wir sahen uns ein Stück an, danach brachte er mich sofort nach Hause und fuhr davon. Ich war wütend. Er meinte, er wolle mir nicht vormachen, anders zu sein, als er in Wirklichkeit sei.

Wenn ich ihn möge – gut. Wenn nicht, sei das auch gut. Er sagte, er möge mich nicht nur. Ich war verblüfft.

Ich dachte über alles nach, wägte Sams Vorzüge gegen seine Schwächen ab. Ich vermisste ihn mit all seinen Eigenarten und sagte ihm das am Telefon.

«Ich habe dich nicht aufgefordert zu gehen. Du kannst jederzeit zurückkommen.»

«Könntest du nicht sagen, dass auch du mich vermisst hast?»

«Doch, ich könnte», sagte er lachend.

Ich kam zurück.

17

Bradford
April 1980

Liebe Olivia,

wie geht es Ihnen? Es tut immer so gut, von Ihnen zu hören. Obwohl wir uns nicht mehr als zwei- oder dreimal im Jahr schreiben, finde ich es wunderbar, dass wir seit dem Tod Ihres Vaters miteinander in Kontakt stehen.

Nach all den Hochs und Tiefs, die Sie durchgemacht haben, bin ich glücklich zu erfahren, dass Sie einen lieben Gatten gefunden, ein neues Haus gebaut und nochmals ein Töchterchen zur Welt gebracht haben. Nach all dem, was Sie durchgemacht haben, haben Sie es verdient, glücklich zu sein. Ich finde es grossartig, wie Sie mit Ihrem Leben zu Rande gekommen sind und möchte Ihnen dazu gratulieren. Viele Mädchen mit besseren Anfangsbedingungen waren den Anforderungen des Lebens nicht so gewachsen. Ich habe mich oft gefragt, was aus Ihnen geworden wäre, wären Sie in England geblieben. Aber aus Ihren Briefen geht hervor, dass mit Ihnen alles zum besten steht...

Da ich weiss, wie sehr Sie Yorkshire vermissen, habe ich dem Brief Glockenblumen und Heidekraut aus den Mooren beigelegt.

Ich hoffe, dass der Regen bald aufhört. Wir haben wahrlich genug davon. Es würde mich freuen, bald wieder von Ihnen zu hören.

Mit herzlichen Grüssen
Ivy Killarney

Auckland, Neuseeland
September 1984

Liebes Fräulein Killarney,

wie geht es Ihnen? Es tut mir leid, Ihnen so lange nicht mehr geschrieben zu haben, aber es hat wieder einmal eine grosse Veränderung in meinem Leben stattgefunden. Wir sind aus der Schweiz nach Neuseeland ausgewandert. Veränderungen! Es gab in meinem Leben immer nur Veränderungen, obwohl ich mich nur danach sehnte, Wurzeln zu schlagen und in einem eigenen Heim mit meiner Familie geborgen zu sein. Ich gab eine schlechte Auswandererin ab! Während der ganzen Reise von Basel nach Auckland habe ich geweint. Und hier, wo ich anfangs voller Heimweh war, haben sich meine alten Wunden wieder geöffnet. Auf einmal befand ich mich wieder in einer englischsprachigen Umgebung. Und: Im Radio, Fernsehen, in den Zeitungen, in Büchern und auf der Leinwand war sehr oft von Inzest die Rede. Es wurde behauptet, dass jedes dritte oder vierte Kind sexuell missbraucht werde. Aus Schmerz, Einsamkeit und dem Bedürfnis heraus, mir und anderen zu helfen, begann ich zu schreiben. Ich weiss, wie sehr eine solche Erfahrung das ganze Leben beeinflussen kann. Das Schreiben half mir, bei der Suche nach meiner Identität nicht unterzugehen.

Ich sprach mit einer Kinderpsychiaterin von der Fürsorge über die Opfer von Inzest. Ich erzählte ihr, wie mein zweiter Ehemann mich mit Geduld und Verständnis vor der Selbstzerstörung gerettet hat. Er liebte mich auch dann noch, als ich begann, ihn auf die Probe zu stellen, um herauszufinden, ob er mich auch lieben würde, wenn ich ein ‹schlechtes Mädchen› war. Es ist nur seinem Vertrauen zu mir zu verdanken, dass ich es trotz seelischer ‹Verkrüppelung› und meiner Komplexe geschafft habe. Jeder hat Mitleid mit den ‹kleinen Opfern›, doch wer denkt an die Lebensgefährten und Kinder der einstigen Opfer traumatischer Kindheitserlebnisse? Es schien mir oft verheerend, was meine Arlette und Sam und viele andere wegen meiner Vergangenheit und ihren Folgen zu leiden hatten. Mir sassen so viele unsichtbare Teufel auf der Schulter, dass ich erst jetzt, wo ich weit weg von Basel wohne, über meine Vergangenheit sprechen und schreiben kann, ohne Schuldgefühle zu haben.

Wir führen eine wunderbare Ehe und haben ein grossartiges Familienleben. Wie Sie wissen, haben wir Jahre gebraucht, bis sich diese Harmonie einstellte, doch uns wurde klar, je mehr man selbst zu einer Beziehung beiträgt, desto mehr bekommt man auch vom anderen zurück. Manchmal war es sehr schwierig, und wir dachten, dass wir es niemals schaffen würden.

Unsere Belinda ist allerliebst und noch in dem Alter, wo es ihr Spass macht, mir beim Kuchenbacken zu helfen, während sie ihre Popsongs im Radio hört. Wir tanzen sogar dabei. Sie macht Fortschritte im Gitarrespielen und Singen und hat begonnen, Mäuse und Zwerghasen zu züchten. Stundenlang sägt und hämmert sie Käfige zurecht. Sie findet, die Schule störe sie nur bei all ihren Freizeitunternehmungen! Sie hat blaue Augen und blondes, lockiges Haar, besitzt einen starken Willen, ist selbstbewusst und unabhängig und hat viel Sinn für Humor. Sie spricht englisch wie ein Kiwi. Wir sind einander sehr nah. Ich gebe Jazzgymnastik, Französisch, Deutsch und Englisch. Und ich habe ein eigenes Pferd! Hier kann zwar jeder ein Pony besitzen, aber ich kann es noch nicht fassen, dass mein Traum wahr geworden ist. Melissa-Melody-Jane! Durch das Reiten habe ich gelernt, Angst zu überwinden und mich gegen ein stärkeres Lebewesen durchzusetzen.

In Neuseeland stehen einem viele Möglichkeiten offen. Jeder kann ein Restaurant eröffnen oder an die Universität gehen. Sogar ein altes Haus wie ich! Ich belegte einen Kurs an der Uni für kreatives Schreiben und wurde erste mit meinen Kurzgeschichten.

Meine Minderwertigkeitskomplexe beginnen in der Sonne des Pazifiks dahinzuschmelzen.

Mein Sam ist glücklich. Als selbständiger Werbephotograph in der Schweiz beschloss er, aus der halsabschneiderischen Berufskonkurrenz auszuscheiden, bevor sie ihn umbringt. Zuerst dachte ich, seine ‹Midlife-Crisis› sei daran schuld, und dass er darüber hinwegkommen würde, aber ich täuschte mich. Er ist nun ein eingefleischter Strandhocker und Angler! Sein Buch über das Sankt-Katharinen-Kloster wurde in vier Sprachen übersetzt, und etwa 30000 Exemplare wurden verkauft. Wir kommen uns vor, als seien wir ins Paradies geraten. Wir haben eine atemberaubende Aussicht von unserem Haus auf das Meer. Unser Schlafzimmer scheint über die Klippen hinauszuragen. Als ich aus meiner kleinen, landumschlossenen Heimat hierherkam, glaubte ich, mit Sturzhelm und Fallschirm ins Bett gehen zu müssen.

Jetzt, wo ich mein Heimweh und die Schuldgefühle fast überwunden habe, beginne ich, mich hier einzuleben. Nachdem ich mein Buch zu Ende geschrieben hatte, machte ich einen Verlag ausfindig, der enthusiastisch darauf reagierte. Ich hatte vier Jahre gebraucht, um das Buch zu schreiben, denn mit meiner englischen Grammatik stand es nicht zum besten; ich brauchte viel Zeit, bis ich sie beherrschte. Jetzt, wo alles seinen Lauf genommen hat, frage ich mich, ob ich das Recht habe, meiner Mutter das anzutun. Es ist schade, dass die schönen Erinnerungen von den schlechten verdrängt werden. Was unsere Beziehung anbelangt, sie hat sich kaum verändert. Eine Zeitlang verläuft unser Briefverkehr ganz normal, und auf einmal erhalte ich einen Brief voller Vorwürfe von ihr. Sie bringt es immer noch fertig, mich zu verletzen. Ich versuche zwar, mich zu rechtfertigen, aber schliesslich führt es nur dazu, dass wir uns streiten und uns weh tun. Ich verstehe nicht, wieso es ständig einen solchen Ausgang nimmt. Es gab ja auch die schönen Momente, in denen Mutter, Andreas, Arlette und ich beisammen waren. Wir verbrachten zusammen Ferien in Wien, Salzburg, Deutschland und Frankreich. Es waren sorglose Tage voll Liebe und Heiterkeit. Doch die Dämonen der Vergangenheit lassen uns nie los, irgendwann holen sie uns wieder ein.

An eine Episode muss ich stets zurückdenken: Eines Tages, als ich aus der Schule nach Hause kam, fand ich Mutter, wie sie für mich braune Handschuhe strickte, die sie dann anschliessend mit gelber Wolle bestickte, passend zu meiner Schuluniform. Ich hatte gar nicht gewusst, dass sie stricken konnte. Meine Hände waren rissig vom Wind und den Frostbeulen, und ich hatte solche Freude an den Handschuhen und verzieh mir nie, dass ich sie im Bus liegenliess und sie nicht wiederfand.

Ich erinnere mich an die Zeit, als Arlette Anorexie hatte. Ihr trauriges Gesicht bei unserer Abreise lässt mich nicht los. Ich versuche, nicht mehr an Mutters Blässe und ihren schmerzerfüllten Blick am Tag meiner Auswanderung zu denken; Freunde mussten uns aus der Umarmung reissen.

Fräulein Killarney, das Buch, das ich geschrieben habe, ist ein Buch der Gefühle und schildert meinen Weg aus der dunklen Verzweiflung hinaus ans Licht. Ich wende mich darin an meine Mutter und Arlette und versuche, ihnen vieles zu erklären, aber es scheint mir, dass es mir nie recht gelingt, denn der grösste Widerstand kam oft von ihrer Seite. Seit ich die Schweiz verlassen habe, leidet Mutter an chronischer Gürtelrose. Sie tut mir sehr leid. Aber wir bringen es einfach nicht fertig, über eine längere Zeitspanne vernünftig miteinander zu reden, deshalb habe ich es aufgegeben, obwohl mir nicht ganz wohl dabei ist. Unsere Gespräche beschränken sich nun auf das Wetter. Aber ich muss schliesslich auch leben. Ich habe gelernt, keine Schuldgefühle mehr zu empfinden, wenn ich glücklich bin, und dass auch ich ein Recht auf mein Leben habe. Zu lange lebte ich abhängig von anderen und wurde von ihnen manipuliert. Dank Sam habe ich mich endlich aus diesen Ketten befreien können.

Während ich dieses Buch schrieb, tauchte eine wesentliche Frage auf, und ich wundere mich, warum sie früher niemals gestellt wurde.

Ich habe nie richtig verstanden, was geschehen war. Wieso hat man ihn, nachdem ich Ihnen alles erzählt hatte, nicht abgeholt? Wieso überliess man es dem Schicksal, dass er mich und meine Mutter beinahe umbrachte und dann Selbstmord beging. Wieso? Wieso hat die Polizei ihn nicht verhört und abgeführt?

Fräulein Killarney, ich glaube, ich habe gelernt, das Leben zu meistern und bin ausgeglichener und reifer geworden, doch nur, weil ich niemals aufgegeben habe. Es hat mich viel Energie und Mut gekostet, denn es war eine riesige Anforderung, glauben Sie mir! Ich bin beinahe fünfzig. Ich möchte endlich vergessen können, deswegen bitte ich Sie, mir diese Frage zu beantworten...

Gott segne Sie.

Alles Liebe
Olivia

Bradford
19. November 1985

Liebe Olivia,

ich danke Ihnen für Ihren langen Brief. Es hat mich gefreut und interessiert, von Ihrem Leben in Neuseeland zu lesen.

Ich werde dafür beten, dass sich Ihre Beziehung zu Ihrer Mutter und Ihrer erwachsenen Tochter verbessert. Nur die Zeit kann heilen. Wenn Arlette älter und reifer sein wird, wird sie Sie besser verstehen können. Es ist schrecklich, wie eine solch unglückliche Jugend wie die Ihre Einfluss auf das ganze spätere Leben und dasjenige der Kinder des Opfers haben kann. Es ist ein Teufelskreis, aber ich glaube, dass Sie nun einen Schlussstrich unter alles zu ziehen vermögen.

Ich freue mich, dass Sie das Buch beendet haben, doch ich befürchte, dass ich so lange nach dem Vorfall nicht in der Lage bin, Ihnen eine präzise Antwort auf Ihre Frage zu geben. Ich denke, dass mein Vorgesetzter mit meinem Bericht zum Polizeipräsidenten und dann zu einem Richter hätte gehen müssen, und dieser hätte entscheiden können, ob man einen Haftbefehl gegen Ihren Vater ausstellen könne. Sehen Sie, wir hatten ja nur das Wort eines kleinen Mädchens...

Vater, weisst du, was du mir angetan

du hast meine Unschuld zerstört
in einer Nacht, Vater
ich war erst zehn

du fielst in meine Räume ein
wieder und wieder
es tat so weh, Vater
ich war erst zehn

für mich war kein Platz in dir, Vater
du zerbrachst mir die Brücke
vom Kind zur Frau
ich war erst zehn

vier grausame Jahre
in Missbrauch und Tränen
wie sollte ich reifen, Vater
verantworten lernen und wählen
ich war erst zehn

du zerrtest mich aus den Verstecken
ich hielt ein Buch vor mein Gesicht
und spielte, es sei nicht wahr, Vater
dass du meinen Körper zerreisst
und meinen Willen und mein Selbst

jetzt bist du tot, Vater
schicktest mich hilflos
auf meine Reise durch den Schmerz
bei der an jeder Kreuzung
Schatten meinen Kopf zerquälten

verzweifelt wollte ich Frau und Mutter werden
dich vergessen, roh zwischen meinen Beinen
doch selbst beim Wäschewaschen
fühlte ich mich kindisch
und so fehl am Platz

denn

es wurde jeder Schritt zum Kampf, Vater
frass meine ganze Lebenskraft
seit meine Unschuld tot war
nach einer Nacht und einer Zeit
da war ich zehn

du nahmst mich in Besitz, Vater
jetzt bin ich fünfzig
weine, kämpfe immer noch seitdem
seitdem du mich verdammt hast
zehn zu bleiben

18

Soeben habe ich mich hingesetzt und geweint, weil mein Vater tot ist. Er starb vor sechsunddreissig Jahren. In einem Monat werde ich fünfzig. Zum ersten Mal habe ich um ihn geweint, nachdem ich Sandra Butlers Buch ‹Conspiracy of Silence: The Trauma of Incest› gelesen habe. Sie schreibt nicht nur über die Opfer von Inzest, sondern auch über deren Mütter, deren Familien und die Täter. Zum ersten Mal sah ich meinen Vater als einen Menschen. Ich stellte mir vor, wie er den Lauf der Pistole in seinen Mund gesteckt und auf den Abzug gedrückt haben muss, und ich fragte mich, was er durchgemacht hatte, um so weit zu kommen. Bis er dazu bereit war, sich das Gehirn aus dem Kopf zu jagen, auf die Matratze mit den ausgewaschenen rosaroten Flecken, auf der er mich so oft missbraucht hatte. Ich versuchte verzweifelt, eine schönere Erinnerung an ihn heraufzubeschwören und sah ihn vor dem Herd in der Spülküche sitzen und mir eine Spieldose aus Holz basteln, in deren Deckel er mit Hammer und Nägel ein Muster eingravierte. Ich beschloss, dieses Bild von ihm in Erinnerung zu behalten. Zum ersten Mal in meinem Leben fragte ich mich, ob er an seiner Arbeitsstelle glücklich gewesen war und ob er sich jemals geliebt und verstanden gefühlt hatte. Ich wollte ihn keineswegs für das, was er mir angetan hatte, entschuldigen, denn als Erwachsener und als Vater war er verantwortlich für das, was er tat. Aber ich fragte mich, ob er ein bisschen Wärme und Nähe, aber auch das Gefühl von Macht gesucht und wie ein Kleptomane von mir gestohlen hatte.

Ich sass da und weinte, und Mitleid und Liebe schwemmten den vereisten Klumpen in mir weg, und ich begann vieles zu verstehen. Es war, als wäre ich in allem zurückgeblieben gewesen, als hätte ich nie reifen und eine Beziehung zur Realität entwickeln können, weil ich meine ganze Energie darauf verwandte, mit dem Leben fertig zu werden. Ich war im dunkeln getappt und hatte versucht, genauso zu leben wie andere, das nachzuahmen, ‹was sich gehört›. Ich hatte nicht gewusst, dass man das Recht hat, eigene Entscheidungen zu treffen und so zu leben, wie man es für richtig hält, und nicht, wie es einem Vater und Mutter einzureden versuchen. Es schien mir, als hätte ich einen verschwommenen Blick dafür gehabt, was das Leben und menschliche Beziehungen ausmacht, als hätte ich nur deren Oberfläche erkannt, aber nie ihr wahres Wesen.

Nach diesem Erwachen begann ich mich zu öffnen. Die Begegnung mit anderen Inzestopfern traf mich wie ein Schlag, als würde ich aus einem Schlafwandel herausgerissen. Mein eigenes Leid wurde kleiner im Vergleich zu dem, was viele hatten durchmachen müssen. Ich konnte die Vorstellung kaum ertragen, wie es sein muss, vom eigenen Vater schwanger zu werden. Mein Herz öffnete sich für Frauen, die schon mit drei oder vier Jahren oder noch jünger sexuell missbraucht worden waren; die Penetration war für sie, als ob sie mit einem Messer entzweigeschnitten würden. Was ihnen blieb, waren verstümmelte Genitalien und Leiden ihr Leben lang. Eine Frau wurde im Alter von sechs Jahren mit einer Haarbürste entjungfert, und in Deutschland starb ein junges Mädchen, nachdem man ein Flasche in sie hineingestossen und das Vakuum ihre Eingeweide herausgerissen hatte... Ich konnte nur die Hände meiner Leidensschwestern halten und still mit ihnen weinen.

Manchmal verspüre ich noch Groll gegen meine Mutter und habe dann das Gefühl zu versagen. Doch ich habe gelernt, dass ich kein Recht habe, jemanden zu richten oder zu verurteilen. Wegen meiner schwierigen Kindheit habe ich vielen Menschen wehgetan, ohne es zu wollen. Ich kenne selten die Vergangenheit anderer und was sie dazu führt, sich so zu verhalten, wie sie es tun. Auch wenn man eine glückliche Kindheit verbracht hat, muss man lernen, sich um andere zu sorgen und Beziehungen einzugehen. Richtig zu leben und zu lieben ist eine Kunst und sehr schwer zu erlernen. Vielleicht besteht darin der Sinn unserer Existenz. Wenn ich Hass oder Groll hege, verletze ich mich selbst und untergrabe mein eigenes Reifen. Mein Hauptziel ist es, inneren Frieden zu finden, klüger, glücklicher, liebevoller und verständnisvoller zu werden. Ich habe beschlossen, mir dabei nicht selbst im Weg zu stehen. Denn das tut man, wenn man nicht bereit ist, sich durch Probleme durchzuarbeiten, zu vergeben und zu vergessen, sich anzustrengen und vorwärtszugehen.

Furcht ist nicht in der Liebe. Sondern die völlige Liebe treibt die Furcht aus. Denn Furcht schafft Pein; wer sich aber fürchtet, ist nicht vollkommen in der Liebe. 1. Joh., 4.18

Iris Galey

Die Seelenvergewaltiger

Lebensgeschichte zweiter Teil

Iris Galeys erstes Buch, «Ich weinte nicht, als Vater starb», ist nicht nur zum Welterfolg, sondern für die Autorin selbst und für viele Leserinnen mit ähnlichem Schicksal zur Befreiungstat und zur Befreiung geworden. Sie schildert darin, wie sie als Mädchen von ihrem Vater sexuell missbraucht worden ist, und sie zeigt vertiefend die Folgen (u. a. eine zum Scheitern verurteile erste Ehe) auf, die dieses Verbrechen gegen ihren Leib und Seele für sie hatte und hat.

Jetzt legt Iris Galey ein zweites Buch vor. In der Form eines emotional ungeheuer aufgeladenen Berichts mit Tagebucheinschüben und Briefauszügen – erzählt sie ihr weiteres Schicksal. Mit ihrem zweiten Gatten und dem Kind aus dieser Ehe wanderte sie 1980 nach Neuseeland aus, die Tochter aus erster Ehe und auch ihre Mutter bleiben in Basel zurück. Fortan ist das Leben der Autorin bestimmt von Heimweh und von Schuldgefühlen gegenüber den Zurückgelassenen, wie früher schon (offenbar typisch für Inzestopfer) zudem von mangelnder Selbstachtung und von einem zwanghaften Gehorsamsdrang; neu und zusätzlich belastend kommt hinzu, dass ihr Gatte sich einer fundamentalistischen Sekte zuwendet. All das stellt sich der Selbstfindung und Selbstwerdung der mittlerweile fünfzigjährigen Frau lange fast unüberwindlich in den Weg.

Die in diesem Buch vorgeführten, wie zum Zerreissen gespannten Gefühle und der ständig kurz vor der Explosion stehende Emotionsdruck sind für einen nüchternen Leser – und vielleicht auch für Leserinnen – nicht immer leicht mitzuempfinden. Die Autorin verbindet zu einer Collage was sie alles – namentlich auf ihren Reisen nach Europa – erlebt, erfährt, empfindet, liest, hört, tut und nicht tut. Im Sog des ersten Buches wird indessen sicher auch dieses viele Leserinnen und Leser finden, zumal solche «Lebenszeugnisse» mit aussergewöhnlichen, doch authentischen Schicksalen immer auf Interesse stossen und für viele Leute in der Tat hilfreich bei der eigenen Lebensbewältigung sein können.

c. c. Der Bund